电动汽车商业模式研究

张永伟　纪雪洪　编著

机械工业出版社

图书在版编目（CIP）数据

电动汽车商业模式研究 / 张永伟, 纪雪洪编著. —北京：机械工业出版社, 2017.12（2018.1 重印）
 ISBN 978-7-111-58712-5

Ⅰ. ①电… Ⅱ. ①张… ②纪… Ⅲ. ①电动汽车-汽车工业-研究-中国 Ⅳ. ①F426.471

中国版本图书馆 CIP 数据核字（2017）第 307685 号

机械工业出版社（北京市百万庄大街22号 邮政编码100037）
策划编辑：赵海青　　责任编辑：赵海青
责任校对：王　欣　　责任印制：常天培
北京联兴盛业印刷股份有限公司印刷
2018年1月第1版　第2次印刷
180mm×250mm・17.5 印张・1 插页・244 千字
3001-6000 册
标准书号：ISBN 978-7-111-58712-5
定价：80.00元

凡购本书，如有缺页、倒页、脱页，由本社发行部调换

电话服务	网络服务
服务咨询热线：010-88361066	机 工 官 网：www.cmpbook.com
读者购书热线：010-68326294	机 工 官 博：weibo.com/cmp1952
010-88379203	金 书 网：www.golden-book.com
封面无防伪标均为盗版	教育服务网：www.cmpedu.com

汽车产业迎来最大变革　商业模式正呈现多样化

陈清泰
中国电动汽车百人会理事长

汽车产业迎来了有史以来最大的一场变革。汽车在第二次工业革命中改变了世界，而现在这个曾经改变世界的机器正在被改变，这一点已经成为一些国家政府和企业界的共识。随着一些国家提出禁售传统燃油车时间表的规划，以及我国双积分政策的出台，这一趋势已经日益显现。电动汽车的爆发式增长可能在未来的5年，或者是稍长一点时间发生，而它的基础就是电动汽车的性价比要达到甚至超过燃油车。今天，主要国家、主要汽车企业对电动汽车如此之关注，并不是由于传统能源已经枯竭，而是因为电动汽车有强大的趋势性，能与未来的社会进步、社会发展更好地衔接。电动汽车能够与分布式能源、智能电网、智能交通、智慧城市、分享经济有机融合，我们不能把电动汽车看作孤岛，必须把电动汽车放到未来场景中来考虑它的定位，考虑它的发展。

一、电动化将引发一场体系化、生态化的变革

就像智能手机取代功能手机一样，智能手机不仅替代了功能手机，还颠覆了摄影、录像、零售、支付、社交等众多行业，较大程度上重塑了产业生态和社会生活，并催生了许多新业态、新模式。电动汽车不仅将替代传统燃油车，还是第三次工业革命的支柱性、引领性产品，可以较大幅度地降低对

化石能源的依赖。电动汽车不仅能够减少排放，改变环境，还将打破垂直一体化的汽车产业链，广泛吸纳信息化、网络化、智能化，以及新能源、新材料、先进制造等各方面的新发展、新势能，成为众多产业融合创新的一个平台。电动汽车还将提供多样化的服务，成为新服务的载体，将重塑道路交通模式，促进建设智慧城市。因此，只有跳出电动汽车，才能更加清晰地看出电动汽车在改变世界中的地位和作用。

二、汽车发展动力转型还需要市场发展多元化的产品和商业模式

汽车发展动力的转型，意味着政府应该更加关注创造好的市场环境，促进创新、鼓励竞争、加强监管、完善基础设施，使电动汽车逐步向非试点城市扩展。发展动力的平稳转型，就需要合理的政策设计和政府与市场的协调配合，要有序放宽市场准入，强化市场监管；要打破地方保护和壁垒，创造好的竞争环境；要给全社会一个长期稳定的预期。此外，还要支持企业开发，依托市场自行发展多样化的产品和商业模式。

从产品上看，以特斯拉为代表的高端车，在对价格不敏感而追求高端时尚环保的第二辆车消费人群中已经成为新宠，增程式电动车因为较好地平衡了购买价格、使用成本，对充电装置依赖的矛盾小而被部分消费者所接受。小型、短途、低速、实用型的电动汽车，在我国一些中小城市和城乡交界处异彩纷呈。分时租赁、以租代售等商业模式正异军突起。

在消费者还存在某些疑虑的情况下，以租代买解决了车价高的问题，针对的是短途需求，满足了其对续驶里程的要求。车库充电或专门打造的便捷化的场所充电，再加上充换结合并借助于互联网手段，很大程度上破解了停车和充电的难题。因此，以租代售使用成本低，又能满足自驾偏好，是现阶段打开市场出口的一种很有希望的商业模式。

三、改变未来出行有赖于"互联网+电动汽车"

有行业专家提出，互联网在中国发展了15年，衣食住行里的"衣食住"

都被互联网改变了，人们从中获得了幸福感。但只有出行还是传统的，它变得越来越困难了。"电动汽车＋互联网＋自动驾驶"的未来出行模式，有望较大程度上缓解甚至于破解出行的难题。电动化仅仅是汽车变革基础性的第一步，接下来必须使电动化和智能化、网联化、共享化深入融合，快步进入2.0阶段，这样才能释放电动汽车造福社会、满足人们美好生活需求的潜能，才能走进智能网联时代的共享出行，共享单车已经成功地进行了一次大规模的社会实践。随着电池等核心技术的进一步成熟，随着电子信息、互联网新势力的大举进入，随着更安全、更高效的自动驾驶和共享模式的到来，我们将走出城市交通的困境，给未来出行带来美好的体验。

四、现阶段分时租赁是一种非常有希望的商业模式

分时租赁这种模式有效地避开了当前新能源汽车发展的几个难题。比如，很多人在购买新能源汽车之前会犹豫，分时租赁则避开了让个人承担购车成本的风险。此外，分时租赁也部分解决了新能源汽车的充电难题，因为租赁车辆的充电问题并不是完全由用户负责，而是由承租公司去做，这就可以为消费者省去很多麻烦，避开了充电难的问题。最主要的是分时租赁是以满足短途出行需求为主，人们对续驶里程的忧虑相对比较小。

至于公司能不能盈利，影响因素有很多。这类行业大多都有一个初始投资过程，也就是"烧钱"的阶段，这个阶段是一个坎，迈过去并且达到了一定规模，很有可能就会开始盈利。在这个过程中，政府应该创造一个良好的环境和条件，鼓励企业去尝试，最后由市场来检验企业能否真正生存下去。

我国电动汽车正在向成长期转型，这是一个重要的机会窗口。从全球看，电动汽车的技术路线还有选择的余地，核心技术尚待进一步突破，关键零部件的壁垒尚未形成，信息系统还在发展，品牌效应还未发力，商业模式正呈现多样化。国内企业，无论在技术创新还是在商业模式创新等方面都还有巨大的空间，期待有更多的创新成果涌现，尽快实现我国汽车强国、交通强国之梦。

前 言

　　能源与环境的双重危机给全球的经济发展和人类的社会生活带来了严重影响。在应对危机的过程中，大力发展电动汽车成为全世界的共识，它承载着人类解决能源危机和治理城市空气环境的希望。因此，各国纷纷将发展电动汽车提升到国家战略高度，并出台相关政策以支持和鼓励电动汽车产业发展，如以税收减免、科技专项资金等形式来鼓励企业研发生产电动汽车，同时采取车辆购置补贴、不限行不限号等激励措施积极引导消费者购买并使用电动汽车。然而，在发展初期，电动汽车的推广和使用过程中面临着三大障碍——续驶里程短、车辆成本高、充电设施不完善，这严重制约着电动汽车的商业化和消费者的接受度，迫切需要通过技术与商业模式的创新来破解电动汽车的推广难题。其中，商业模式创新在电动汽车初期推广过程中起到了非常重要的作用，对于提高消费者认知和接受度以及培育市场功不可没。纵观我国这几年电动汽车的发展历程，围绕电动汽车的生产、销售、推广、使用、配套等环节出现了不少商业模式，有些商业模式还需要通过不断创新来适应市场发展，有些商业模式可能已经无法适应新的形势要求。

　　我国电动汽车产业还处于市场培育期向成长期过渡的关键阶段，商业模式的探讨尤为重要。车辆电动化是一项全新变革，电动化将带来价值主张、价值网络和价值实现等各方面的变化，新的商业模式必将应运而生。同时，互联网与电动汽车结合也将激发出更多的商业机会，涌现出更多的新模式和新业态。

　　本书重点研究了电动汽车技术变革引发的商业模式变化，并探讨电动汽车各领域出现了哪些行之有效的商业模式，以及这些商业模式对产业的促进作用。本书主要包括以下十个章节：

第一章是技术变革孕育新的商业模式。简要介绍了商业模式的含义、电动汽车技术变革与商业模式的关系以及电动汽车商业模式的分类。

第二章是私人领域电动汽车商业模式研究。首先简要分析了当前私人领域电动汽车的推广情况，然后通过比亚迪、北汽新能源、宝马之诺、时空电动等企业案例，分析这些企业在发展电动汽车上的商业模式实践，最后从不同维度总结私人领域电动汽车商业模式，销售与租赁、充电与换电等不同类型的商业模式主导着私人领域市场。

第三章是分时租赁商业模式研究。选取了国外的 Autolib 和国内的北汽恒誉、恒天易开、环球车享以及易微行 5 家企业，重点研究了这 5 家企业发展分时租赁的实践以及商业模式创新情况，最后总结了影响分时租赁模式发展的影响因素。

第四章是电动公交车商业模式研究。公交领域是我国电动汽车发展初期推广的重点领域，也是商业模式创新较为活跃的领域之一。通过对深圳、重庆、青岛、合肥、南京等城市电动公交车推广情况的调查研究，总结出了不同维度下我国常见的电动公交车商业模式。

第五章是电动出租车商业模式研究。出租车领域也是各城市电动汽车推广的重点领域，不少城市提出了出租车电动化目标，较为激进的太原更是一举完成了出租车 100% 电动化。然而由于出租车的运营性质，对电动汽车的续驶里程、充电时间以及便利性等提出了较高要求。通过对西安、北京、深圳、新乡等城市出租车公司运营实践的调查，从电动出租车运营主体、运营班制、能量补给等角度分析了电动出租车商业模式。

第六章是电动物流车商业模式研究。主要对当前电动物流车的推广情况做了简要分析，并调查了不同物流细分行业对电动物流车辆的需求情况。然后通过对重庆瑞康、广州中力和成都雅骏 3 家企业的商业模式研究，总结出目前电动物流车商业模式以租售并举为主。最后提出要大力发展电动物流车，还需要路权等政策支持。

第七章是充电基础设施商业模式研究。主要研究国家电网、中国普天、特来电、星星充电等在充电设施上的模式创新。对于充电设施建设运营商来说，当前还存在着设备利用率低、运营亏损以及盈利模式单一等难题，如何优化充电设施的商业模式、围绕充电运营衍生新的盈利来源是一项重大的商业模式创新课题。

第八章是电动汽车合作生产模式研究。传统汽车向电动汽车的转型升级，也吸引了一批新造车势力的积极进入，这些新造车势力以互联网思维来跨界造车，企图用轻资产的模式实现汽车品牌塑造，更希望用代工的形式解决生产资质难题。基于这些背景，本章分析了国内外汽车代工模式，并结合中国汽车准入政策，为新进的电动汽车生产企业产品如何获得准入提出新的思路。

第九章是"互联网+汽车+交通"商业生态研究。"互联网+"与各行业的融合发展趋势不断加快，与汽车和交通的融合发展会带来系统性的变革，由此衍生众多新的商业形态以及新兴商业模式。

第十章是电动汽车商业模式总结与未来展望。电动汽车的商业模式与技术变革有着十分密切的关系，二者相互影响。同时，特定时期和特定环境下的政策也对电动汽车商业模式的创新有着重要的影响，不科学的政策设计也会扭曲商业模式。而随着"互联网+汽车+交通"的融合发展，出行领域将成为电动汽车商业模式创新的重要领域之一。作为新兴产业，电动汽车的商业模式还远未成熟，其创新受到多重力量的推动，而具有可持续发展的商业模式也正在显现，主导商业模式的建立时日可能已经不远。

本书在撰写过程中得到了许多专家的指导以及相关企业的支持，他们的很多思想、建议等对本书研究课题的顺利完成具有重要意义。本书的出版旨在与电动汽车领域的相关领导、专家、学者、工作人员和国内外关心中国电动汽车产业发展的人士共同分享研究成果，希望能与关注电动汽车的专家、学者和从业人员交流经验。

由于水平有限，书中的疏漏和不妥之处敬请专家、读者批评指正。同时，因书中信息、数据和内容涉及广泛，部分引用的内容来源可能有所遗漏，一些企业的分析也未必全面、准确，敬请谅解。尤其是，随着技术进步和市场变革，商业模式创新迭代也将难免。书中所提的一些创新成果可能很快被迭代、替代，一些新兴企业将会崛起，新的生态体系会加速形成。这虽对本书的研究构成了挑战，但这正是创新的真谛所在。这也将倒逼我们研究团队持续跟踪，形成研究迭代，不断更新信息，更新认知，为产业发展持续服务。

编著者

2017 年 11 月

目 录

序

前言

第一章 技术变革孕育新商业模式

一、什么是商业模式 / 001
二、技术革命推动模式创新 / 003
三、电动汽车商业模式分类 / 008

第二章 私人领域电动乘用车商业模式

一、私人领域电动乘用车推广情况 / 010
二、企业商业模式案例 / 016
三、私人领域电动乘用车商业模式类型 / 030

第三章 分时租赁商业模式

一、分时租赁国内推广情况 / 040
二、分时租赁典型企业案例 / 049
三、影响分时租赁模式盈利和可持续的主要因素 / 065

第四章 电动公交车商业模式

一、我国电动公交车销售及推广情况 / 068
二、我国电动公交车技术路线 / 072
三、我国电动公交车主要商业模式 / 074
四、我国电动公交车未来发展建议 / 101

第五章 电动出租车商业模式

一、我国电动出租车行业基本情况 / 104
二、我国电动出租车商业模式分析 / 112
三、电动出租车发展面临的问题 / 124
四、电动出租车未来发展的建议 / 127

第六章 电动物流车商业模式

一、电动物流车应用推广情况 / 131
二、电动物流车用户需求调查 / 139
三、电动物流车的盈利与前景分析 / 144
四、重庆瑞康 / 147
五、广州中力 / 150
六、成都雅俊 / 151
七、未来对电动物流车的政策支持 / 154

第七章 充电基础设施商业模式

一、国内充电基础设施建设情况 / 156
二、充电基础设施运营商商业模式案例分析 / 161
三、充电基础设施运营模式分析 / 175

第八章 电动汽车合作生产模式

一、汽车行业的合作生产现象 / 178
二、电动汽车合作生产的优势 / 182
三、产业政策问题 / 184
四、完善合作生产的对策与建议 / 190

第九章 "互联网+汽车+交通"商业生态研究

一、"互联网+汽车+交通"带来系统变革 / 193
二、"互联网+汽车+交通"带来的技术创新 / 196
三、"互联网+汽车+交通"带来的商业生态丛林 / 206
四、"互联网+汽车+交通"商业生态的前景展望 / 241

第十章 电动汽车商业模式总结与展望

一、电动汽车技术变革与商业模式创新的关系 / 250
二、政策对商业模式的影响 / 251
三、出行将成为电动汽车商业模式创新的重要领域之一 / 253
四、电动汽车商业模式的演变与展望 / 261

致谢 / 264

第一章 技术变革孕育新商业模式

一、什么是商业模式

近几年商业模式成为一个探讨新兴产业的"热词"。很多人将商业模式作为企业获得成功的基础,资本市场投资企业时也将该企业的商业模式作为重要依据。

不同研究者对商业模式的定义还未取得一致。有人认为,商业模式的核心是如何盈利[一],从这个角度看,较为经典的是剃须刀+刀片模式,以及报纸、电视等的广告模式。

奥斯特瓦德等(2011)[二]将商业模式描述为企业创造价值、传递价值和获取价值的过程,这一定义得到了较为广泛的认同。很多研究也从不同角度提出新的定义,如国内魏炜和朱武祥[三]把商业模式描述为利益相关者的交易结构,反映了企业如何运转。

互联网的发展带来了商业模式的变革。周鸿祎[四]认为互联网的盈利模式包括三种:第一种是利用互联网平台实现销售的方式,包括电商模式和O2O模

[一] Colvin, G. It's the business model, stupid! Fortune, 2001, 143 (1), 54。
[二] 亚历山大·奥斯特瓦德. 商业模式新生代. 北京:机械工业出版社,2011。
[三] 魏炜,朱武祥. 发现商业模式. 北京:机械工业出版社,2008。
[四] 周鸿祎. 周鸿祎自述:我的互联网方法论. 北京:中信出版社,2014。

式；第二种来自广告收入，类似电视广告；第三种是依靠增值服务，如游戏，由部分付费用户来获取收入。后两种对一部分消费者是免费模式，互联网能够实施免费模式主要是因为能够获得海量用户，边际成本趋向于零，然后通过广告或者增值服务方式赚钱。他认为商业模式包括产品、用户、推广和收入四个方面，其中产品和用户价值是基础，互联网思维的本质还是为用户服务的思维。

从商业模式要素构成看，价值主张、价值创造、价值网络和价值获取等要素出现的频次最多[1]。可以依据上述四个方面来梳理互联网商业模式与一般商业模式的不同。

价值主张的核心是发现和理解用户需求。互联网时代比以往更加强调以用户为中心和用户体验。互联网下企业与用户的关系更近，用户甚至可以参与到价值主张开发中。企业的价值创造主要来自难以模仿的能力，数据开始被视为价值创新的核心要素。跨界创新、融合创新成为价值创造的重要来源[2]。价值网络是指在不同企业结成或紧密或松散的网络关系，成员间共生、共同进化。价值获取是企业获利方式，在互联网商业模式中，企业的盈利模式会发生变化，多边平台、多层次用户、免费等是互联网商业模式较之传统模式最为典型的特征。

在本书中，我们对商业模式的认识将综合以往研究的理解，重点研究电动汽车技术变革引发的商业模式变化，关注价值网络中不同参与者，包括政府、供应商、制造商、运营商以及用户等的合作方式，参与各方如何获取价值，形成可持续的价值创造。将商业模式理解为价值主张、价值创造、价值网络和价值获取四大要素及四大要素的互动过程。电动汽车商业模式的变化不仅与电动汽车发展以及相关技术变化有关，也与政策支持密切相关，并在不同的区域环境、不同的细分市场中有不同的表现形态。

---

[1] 纪雪洪，王钦. 互联网商业模式的研究进展. 现代经济探讨，2017，3：78—82。

[2] 纪雪洪，等. 跨界与融合：重新定义汽车产业. 北京：机械工业出版社，2017。

二、技术革命推动模式创新

1. 技术变革孕育新的产业组织形式

在《光阴似箭》[1]一书中，作者阐述了三次工业革命创新对经济范式带来的影响。在第一次工业革命中，棉纺织等工业主导部门的技术进步在推动产业发展的同时，也促使企业家对工作时间、工作组织和劳动纪律等企业组织管理的关注，后来有学者将英国棉纺织业的长期持续成功归于专业技能的积累、熟练工同业公会的合作以及数量工人的责任下放等。

第二次工业革命的标志是电力技术的进步。电力技术改变了蒸汽动力时代依靠轴承和副轴支持工厂运转的方式，带来了机械工具、操作设备和工厂的重新布局。与此同时，政府和市政部门制定的电力标准和立法也深刻影响了电力技术扩散的速度和范围。

现今我们正在步入第三次工业革命时期。电子计算机、通信技术和互联网的融合，将人们带入了信息社会和互联网时代，旧式的"福特制"模式正在被数字化经济模式取代。数字化的价值体现在两个方面：一是为消费者提供更好、更便捷的服务；二是企业在数字化过程中能够更高效、更广泛地提供产品和服务，并使自己从中获益。

2. 电动汽车是对内燃机汽车的一次重大技术革命

电动汽车，特别是纯电动汽车采用全新的电力驱动系统取代了传统燃油驱动系统，这不仅是产品技术的一次重大变革，也是产品、产业价值体系的重塑。这一变革会导致电动汽车产业链在上游材料、关键零部件、整车产品以及下游售后服务等方面都出现重大变化。

---

[1] 克里斯·弗里曼，弗朗西斯科·卢桑. 光阴似箭——从工业革命到信息革命. 北京：中国人民大学出版社. 2007。

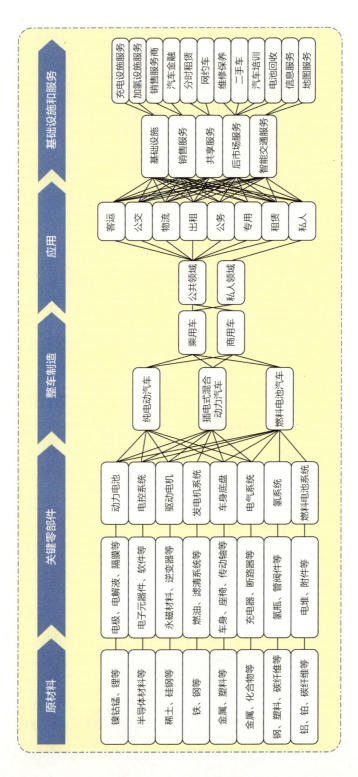

电动汽车产业链示意图

首先，在产业链的最上游。原材料方面，电动汽车将拉动特种钢、复合材料等轻量化材料以及二次电池材料、稀土类磁铁、半导体材料等的需求。在未来，电动汽车还将催生电子、电气、信息、通信等高科技产业新的市场。

其次，在零部件行业。传统汽车产业中，发动机与驱动系统零部件占产品价格的30%以上，在今后汽车电动化的情况下，大部分发动机与驱动系统零部件将逐步被替换为电机、电池、逆变器与高压电路等。传统发动机与驱动系统零部件制造商很难通过现有机制弥补汽车电动化造成的市场规模流失。

再次，在整车领域。传统汽车制造商的主导权会受到新兴企业（如特斯拉等）的冲击，汽车电动化将促进整个汽车产业的兼并重组。传统汽车制造商对产业链的主导取决于对电机、电池等重要零部件的控制程度，电力等能源供应商也将谋求对产业的控制力。因此，汽车的整个产业链格局酝酿着巨大变化。

最后，在下游销售方面。传统制造体系和销售体系很难维持下去。新增汽车制造商有可能采取新的销售渠道，传统销售店将面临维护费用减少导致的利润下降。

此外，从更上游产业发展看，电动汽车技术与能源技术的结合，也是一场重大的能源体系变革。

3. 电动汽车推动商业模式变革

（1）电动汽车技术孕育创新性的商业模式

车辆电动化是全新的技术，在现阶段，电动汽车产品的商业化将带来价值主张、价值网络和价值实现等各方面的变化，带来创新的商业化运营模式。

从商业模式的价值主张方面看，电动汽车不同于燃油车的产品特性使其将吸引新的客户。电动汽车相对燃油车有更快的加速性能，能够提供更安静的乘车体验，是节能环保的代名词。电动汽车企业可以利用这些超出燃油车的优点吸引目标客户，形成新的价值主张。

从价值提供和价值网络看，电动汽车的核心动力系统从发动机、变速器转变为电池、电机和电控,无论对于原有的汽车企业还是跨界进入的新企业,整合资源建立核心竞争优势都是新的事物,需要新的价值实现手段来构筑差异化的能力。价值链上的新企业需要探索新的合作模式,形成新的价值合作网络,在产业链合作开始时,也会不断地考察筛选伙伴,产生很多的博弈。例如,在电池上,电池企业一方面会与整车企业进行合作,同时由于电池技术的重要性,有的电池企业可能会谋取更好的产业链地位,电池企业技术的进步与竞争力将影响到电动汽车上。此外,电动汽车的使用习惯明显不同于燃油汽车,在开始阶段,相关的产品技术、配套服务等尚不成熟,也需要企业建立运营公司或者租赁公司等,为顾客提供产品的同时,提供整体化的服务解决方案。

从价值实现看,电动汽车要从当前较高的价格中实现盈利,需要创新的商业模式。目前,电动汽车在成本上,即使用户拿到国家和地方政府两级补贴,也会明显高于同级别燃油车辆,下图中七款车型补贴后的平均价格仍为同级别燃油车价格的 1.76 倍,最少的也为 1.31 倍。这需要企业在推广产品时,采取较为灵活的方式,比如如何选择应用场景,能够充分发挥电动汽车"油电差价"的优势,设定何种方案让用户能够接受使用或者购买电动汽车。

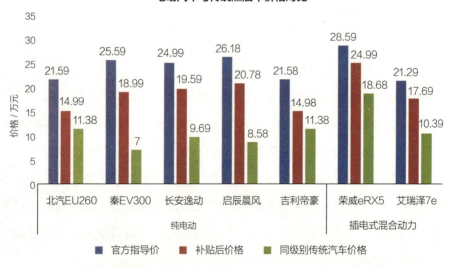

电动汽车与传统燃油车价格比较(根据 2017 年底相关信息计算)

从构成商业模式的价值主张、价值创造、价值网络和价值实现四个方面看,电动汽车由于动力系统带来的产品性能、能源补给带来的使用习惯与传统汽车有着非常大的差异,企业在选择商业模式时,其定义的领先目标客户、价值主张、价值创造、价值网络以及价值实现都将发生很大的变化,电动汽车的商业模式与燃油汽车也将有较大差异。

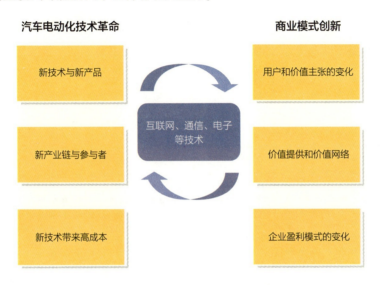

汽车电动化技术变革与商业模式创新的关系

(2) 电动化与互联化结合

当前,互联网已经渗透融合到汽车的各个领域,互联网与电动汽车结合将激发出更多的商业机会和模式。如,汽车分享作为一种已有的商业模式焕发出新的活力。根据麦肯锡的调查,拥有私家车的吸引力正在减退,六成消费者认为汽车不再是身份地位的象征,37%的消费者认为现在有各种移动出行选择,是否拥有私家车并不那么重要了。相当一部分消费者通过短时租车(40%)、长期租车(34%)及汽车共享(26%)等各种形式满足出行需要㊀。

㊀ 麦肯锡公司. 中国汽车市场消费者调查报告:寻找快车道:中国汽车市场发展新趋势. 上海,2016。

宝马、通用等汽车公司将移动作为一种服务（Mobility as a service）。如宝马公司推出停车和支付服务 ParkNow，ParkNow 是一款停车 APP，提供高端全方位停车服务和自动化结算服务，通过它驾驶人可以很方便地在车内搜索、定位和租赁停车位。

（3）商业模式的创新推动技术创新

电动化技术变革会带来新的商业模式，另一方面创新性的、具有应用前景的商业模式也会引导和推动电动汽车技术的发展，技术进步和商业演进良性互动，实现技术与商业模式间的良性正向循环。

三、电动汽车商业模式分类

电动汽车商业模式及其分类的认识目前并不统一，不同研究者从不同维度，会提出不同的划分方法[①]。目前，电动汽车商业模式主要有以下分类：

第一类是按车型不同划分为乘用车商业模式和商用车商业模式（公交、物流、出租）等。不同车辆类型的需求特点、应用场景、生产企业、运营方式以及价值获取是不同的，需区别分析。具体还可以细分为高端车、普通车和低速车等类型，整体上看，是基于不同价值主张的划分方法。

第二类是按车辆交易方式来划分，包括整车销售、整车租赁（长租和短租）、融资租赁方式。不同方式下企业的价值网络以及参与者的合作方式有所不同。

整车租赁模式指的是，由运营商购买整车，面向用户提供的租赁服务。消费者只需按月支付租金和充电电费，租赁期内发生的车辆维修保养和保险等费用一般由运营商承担。目前，传统的租赁模式已逐渐向多元化模式演变，不仅包括长期租赁，还包括分时租赁等不同服务。

---

① 叶强. 电动汽车商业模式研究. 清华大学博士后出站报告，2014。

融资租赁模式有两种形式，包括金融机构主导型和专业运营商主导型。如在电动公交车领域，金融机构（资产管理公司）以融资租赁的形式买下电池，并以分期付款的方式租给公交公司使用，这样可以减轻公交公司的付款压力，属于前一种方式。由专业运营商从金融机构融资，一部分提供给公交公司购买裸车，另一部分由运营商购买电池、提供电池维护保养以及建设充电基础设施，融资租赁的资金由政府提供的融资租赁补贴和运营维护补贴分期偿还，属于后一种方式。

第三类是按照能源补充方式来划分，主要包括充电模式（有线、无线）、换电模式和充换结合模式。充换模式的选择不仅影响到消费者的使用方便性，也反映了汽车行业与能源行业合作的方式。

第四类是按照主导企业的差异化能力来划分，包括垂直一体化方式和合作方式、传统企业和跨界企业、轻资产模式和重资产模式等具体类型。在同一细分行业，不同企业具有完全差异化的价值主张、价值创造和运营方法。

此外，还存在按照技术路线、区域、销售渠道、售后服务解决方案等划分商业模式的方法。在本书中，总体上按产品和应用领域来组织各章商业模式的探讨，在此基础上，按照技术路线、交易方式、能源补充等方面开展具体的讨论。

在研究方法上，主要是案例描述与案例分析为主，结合近几年电动汽车行业具有代表性的汽车企业、销售企业和运营商开展调查研究和案例分析。

本书主要案例涉及的企业

产品类型或应用领域		企业名称
乘用车		比亚迪、北汽新能源、宝马之诺、时空电动、重庆力帆、左中右、EVcard、北汽恒誉、恒天易开、环球车享、微租车等
商用车	公交	北京、重庆、深圳、南通、南京、宁波等地公交企业
	出租	深圳鹏程电动、新乡电动出租等
	物流	重庆瑞康、广州中力、成都雅俊等
充电基础设施运营商		国家电网、普天、特来电、星星充电等

第二章 私人领域电动乘用车商业模式

一、私人领域电动乘用车推广情况

1. 我国电动乘用车销量快速提升

根据乘联会统计数据，2016 年我国电动乘用车累计销售 328864 辆，同比增长 86%。其中，纯电动乘用车销售 248512 辆，同比增长 119%；插电式混合动力乘用车销售 80352 辆，同比增长 26%。2017 年 1—8 月，我国电动乘用车累计销量达到 254127 辆，同比增长 41%。其中，纯电动乘用车销售 202528 辆，同比增长 64%；插电式混合动力乘用车销售 51599 辆，同比下降 10%。总体上来看，2013 年以来我国新能源乘用车呈现快速增长态势，推广应用工作取得显著成绩。

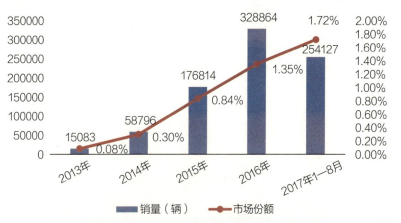

2013 年至 2017 年 8 月我国电动乘用车销量增长情况

注：根据乘联会历年发布的电动乘用车销量数据制图

从动力类型结构来看，2016 年纯电动（BEV）和插电式混合动力（PHEV）分别占比 75.57%、24.43%，2017 年 1—8 月纯电动和插电式混合动力所占比重分别为 80%、20%。因此，可以看出纯电动车型是我国电动乘用车市场上的主力车型。然而，从 2017 年以来的增长情况来看，纯电动和插电式混合动力乘用车的发展明显出现两极分化，一方面纯电动车型继续保持高增长且所占比重提升，而另一方面插电式混合动力车型增长乏力甚至出现负增长，且所占比重显著下降。究其原因在于车企普遍发力纯电动技术路线，插电式混合动力车型偏少、补贴后价格较高且补贴下降，北京不支持插电式混合动力车型等多重因素所致。

随着我国电动乘用车销量的不断提高，在每年乘用车总销量中的市场份额也在逐渐提升，2016 年我国电动乘用车的市场份额已从 2013 年不足 0.1% 快速提升至 1.35%，2017 年 1—8 月又进一步提高到了 1.72%。销量的提高也推高了我国电动乘用车的保有量，来自国际能源署（IEA）的数据显示，2016 年我国电动乘用车保有量已达到 64.87 万辆，结合乘联会 2017 年 1—8 月电动乘用车销量数据，则目前来说我国电动乘用车保有量已突破 90 万辆。

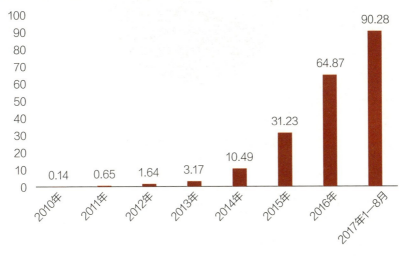

2010 年至 2017 年 8 月我国电动乘用车保有量情况（单位：万辆）⊖

⊖ IEA. Global EV outlook 2017。

2. 私人领域电动乘用车快速启动

在电动汽车推广上，我国采取的是以公共领域带动私人领域的发展策略，因此公共领域一直是我国电动汽车推广的重点领域。但随着电动汽车技术的发展、车辆性能的提高、车型的不断丰富、基础设施配套环境的不断成熟完善、不限行不限购政策的落实和激励、绿色环保用车理念的贯彻、消费者认知和接受度的提高，私人领域电动汽车的发展正在提速，尤其是在实施车辆限行限购的城市表现得十分突出。数据表明，在2016年我国电动汽车推广总量中，私人领域推广量为14.2万辆，所占比重由2015年的23%提升至2016年的32%。

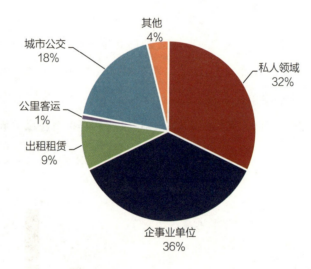

2016年电动汽车推广应用领域分布①

3. 消费者购买意愿明显增强

中国对电动汽车前所未有的推广力度也让更多的消费者开始了解和接受

---

① 中国汽车技术研究中心．中国新能源汽车产业发展报告（2017）．社会科学文献出版社，2017。

电动汽车，并且购买意愿有所增强，尤其是在实施限行限购的大城市，这一现象较为突出。根据尼尔森的调查显示，2017年中国消费者对电动汽车接受度进一步提高，27%有购车意向的消费者会考虑购买纯电动汽车，25%消费者会选择购买插电式混合动力汽车。这说明随着电动汽车市场环境的不断完善，消费者对电动汽车的认知正在逐步改变，接受度和购买意愿明显提升。以北京为例，由于北京实施限购限行政策，传统燃油车一号难求，越来越多的人开始参与电动汽车的摇号。然而北京2017年的电动汽车指标早已用尽，截至2017年10月8日24：00，已有80785人在排队等号[1]，由此也可以看出北京居民对电动汽车的购买意愿是多么强烈。不过，由于北京的特殊性，可能不具有普遍的代表性，对于非限购城市来说，目前消费者购买电动乘用车的意愿还不太强烈，如何启动非限购城市的私人领域市场，这也是我国下一步推广电动乘用车所必须思考的重要课题，只有这样才能加快我国电动汽车的推广应用。

尼尔森关于中国消费者电动汽车购买意向调查结果[2]

---

[1] 小客车指标申请情况温馨提示 http://www.bjhjyd.gov.cn/jggb/2017109/1507509701785_1.html。
[2] 尼尔森. 2017年新能源市场洞察调研报告，2017。

4. 车型不断丰富,性能指标明显提升

1)电动汽车车型增多且不断丰富。据不完全统计,截止到2017年7月,全球在售电动乘用车车型超过100款,其中插电式混合动力40余款,纯电动60余款。而在中国,随着更多的车企开始重视和发力电动汽车市场,车型数量明显增加。据不完全统计,目前中国在售电动乘用车车型数量超过50款,其中插电式混合动力车型10余款,纯电动车型超过40款。根据工信部发布的2017年1—9批《新能源汽车推广应用推荐车型目录》统计,电动乘用车车型总数为324款,其中插电式混合动力车型34款,纯电动车型290款。从车型上来看,纯电动车型占据主流地位,而插电式混合动力车型数量明显偏少。

2)车辆性能指标显著提升。随着技术的不断创新发展,动力电池关键材料国产化进程加快,性能指标稳步提升,如截至2016年底,三元正极材料的能量型动力电池单体比能量最高达到220W·h/kg,模块比能量最高达到140W·h/kg。动力电池成本明显降低,系统价格降至2.5元/W·h以下。单体、电池包、电池管理系统(BMS)等方面的安全技术研究全面推进。我国驱动电机共性基础技术进一步突破,如导磁硅钢、稀土永磁材料、绝缘材料、位置传感器等;芯片集成设计及电力电子系统集成取得进展。产品关键性能指标达到国际水平,如重量比功率超过3300W/kg,电机峰值效率≥97%,高效区≥80%,系列化产品的功率范围覆盖了200kW以下电动汽车用电机动力的需求[一]。

3)续驶里程明显提升。纯电动乘用车的续驶里程提升到目前的150km以上。以2017年工信部发布的第9批《新能源汽车推广应用推荐车型目录》中的纯电动乘用车车型为例,本次目录中的纯电动乘用车续驶里程均在150km以上,平均续驶里程达到223km,其中$150 \leqslant R < 250$的车型有13款,$R \geqslant 250$的车型有12款。

[一] 万钢. 中国电动汽车百人会年度论坛2017演讲,2017。

5. 车型价格与续驶里程分布

目前，国内消费者对电动乘用车的价格还是较为敏感，虽然动力电池系统的成本价格呈现明显下降之势，但中央和地方政府对电动乘用车的补贴也在退坡，因此总体上来看，电动乘用车的价格还依然高于同级别燃油车，在性价比上还无法与传统燃油车抗衡，这也是阻碍消费者购买电动乘用车的原因之一。通过梳理2017年1—7月国内31款自主品牌纯电动乘用车的价格发现，15万~20万元车型占比约58%，属于主流车型价格区间；其次是价格在20万~30万元的占比26%；再次是15万元以下的占比10%，目前部分车型价格在不断下探，如北汽EC180、奇瑞EQ1等车型补贴后价格约5万元，这部分车型试图抢占低速电动汽车的市场；最后是30万元以上的车型占比仅为6%，说明中高端车型数量依然较少。

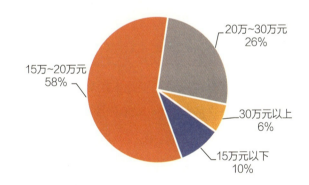

2017年1—7月国内在售纯电动乘用车售价区间分布（官方指导价）

注：根据公开资料整理。

同时，通过梳理2017年1—7月国内31款自主品牌纯电动乘用车的续驶里程发现，主流电动乘用车的续驶里程主要集中在150~250km。具体结果：150~250km的车型数量高达77%，250~300km为7%，而300km以上的为16%。因为我国对电动乘用车设定了"双100"要求，即只有满足续驶里程不低于100km、车速不低于100km/h才能归为电动汽车，所以目前电动乘用车续驶里程均在100km以上。另外随着动力电池性能指标和关键材料的不断突破，动力电池的能量密度有了显著提升，部分车企开始推出一些高续驶里程车型，如北汽的EU400。

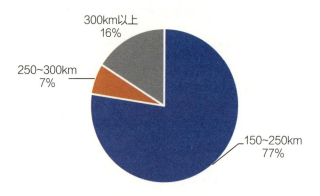

2017年1—7月国内在售纯电动乘用车续驶里程分布

注：根据公开资料整理。

二、 企业商业模式案例

从2008年，国内第一款电动汽车比亚迪F3DM开始，我国电动汽车企业就开始了电动乘用车商业模式的探索。本部分选择了比亚迪、北汽新能源、华晨宝马和时空电动等企业分析其商业模式。选择这四家企业主要是因为他们都有一定的代表性。比亚迪是国内最早、也是规模最大的电动乘用车生产企业，北汽新能源是国有控股企业代表，拥有非常多元化的电动乘用车商业模式，华晨宝马是最早推广电动乘用车的合资企业之一，是整车租赁的典型代表，时空电动是互联网企业跨界进入汽车行业的代表。

1. 比亚迪

（1）发展概况

比亚迪公司是国内最早进入电动汽车产业的公司之一。2017年上半年，比亚迪在市场上有唐、宋、秦、e5、e6等多款新能源乘用车，车型最为丰富，而且销量在近两年多次获得全球电动汽车销售冠军。

在电动汽车市场采用"7+4"战略布局,"7"代表七大常规领域:私家车、城市公交、出租车、道路客运、商品物流、建筑物流车、环卫车;"4"代表四大特殊领域,包括仓储、矿山、机场、港口。

(2) 价值主张和技术路线

比亚迪第一代插电式混动系统 F3DM 在 2008 年底就上市销售,是世界上第一款量产的插电双模混合动力车型,比亚迪秦是 F3DM 的第二代技术产品,获得了市场的认可。插电式混合动力作为电动汽车替代传统汽车的过渡式产品,能够兼顾充电基础设施和石油产业发展两个产业的实际情况。

比亚迪通过对消费市场、目标用户的研究,以及插电与纯电动汽车的探索,主要采取了以插电式双模电动汽车为主、纯电动车为辅的技术路线。随着纯电动汽车销量的逐步增加,形成了并驾齐驱的发展态势。此外,在私人领域比亚迪与戴姆勒合资合作开发了腾势汽车,主要定位在高端私人市场,配合不同层次消费者的需求,也能够开拓更多的区域市场。

(3) 价值创造和核心能力

比亚迪是国内较早掌握电动汽车核心技术的企业。插电式混合动力汽车在产品技术上比纯电动汽车更加复杂,其开发过程是一个系统工程。比亚迪利用自身在传统燃油车技术和电动汽车技术的长期积累,攻克了自动变速器、变速器控制系统(TCU)、发动机控制系统(ECU)、动力电池、电机和电控等方面的关键技术,成功开发出插电式混动汽车。

比亚迪由电池行业起家,在传统汽车领域也取得较快的发展,这是比亚迪相对于其他企业一个天然的优势。比亚迪在电动汽车上的核心能力与企业较为超前的发展战略,通过自主研发掌握关键核心技术的决心以及企业经过 20 年发展累积的较强的组织学习能力密切相关。

(4) 价值网络和企业合作

比亚迪在价值网络构建上,主要采取了独特的垂直整合模式。公司不仅掌握整车研发和集成匹配等技术,还全面掌握电池、电机、电控、整车集成等方面的核心技术,包括掌控和研发电池上游原材料,以及电机上游核心零部件的技术和能力，控制相关产业。

在产业链下游上，比亚迪也做了很多的延伸，比如开发了充电机及其解决方案，建立了"空中纯电动车充电塔"以及"3+3循环式立体充电机"。与深圳巴士集团合资共同建立深圳鹏程电动出租公司，与深圳公交公司合作，主营公交大巴业务。比亚迪还在国内外开展了多个储能电站、移动储能模块相关业务，电动汽车未来会作为后备电源进行电能输出，开展车到车（Vehicle to Vehicle），车到电网（Vehicle to Grid）的模式。王传福认为，在技术变革时期，采取垂直整合的战略更容易掌握竞争的主动权。

（5）价值获取和盈利模式

配合国家电动汽车政策，比亚迪电动汽车从前两年主要面向全国电动汽车试点城市销售，转变为正在向全国铺开销售。

对私人客户，比亚迪主要采取了直接销售和分期付款等方案。对于集团客户，比亚迪从 E6 开始推出了"零元"购车方案，即"零元购车、零成本、零风险、零排放"解决方案。所谓"零元购车"，是指集团客户不用一次性承担购车资金压力，可采用"零首付+分期付款"模式购车。为使不同性质的客户都能享受到这一便利，比亚迪共推出三种操作模式：融资性租赁、经营性租赁和买方信贷，同时满足出租车公司的不同需求。客户可根据需求和具体合作业务自由选择合作模式。

比亚迪纯电动车的零元购车方案

模式	融资主体	租赁期	所有权
融资性租赁	出租车公司	电动车的整个运营生命周期（如5年）	租赁期内电动汽车所有权归金融机构，出租车公司分期支付租金，租赁期满后，电动车所有权归出租车公司所有
经营性租赁	第三方汽车租赁公司	既可以为电动车的整个运营生命周期（如5年），也可以为较短期限（如1年）	租赁期内及租赁期满，所有权均归汽车租赁公司，出租车公司与汽车租赁公司签订经营性租赁合同进行租赁
买方信贷模式	出租车公司		所有权归出租车公司，出租车公司向金融机构分期支付月供

根据比亚迪上市公司年报,比亚迪在2016年的营业收入达到了1034.7亿元人民币。比亚迪业务板块包括电动汽车和传统燃油汽车在内的汽车业务、手机部件及组装业务,以及二次充电电池及光伏业务,其中汽车业务营收约570亿元,电动汽车业务整体收入约346.2亿元,占比亚迪集团总收入的33.46%,是比亚迪收入和利润的重要来源。

2. 北汽新能源

(1) 发展概况

北汽新能源公司在2009年成立,2014年挂牌成为第一家股份制电动汽车企业,注册资本24亿元。北汽新能源规划到2020年电动汽车实现50万辆的产销目标。

(2) 价值主张和主要用户

北汽新能源认为全球气候和能源危机、政治和经济的竞争将加快电动汽车的发展速度,加上未来2~3年将推出的碳排放交易制度,电动汽车特别是纯电动汽车,发展的速度将超出一般人想象。

在产品技术路线上,北汽选择了纯电动汽车作为主要突破口,辅以增程式电动汽车。目前主要生产EV、ES、EU、EC等多款电动汽车产品。根据公司规划,正在现有产品基础上不断推出更高续驶里程的车型,如续驶500km的D级电动汽车,还向下推出国民纯电动汽车EC180,实现产品覆盖低、中、高端市场用户。

(3) 核心技术和价值创造

在电动汽车上,北汽新能源公司以打造明星产品为核心,从技术研发、体系建设、体制创新、资本运营等各个方面打造企业的核心能力。

北汽非常重视研发投入,从成立到2015年底,实现了64亿投资中,产品开发投资16亿元、试验认证投资6亿元、产业链整合投资17亿元。2016年研发投入达到5.24亿,2017年预算研发达到13.1亿元。先后建立了北汽集团研究总院和北京新能源研究院产品开发体系,前者负责传统汽车的模块开发,后者负责三大电系统和整车集成开发;建立了硅谷(电池动力总成、先进材料和智能驾驶)、亚琛(新一代增程驱动系统攻关)和底特律研发中心(电驱动和控制集成系统)。目前在研发创新上,北汽新能源已经具备较强的核心能力,在电池系统续驶里程、动力驱动系统、铝合金和非金属材料车身、集成4G通信和语音识别的车联网系统等方面不输于跨国汽车公司。

公司引入互联网思维,实现"轻""众""快""准"。轻是指轻资产,通过资源整合、内部代工,实现投资和资本的大幅降低。公司鼓励用户参与,追求开放设计和个性化定制,希望快速开发出紧跟用户需求的迭代产品,并充分利用O2O模式,实现线上40%的精准引流。

北汽新能源也在努力为用户提供全面体贴的服务。在充电上,联合政府、电网、车企和社会各方力量,提供无忧充电方案,为用户提供充电桩、移动充电、充电宝、充电车库和充换电站等多种解决手段。

北汽创新性地采用换电模式运营出租车辆。在换电运营模式中,出租车仅用时3min左右就可以更换电池。通过上万次换电试验,北汽换电的可靠性得到了验证。未来EU220作为换电主要车型将满足出租车运营需要,能够解决前期出租车运营出现的充电时间长、冬季低温运营里程短、出租车效率不高等问题。

北汽换电模式将分三步逐步推广:第一,在出租车开展尝试性开发、示范和推广,完善模式;第二步,在2017—2018年,拓展到分时租赁和网约车,实现更大范围运营;第三步,在2020年前后,随着电池成本进一步降低,将向私人消费市场推广换电模式。

(4)价值网络

在产业链网络上,北汽新能源主张建立开放合作的生态圈。北汽通过控股、参股和合作方式,实现了对整车研发、核心零部件和服务运营的掌控和管理。在产品开发上利用自身在两院、三中心的研发基地,围绕燃料电池和电驱动系统核心技术突破构建战略合作平台。

北汽新能源希望能够利用好合作伙伴资源,通过构建生态圈,提供好的产品和服务，实现快速的产品开发和企业发展。

北汽新能源探索租售并举的多种商业模式来实现价值获取。公司经营着规模处于国内前列的汽车分时租赁公司。与富士康和庞大汽贸分别合资经营绿狗出行和北京绿行，北汽独立经营北京出行、轻享出行和华夏出行三家分时租赁公司。五家分时租赁公司表面上看似重复，但在产品定位、主要用户和业务模式上存在较大区别。

北京出行和北京绿行主要服务于 B 端客户，前者是服务北京市内的政府机构，后者主要以中央部委机关为主。绿狗、轻享和华夏出行都针对的是大众用户，绿狗以中低端服务为主，轻享则以高端分时租赁为主。华夏出行目标是整合北汽旗下所有出行资源，提供包括汽车租赁、融资租赁、网约车、巴士、出租车、旅行等各项出行服务。通过打造开放平台，将其他分时租赁公司、车厂或产业链上的公司一起运营。

北汽新能源"换电模式"并非单打独斗，而是充分整合了社会资源，包括与上海电巴集团、中国石化等企业合作建站。北汽新能源主要提供纯电动车辆，参与部分充电站的建设及运营，上海电巴集团负责建设充电站、提供换电设备及技术、电池管理、后期运营等工作，中国石化则利用加油站等资源提供建设用地。多方合作推动了"换电模式"的发展。

（5）价值获取与盈利模式

2014 年北汽新能源从有限公司变更为股份制公司，2016 年 3 月，顺利完成 A 轮融资，融资金额约为 30 亿元。2017 年 8 月，北汽新能源完成 B 轮 111 亿元融资。据公司披露，在 2016 年实现盈利 1.8 亿元。公司将 2017 年的盈利目标定为 3 亿元。当前电动汽车销售竞争日趋激烈，从 2017 年市场销售看，北汽新能源要顺利实现预期目标，还有很多的任务需要解决。

3. 华晨宝马"之诺"

"之诺"品牌是华晨宝马推出的纯电动汽车品牌，之诺 1E 是电动汽车早期推广的代表产品，是基于宝马 X1 车型开发的纯电动汽车，在国内，主要是在北京和上海地区租赁，只租不售。其商业模式是典型的"整车租赁"模式。

（1）价值主张和用户定位

宝马之诺1E选择整车租赁模式，包括面向集团客户和私人客户两类。

前者包括总部和分部之间具有通勤需求的企业，或者需要为客户提供交通服务的大型企业，如首都机场等。另外相比对续驶里程要求更高的私人用户，单位用户的车辆用途（包括行驶路线）相对更固定，因而充电的问题就更易解决。之诺1E租赁模式可省去集团客户自己摇号，租车费用可计入企业运营成本而免税。北京和上海是中国租车市场相对发展较好的地区，因此主要选择北京和上海开展租赁业务。

对于私人用户，之诺通过租赁模式可以为用户解决其购买、使用电动汽车的问题。用户购买电动汽车面临几大问题：一是价格高昂，之诺基于宝马X1车型的基础上加装电池、电机、电控等装置系统而来，由于X1价位介于30万~40万元之间，加装三电后价格不菲；二是早期消费者对于纯电动汽车不了解，接受意愿不强；三是充电基础设施难以解决，物业不支持个人充电桩的安装、安装单位的资质水平参差不齐；四是还存在保险问题。电动汽车在安全、消防、电池回收、救援等方面涉及的保险非常复杂。

集团用户在国内还没有形成较大市场，单位对牌照的需求数量明显不如个人需求旺盛，因此之诺实际主要以个人短租客户居多。

（2）价值创造

之诺1E是基于宝马X1平台打造的一款纯电动车，外形与宝马X1类似。车身长×宽×高分别为4503mm×1798mm×1564mm，续驶里程达150km。采用磷酸铁锂电池，支持慢充方式，在7.5h可充80%的电量。

之诺采取整车租赁商业模式，可以解决在产品价格、续驶里程、配套服务上尚不完善等方面的问题，为用户提供整体的出行解决方案，满足消费者需求。3年长期租赁价格每月7400元，日租400元。

之诺租赁价格[一]

	3年租	2年租	1年租	日租
牌照	√	√	√	√
提供充电墙盒及安装服务	√	√	√	
车辆保险	√	√	√	√
车辆保养	√	√	√	
代步车服务	√	√	√	
拖车服务	√	√	√	
24×7救援服务	√	√	√	√
租赁价格	7400元/月	9000元/月	11000元/月	400元/日

(3) 价值网络与企业合作

宝马公司主要选择租赁公司和优质的汽车经销商（中进汽贸等）开展合作。宝马在北京与一嗨合作开展日租或长租业务，还与北汽恒誉、上海国际汽车城开展分时租赁业务。在北京和上海的品牌展厅，由宝马公司投资，交由经销商进行日常管理。

从之诺三里屯体验店看，在2015年底，该展厅总共管理20辆车，除了公司自身业务需要，日常可对外提供用车五六辆。宝马之诺按小时起租，每小时20元。夜租价格为100元、日租400元。每月完成订单180个左右，每日一辆车出租1次左右。

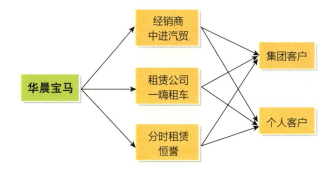

宝马之诺租赁模式示意图

[一] 之诺官网，https://www.zhinuo.com.cn/。

一嗨租车主要采取日租方式,每辆车的每日租赁价格在 200 元左右(含保险和手续费等),价格要明显低于 X1 燃油车价格。

(4)价值获取和企业盈利

从用户角度看,宝马之诺的分时租赁使用率在逐步提高,租赁模式对一些租赁点附近的出行里程超过 10km,且在续驶里程范围内的用户具有一定的价值。对于长租用户,如果不考虑长里程驾驶和充电的方便性,之诺产品租赁价格要低于同级别燃油车 3 年的租赁成本和购买使用成本。

之诺电动车租赁价格与燃油车租赁价格、购买使用成本比较

费用	之诺1E 3 年租赁成本	租赁同级别汽油车使用成本	购买同级别汽油车 3 年使用成本
租车费用/元	266400(= 3×12月×7400元/月)	396000(=3×12月×11000元/月)	
充电服务费用/元	9090(6 万 km×20.2kW·h/100km×1元/kW·h)		
汽油费用	6 万 km	21600(6 万 km×8L/100km×6元/L)	21600(6 万 km×8L/100km×6元/L)
购车费/元			300000
购置税/元			30000
资金成本/元			58616
保险费/元			22500
保养费/元			13500
车船税/元			1050
车辆折旧/元			150000
总费用/元	275490	417600	297266

从一嗨公司的日租租赁价格,以及宝马展厅的分时租赁价格看,宝马之诺品牌还很难通过租赁收回产品成本以及相关运营的成本。宝马公司会为经销商提供明确的租赁成本计算,并通过各种补贴、产品回购等方式保证经销

商盈利，不至于亏损。

据不完全统计，2014年至2015年，华晨宝马先后交付汽车租赁公司、北京市外事服务局以及政府机关共计330辆之诺1E。但从之诺品牌的实践看，国内第一款宝马汽车探索的租赁模式和城市展厅模式并不能够称得上完全成功，这也是宝马公司在电动汽车商业模式的初步探索。

目前宝马之诺品牌不再生产，宝马公司又推出了60H插电式混合动力汽车。这些产品主要以销售为主、租赁为辅。城市展厅模式让位于4S店模式。截至2016年底，宝马在全国共有173家新能源车4S/5S销售网点、233家新能源车4S/5S服务网点，在全国各地建立超过1500个即时充电桩，2017年底将进一步扩展至2500个。

4. 时空电动

（1）发展概况

浙江时空电动汽车有限公司2013年创立于杭州，是一家跨界进入电动汽车的新公司，公司以制造、销售国民级纯电动汽车为使命，希望通过公司的努力建立能源永续的美好世界。

在公司创立前，创始人陈峰风险投资了电池、电机、电控等方面的多家企业，特别是在电池技术上，做了大量试验，储备了一定的电池技术能力。此外，他还投资了一些零部件公司，但他所投资的电动汽车零部件公司的订单都很少。

2013年，陈峰把投资的电动汽车各环节公司重组一遍，成立了时空电动汽车，包括四家子公司：一是新时空，负责电动汽车整车研发、电池技术研发、城市储能及供应设施成套、市场运营推广；二是耀顶，负责充换电服务网络的停车、充电、换电立体车库的开发与建设；三是路捷，从事电动汽车的租赁及销售服务；四是时空能源，从事动力电池成组生产。

时空在2014年6月，购买了众泰知豆产品的车身专利，并自行设计、研发和制造了第一款车型——新时空 E20，初步具备了研发和制造电动车的能力。新时空 E20 最高车速高于 80km/h，电池容量达到 20kW·h，续驶里程达到 260km。

新时空 E20

2016 年 7 月东风·时空 ER30 上市。ER30 实测续驶里程可达 255km，最高车速 105km/h。产品兼顾网约车市场和城市年轻消费者，采取换电与慢充模式。

时空以自有电池技术为支点，以互联网运营思维和科技型资本为双重杠杆，推动传统汽车行业从产业链构成、生产销售模式直至利益分配格局的全方位变革。此外，时空还进入电动物流车领域，2015 年 1 月，时空电动与东风汽车控股子公司东风襄阳旅行车有限公司合作开发了时代御风纯电动车型，同年 9 月发布了东风·时空俊风、东风·时空 A08 车型。

（2）价值主张和用户定位

时空公司认为电动车从本质上分为三类：第一类是倡导产品环保理念、产品技术领先，追求消费者的极致体验，典型产品是特斯拉；第二类是中档车型，价格适中，强调技术性能，满足消费者对体面、安全、舒适程度的要求；第三类是主要作为交通代步和商业工具的汽车，包括经济型轿车和物流用车。时空电动希望以第三类车辆为主要目标，同时综合前两类电动车辆企业的优点，为用户提供高质量、高可靠和价格可承受的电动汽车产品。

（3）价值创造和核心能力

时空的核心技术能力首先在电池研发和生产上。时空电池采用三元锂电池材料，由时空电动汽车有限公司自主研发生产，模块电池组可选用多种电芯，通用性极高，并同时兼具慢充和快换的功能。电池能量密度大，可达到120 W·h/kg 以上[1]。时空电动认为其安全性能优于特斯拉。时空电动能源制造的电池，不仅供应给时空电动汽车，还可以扩大产量，供应行业内其他电动汽车制造商。

此外，时空电动与合作伙伴创新性地采用换电技术，与杭州伯坦科技工程公司开展了深度合作，截至2016年底，时空电动已经在杭州建设了23个充换电站。经历了长期探索后，时空电动与合作伙伴掌握了换电的核心技术，对换电商业模式的运营规律有了清晰的认识。

（4）价值网络和企业合作

传统汽车生产具有较为成熟的产业链模式，整车企业与零部件企业具有相对成熟的分工体系和合作方式。整车企业主要负责产品的设计与生产装配，主要零部件和相关总成等主要由零部件企业提供。汽车企业和4S店合作塑造产品品牌，最终销售主要由汽车渠道企业负责完成。

时空电动汽车公司采取全产业链的方式来制造电动汽车，希望尽可能压缩产业链环节的利润，让渡给消费者。在产业链上游，收购电芯生产企业德朗能，并具备了电动汽车动力电池成组解决方案，还拥有电机、控制器等产业。时空电动在下游与滴滴出行、菜鸟等合作，业务涵盖电芯制造、电池组装、整车生产、能量网络和市场运营五大板块，建立了全产业链模式。

在杭州，滴滴打车APP呼叫快车时，在快车下会出现一个二级入口，其中包含"迷你型"选项。选择该选项后，消费者即可发送呼叫"小滴"的订单。2015年下半年，时空电动和滴滴出行合作，一次投放了800辆电动车辆。"小滴"的定价为0.99元/km、0.3元/min，收费标准为杭州当地滴滴快车定

---

[1] 纪雪洪. 跨界与融合：重新定义汽车产业. 北京：机械工业出版社，2017。

价的 8 折[1]。

在这一模式中,滴滴提供互联网平台,租赁公司提供驾驶人,时空电动提供车辆给租赁公司,还负责项目运营和移动电网服务,车辆生产者、运营者、互联网平台、驾驶人和最终消费者都得到了一定的收益。

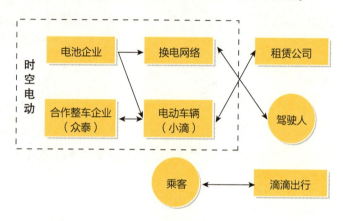

"小滴"业务的商业模式

（5）价值获取和企业盈利

2017 年,从"小滴"出发的合作模式——"网约车+换电站"模式,在杭州生根发芽。在杭州,仅东风 ER30 一款车型,已有 1000 余辆加入"蓝色大道"计划,用于滴滴快车运营。并从杭州向全国拓展,已经在苏州、长沙等地落地。

2017 年 5 月美都墨烯与时空动力、杭州耀顶（时空电动全资子公司、蓝色大道业务线运营主体）签订《增资入股框架协议书》,美都墨烯出资 6 亿元持有杭州耀顶（蓝色大道）25% 股份,蓝色大道估值为 24 亿元。

蓝色大道业务线融资成功后,将极大加快时空电动的移动电网在全国推广的速度,推动电动汽车批量化应用。此前时空电动已完成三轮融资,最新一轮估值为 58 亿元人民币。

---

[1] 纪雪洪. 跨界与融合:重新定义汽车产业. 北京:机械工业出版社,2017。

四家典型乘用车企业商业模式比较

企业	企业特点	主要产品	商业模式特征	价值主张	价值创造	价值网络	价值获取
比亚迪	国内规模最大的电动汽车企业	秦、唐、宋、元、腾势	整车销售、融资租赁	以插电技术路线为主，覆盖各级别电动车市场	坚持创新驱动、掌控电动车的核心技术能力	垂直一体化模式，追求掌控产业链资源	电动汽车收入超过了传统汽车收入，盈利较多
北汽新能源	纯电动汽车销量领先	EC180、EU260、EU400	整车销售、资源整合、分时租赁	纯电为主，产品上下延伸覆盖各细分市场	通过体制创新、研发创新等综合能力增强企业核心能力	通过控股、合资、战略合作构建生态圈	销售和租赁并举，电动汽车销售收入增长明显
华晨宝马	豪华车合资自主品牌企业	之诺 1E、60H X1 插混	整车租赁模式	通过整体租赁方案服务于集团客户和私人高端客户	在研发和制造核心能力基础上提供更好的产品服务能力	利用传统的价值网络架构，整合上下游资源	以投入和品牌塑造为主，尚难盈利
时空电动	互联网特征的跨界企业	时空 E20	换电模式＋网约车模式为主	以互联网思维创造用户价值	掌握电池核心能力、换电技术与运营	追求产业链一体化运作，整车研发和制造资源	公司估值快速增长

三、私人领域电动乘用车商业模式类型

1. 销售与租赁模式

（1）整车销售模式

目前在国内，整车直接销售是最为常见的方式。随着电动汽车越来越得到用户的认知和理解，电动汽车销售价格可能会逐步降低，整车销售依然会是电动汽车的主要销售模式。

但电动汽车的销售体系会随着渠道变革，与以往相比有较大的变化。一是汽车企业可能会建立新的独立的销售体系和品牌4S店，如北汽新能源的销售；二是一些经销商集团建立电动汽车超市或购物中心，集中本地上市的全线电动汽车品牌，方便顾客在购物中心全面了解电动汽车信息，消费者可享受信息咨询、车辆选购、保险、上牌等一站式服务；三是特斯拉更是采取了直销的模式。也有一些品牌可能更倾向于电商平台，但电动汽车整车销售相对于传统汽车，需要汽车企业和4S店满足其充电设施安装与充电服务等方面的需求。

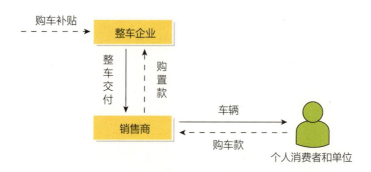

整车销售模式

（2）整车租赁模式

传统的整车租赁模式指的是，由运营商购买电动乘用车整车，面向用户进行长期（至少半年）的租赁服务。消费者只需按月支付租金和充电电费，

租赁期内发生的车辆维修保养和保险等费用都由汽车经销商承担。该模式的优点是，消费者的成本支出可能比较低，而且不用为充电和维修保养发愁，较为适合早期的电动汽车商业推广。但是，租赁商或者厂家需要承受一定的资金压力和风险。

目前，传统的租赁模式已逐渐向多元化模式、能够满足多种需求的方向发展。很多运营公司如环球车享、北汽恒誉、芜湖易开等，开始推出时租、日租服务。这种方式是共享经济的一种方法，能够发挥电动汽车油电差价的优势，较大程度上避免价格较高、续驶里程较短的缺点，在未来将会是电动汽车一种重要的销售和使用模式。第三章将对这种商业模式展开具体分析。

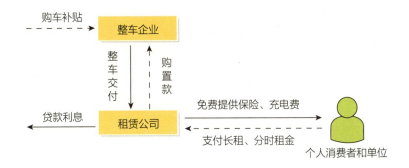

整车租赁模式

（3）融资租赁模式

融资租赁（Financial Leasing）是汽车金融的一种重要工具，实际是转移与资产所有权有关的全部或绝大多数风险和报酬的租赁。包括直接租赁和售后回租两种方式。目前汽车行业以直接融资租赁为主。

汽车融资租赁是指融资租赁公司根据承租人对汽车的要求和汽车厂家的选择，购买车辆，租给承租人使用，承租人分期支付租金。租期届满，租金支付完毕，车辆一般归承租人所有。融资租赁与传统租赁的区别在于前者以承租人融资成本的时间计算租金，后者以租赁使用车辆的时间计算租金。

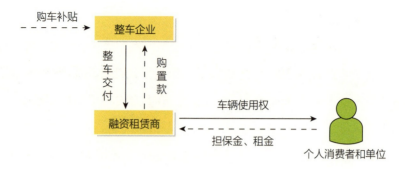

融资租赁模式

特斯拉公司为推广旗下品牌 Model S，将其融资租赁商业模式带入中国。这种模式的特点是低首付和高回购，大大提升了购车者的信心。公司与银行合作为消费者提供首付为 8% 的购车信贷，为 54800 元，占车价 685000 元的 8%，消费者每月最低仅需 14470 元就可拥有 Model S。三年后，如果购买者愿意把车转售给特斯拉，将按折旧率 47% 得到现金返还。有相对比例的客户选择了融资租赁服务模式。

在国内，融资租赁模式近一两年发展非常快。大搜车团队设计出了面向消费端可盈利的产品"弹个车"。2016 年 10 月，蚂蚁金服对大搜车开放金融、信用、风险控制平台，大搜车在线上的风控与蚂蚁金服合作，为购车用户的身份识别提供支持。2017 年初，大搜车花费数亿元在全国 37 个城市楼宇分众传媒及上海 13 条地铁投放"弹个车"广告，重在提高品牌势能。半年多时间，"弹个车"已经和国内主流的十几个品牌汽车厂商建立比较稳定的合作关系，提供的车型有 40 多款。"弹个车"模式降低了首次用车成本，首付 10%，提高了消费者的购车能力。一年之后消费者可根据自己的真实体验决定还车或者购车，如果决定购车还可提供三年 0 首付分期贷款，整体购车方案分期最长可达六年○。

对于电动汽车消费者而言，由于对电池技术缺乏信息，用户在购买电动汽车使用一段时间后，对二手车残值存在担忧。为了消除消费者的顾虑，已经有

○ 全国工商联汽车经销商商会，北方工业大学，北京易观智库科技发展公司. 中国汽车电子商务发展报告（2017）. 北京：社科文献出版社，2017。

国内外电动汽车推出保值回购政策,对使用一段时间后的汽车残值进行回购。如东风日产公司,东风日产启辰晨风的"E享无忧5年回购"规定,自购车发票开具起五年后,在正常用车条件下并满足东风日产保值回购条款要求,启辰承诺按不低于5.5万元的价格提供回购服务。

"整车厂进行残值回购,催生市场,汽车金融公司辅以融资租赁工具,这样就可以锁定残值风险。电动汽车刚刚起步,需要厂商以做市商的方式来解决问题。"建业资本王炜认为,无论是资产交易所还是股票交易所,都有一个根本的制度就是做市商制度(market maker),交投不活跃的时候,需要交易所负责买和卖。同样电动汽车行业也应该引入做市商制度。对车辆残值进行锁定,为融资租赁公司开展"带残值的租赁"奠定了基础。带残值的融资租赁,即用户每月所支付的租金主要由车辆贬值金额及折旧决定,折旧是厂商建议零售价及其租期结束后车辆残值之间的差额,即"车价-残值"是融资租赁成本的主要决定因素。残值越高,每月的租金成本将越低[1]。

2. 充电与换电模式

目前,乘用车的主流能源补充模式仍以充电方式为主,在有条件实现慢充的情况下,以慢充为主、快充为辅。但也有一些企业,如力帆、时空电动、北汽出租车等企业在局部探索换电模式。

最早探索换电模式的是Better Place公司,国内国家电网公司也采取了类似的模式,整体上属于"车电分离"模式。该模式由用户自行购买电动汽车裸车,从运营商处租赁电池,以服务费的方式交纳电池租金和换电服务费。这种方式剥离了电池成本,从而降低了车辆的销售价格。通过这种模式,充电设施运营商成为补贴资金的受益者,可以回收一部分电池采购成本和建站成本;而电池生产商和汽车生产商实现了批量销售,可以回收部分研制投入并摊薄生产成本。

---

[1] 李登峰,王炜. 融资租赁撬开新能源市场化之门. 汽车产经网,2015-01-07。

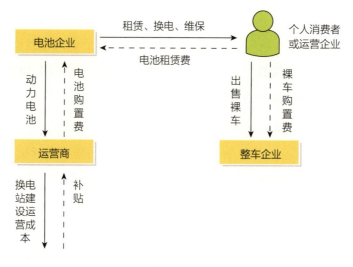

车电分离模式

Better Place 在 2007 年带着"车电分离"的商业模式闯入电动汽车市场，其愿景是由 Better Place 来建设充电站，为各类汽车品牌提供换电服务。Better Place 希望与相关车企合作，为车厂和用户提供电池换电技术和服务。其别出心裁的商业模式以及愿景从一成立就受到众多投资者的追捧，融资总额达到 8.5 亿美元。

但是这种商业模式需要与传统汽车厂商合作，以此推动电池的"标准化"，但许多传统汽车厂商并没有与之合作的意愿，只有雷诺答应愿意为 Better Place 提供汽车。由于车辆推广有限，建设充电站的不菲花费很难得到投资回报，经过六年时间，公司并没有建立换电模式所需要的车辆和换电站互相支撑的有效循环模式。当雷诺日产宣告退出换电领域时，Better Place 只能无奈走入破产保护程序。

当前，重庆力帆、时空电动、北汽新能源等企业依然在不同领域进行换电模式的探索。相对于 Better Place，这三家公司都一定程度上能够造车或者代工生产汽车，可以解决车辆和换电站的协同问题。以重庆力帆为例，重庆力帆提出了"能源站"的概念，希望将换电模式与分时租赁、电动汽车生产结合在一起，形成一个闭环的商业生态系统。

力帆投资的电动汽车公司生产 330EV、620EV 和 820EV 等电动汽车。在现在的产业发展阶段，公司以租赁方式为主，成立了盼达分时租赁公司。盼达公司是分时租赁、物流车、公务用车等电动汽车的租赁平台。

在力帆的商业模式中,"能源站"是不可或缺的一个环节,是经营换电模式为主的能源补充场所。力帆成立了移峰能源公司,专业从事能源站的建设与运营。能源站利用力帆公司生产的三元锂电池,仅需3min即可完成电池更换。能源站分为大型能源站和分布式能源站,大型能源站建设的时间相对较慢,而分布式能源站建设速度较快。目前,力帆公司主要利用集装箱式分布式能源站为车辆提供换电,每个分布式能源站设有60套电池组,每个集装箱式分布能源站的成本为360万元。

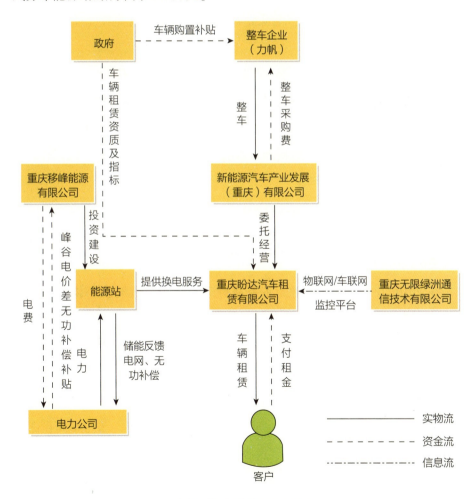

力帆电动汽车换电商业模式

在力帆换电模式的构想中，换电模式相对充电模式在以下四个方面更有优势：一是电池更换时间短，仅需3min；二是整体的征地面积更小；三是更长的电池寿命；四是尽量不改变消费者的用车习惯。

如何收回能源站的成本是商业模式成功与否的关键。集中式能源站的投资非常大，一个服务2000辆车的换电站，土地投资要高达1.5~1.7亿元/座。能源站的盈利将来源于三个方面：一是电池租赁和换电服务费；二是通过储能的形式把多余的电回馈到网上取得的峰谷价差；三是利用能源站无功补偿获得收益。力帆认为，即使非常乐观的情况，可能也需要至少四年时间才能收回能源站建设成本，当前，能源站面临的主要困难首先还是土地的供应问题。

盼达租车采用换电模式，优点是能够避免里程受限的问题，在续驶里程剩余40%时会进行换电，其日订单量要高于其他运营企业。换电模式有助于运营企业选择网点时更加灵活，并且将车辆清理和换电业务合并起来。但换电带来的运营优势能否弥补增加的成本，以及如何保证好安全问题，需要实践来检验。

在乘用车充换电领域，与北汽新能源合作，开展出租车换电模式。以北京博大路换电站为例，总投资约360万元，快换系统占地仅为$60m^2$，更换电池仅需3min左右，能满足100~150辆电动乘用车的充换电需求。博大路换电站在2016年4月开始营业，主要服务于200辆北汽充换一体的EU220车型。

换电站的盈利主要来自两个方面：收取换电服务费和电池租赁费，目前换电站收取的换电服务费为0.8元/kW·h。未来可能会获得换电站建设补贴以及参照加油站增值服务模式在换电站设立商品零售等增值服务，探索新的盈利渠道。电巴公司规划在三环~五环内建设30个快换站。重点布局在商业设施、大型购物中心等区域。

聂亮是行业内换电理念的倡导者之一，他创办了杭州伯坦科技工程公司，专注于电动汽车相关技术的研发与市场化，与时空电动有深度合作。聂亮早在2006年就参与了国内第一批换电模式车辆的开发,当时在杭州,与万向等公司合作开展换电电动车辆的研发。2010年起,负责了国家电网在杭州开展的200辆电动出租车换电模式的应用推广工作。

在技术开发和推广过程中,聂亮对换电商业模式进行深入的研究。早在2009年底,就完成了换电商业模式的分析,计算了换电商业模式的影响因素,分析了商业模式成立的条件。他认为换电商业模式整体是可行的,参与的相关各方能够获得相应回报。换电模式的关键还是在科学运营,将每千米的成本降到最低。要综合考虑电池水平、电池成本、行驶里程、城市自然半径、公共设施半径、电网承受能力、换电站距离、驳运成本等多个方面的要素。

通过计算,当"每吨车电池装载量在20kW·h,能够实现盈亏平衡;达到30kW·h/t(假定车辆自重是1.6t,电池电量为48kW·h,续驶里程将达到300km),能够实现盈利。"当车辆续驶里程达到300km时,一般需要每三天换两次电池。

聂亮认为,换电模式要成功,非常重要的一点是要实现电池的标准化。时空电动电池的标准箱尺寸是825cm×500cm×132cm,可以适配80%的传统车型。而国内一些企业,不能做到电池的标准化,会导致系统成本大大提高。Better place公司商业模式不成立的一个重要原因是没有解决好电池的通用性、标准化问题,无法达成车电分离。

采取换电商业模式的企业,包括力帆、北汽新能源与时空电动等公司实际上都在力图构建从整车生产、汽车租赁和换电补充等构成的完整的商业生态,这点在一定程度上解决了困扰Better Place的车辆和换电站的协同问题。在行业中,换电商业模式有独特特点,但目前看主要是针对营运车辆,而对于私人车辆,换电模式由于私人产权等问题,其实践仍然充满挑战。

3. 两类企业商业模式比较

目前看,无论是传统汽车企业还是新进入汽车行业的创业企业,整体上都在为未来汽车动力电动化趋势从产品到技术以及商业模式上有各自的计划和做法。但不同企业的战略投入、技术路线选择等做法有所不同，在商业模式上也有明显不同的做法。

通过我们的观察，大的类型包括两类：一类是以传统汽车企业，如丰田、大众等企业，也包括国内的一些大型汽车企业；另一类是新的创业企业，包括一些跨界的汽车企业，典型代表是特斯拉，在国内还包括一些带有从零部件行业、互联网行业等跨界进入电动汽车领域的企业。

传统汽车企业一般容易受到路径依赖的影响，更愿意利用原有的技术知识、工程经验和建立好的品牌来开发电动汽车，实现"创造性的积累"，在技术路线选择和商业模式上，希望采取循序渐进的方式。这些传统跨国公司，除了日产汽车主推纯电动之外，其余车企均以推广混合动力和插电式混合动力为主要战略。这主要是因为，发动机是这些整车企业几十年甚至上百年核心能力的集中体现，对于纯电动汽车新的锂离子电池，这些企业还没有完全掌握，加上电池成本在短时期内下降有限，能量密度还有待提升，目前的充电基础设施并不完善等原因，这些企业在推行电动化上的思路以混合动力和插电混合为主。如丰田公司，主推的车型仍以混合动力车型为主，在中国市场的战略也以混合动力为主，在电动汽车及其商业化上并不非常积极。欧美企业主要采用插电式混合动力系统。在商业模式选择上，其用户定位、核心能力构建、价值网络和价值获取方式与传统汽车的方式没有太本质的差别。这些企业在电动车商业模式上的改进是渐进的，而非突破性的。

而跨界或者新进入的企业在技术战略和商业模式上能够采取更创新、更激进的做法。例如，特斯拉在进军豪华车市场时，虽然开始时选择了莲花汽车底盘开发了第一款产品，但随后，特斯拉决心打造真正符合电动车性能的全新产品。此外，在企业价值网络和价值获取模型上，这些创业企业与在位企业有很多不同，特斯拉选择利用互联网销售，打造像苹果一样的旗舰店，采取订单生产模式。特斯拉等创业企业在价值获取上更加重视长期的投资回报，也充分利用碳排放交易等来增加收益。

传统企业与创业企业在电动车商业模式上的比较

类型	典型代表	价值主张	价值创造	价值网络	价值获取
传统企业	丰田、大众、国内一些大型汽车企业	重视车辆的实用、效率、规模	以传统车底盘和动力技术与电动车结合为主,强调自身在制造上的能力	利用传统的产品平台资源和经销网络;视情况采取合资、控股或者合作方式与产业链企业合作	以整车销售为主,可以通过传统汽车来补贴电动汽车的投入
新创企业	特斯拉、乐视等新进入企业	更加重视车辆的优越性能、用户体验和环保	全新的产品开发理念,充分利用现有的制造能力,寻找差异化能力	创业企业没有传统的资源,也没有对应的负担;在合作上更具有灵活性和变通性	前期通过资本投入,后期希望通过互联网方式来获取新的价值增长点;受市场环境、偶发因素影响较大,风险较高

第三章 分时租赁商业模式

一、分时租赁国内推广情况

1. 分时租赁概念

分时租赁是指同一辆车在不同时段分配给不同的用户使用，是一种共享出行方式。交通运输部在《关于促进小微型客车租赁健康发展的指导意见》中对分时租赁给出了明确的定义："分时租赁，俗称汽车共享，是以分钟或小时等为计价单位，利用移动互联网、全球定位等信息技术构建网络服务平台，为用户提供自助式车辆预订、车辆取还、费用结算为主要方式的小微型客车租赁服务，是传统小微型客车租赁在服务模式、技术、管理上的创新，改善了用户体验，为城市出行提供了一种新的选择，有助于减少个人购车意愿，一定程度上缓解城市私人小汽车保有量快速增长趋势以及对道路和停车资源的占用"[1]相较于目前的私家车、出租车、长租车等模式来说，分时租赁鼓励用户按需用车、短时用车、衔接式用车。从用户角度看，分时租赁一般包括预定、选车、订单确认、用车和还车五个环节。

分时租赁具有"按需付费、全程自助、随借随还"的特点，是介于城市

---

[1] 交通运输部住房城乡建设部关于促进小微型客车租赁健康发展的指导意见，http://www.gov.cn/xinwen/2017-08/08/content_5216567.htm。

公共交通和私人交通之间,基于"互联网+"思维模式出现的新型汽车租赁服务。分时租赁方式可以缓解停车位需求,使车辆使用效率最大化,并且节省了用户出行成本、购车成本和养车成本。

2. 分时租赁的发展情况

(1) 国内分时租赁开始兴起

近几年,以滴滴、优步为代表的有"人"的网络用车高速发展。但随着劳动力成本上升,人们开始关注自助型的出行服务。而在国内,租赁市场的市场渗透率还非常低,很多人较为看好汽车租赁市场。随着政策逐步加大对电动汽车的支持,从2013年起,分时租赁开始在国内得到快速的发展,特别在北京、上海、深圳等地区,有一大批企业包括上海国际汽车城、杭州左中右、北京恒誉等进入分时租赁行业。据交通部不完全统计,目前全国有6301家汽车租赁业户,租赁车辆总数约20万辆,市场规模以每年20%左右的速度增长。其中,汽车分时租赁企业有40余家,车辆总数超过4万辆,95%以上为新能源汽车[一]。随着分时租赁相关指导意见的出台,分时租赁站在了市场的风口之上,更多的企业开始加入进来,新兴企业玩家大量涌入。据罗兰贝格统计,截至2017年上半年,已有370家共享汽车企业完成注册[二],相信随着分时租赁行业的发展,市场上还会有更多的新玩家不断进入。

分时租赁企业基本情况[三]

企业/品牌	成立时间	主要地区	定价	车辆数量/辆
左中右 (微公交)	2013年	杭州、上海	20元起/h	14000

[一] 两部委:鼓励汽车分时租赁规范有序发展,http://auto.hexun.com/2017-06-01/189433213.html。

[二] 2020年分时租赁共享规模将达到30万辆以上,http://www.cqn.com.cn/zgzlb/content/2017-08/23/content_4768449.htm。

[三] 表中车辆数量数据参考普华永道思略特《中国共享汽车现状与趋势》。

(续)

企业/品牌	成立时间	主要地区	定价	车辆数量/辆
Gofun出行	2015年	北京、天津、青岛、西安等21个城市	0.1元/min + 1.0~1.5元/km	12000
环球车享	2016年	上海、成都、重庆、南京等23个城市	0.6元/min，15元起步，219/天	8400
盼达用车	2015年	重庆、成都、郑州、杭州、绵阳	时长费用（小时计算），19元/h	7000
一度用车	2015年	北京	2元/km + 0.2元/min	700
一步用车	2016年	郑州、合肥	0.1~0.5元/min，99元封顶	4000
宝驾出行（平台型）	2016年	平台接入10家共享汽车运营商	/	3000
E+租车（平台型）	2016年	重庆，已接入3家分时租赁运营商	/	2514
绿狗租车	2014年	北京、常州	采用时间+里程的计费方式：时租16~39元/h；每行驶1km0.88元。夜租（18时-次日9时）43~99元/h；日租70~149元/h。提供长租服务	2268
海马庞大	2016年	郑州	/	规划2000 实际100+
小二租车	2014年	海南、西安	0.1~0.4元/min + 1.3/km	1200
ponycar	2016年	深圳、广州	0.15元/min + 0.99/km	2000
易开出行	2015年	芜湖、徐州、淮南等18个城市	0.09元/min + 0.45元/km；9元起步	2173

（续）

企业/品牌	成立时间	主要地区	定价	车辆数量/辆
金钱潮	2014年	深圳，主要分布在深圳交通枢纽、会展中心等，大型住宅小区等	首小时20元，之后每小时6元	1500
杭州车纷享	2011年	杭州、宁波、青岛、常州等	16元起/h	1000
易卡租车	2013年	北京，分布在海淀、东城、朝阳、石景山	每小时30元，2h 59元，4h和夜租99元，日租159元，月租3599元	1000
格灵租车	2014年	上海	/	1000
位位用车	2016年	长沙	前6h内0.4~0.5元/min，6h后0.1元/min	1000
TOGO（途歌）	2015年	北京	里程+分钟计费，1.88元/km+0.02元/min（21时—次日7时）~0.28元/min（7时—21时）	900
一度用车	2015年	北京、天津、太原、厦门等	0.2元/min+2元/km	700
壹壹出行	2015年	北京、乌镇	北京奇瑞EQ：8元/h，1.2元/km 桐乡奇瑞EQ：7元/h，0.4元/km起	520
联程共享	2015年	深圳	0.4~0.6元/min	500
嗒嗒用车	2016年	泉州、福州和厦门	18元/h，120元/天	500
car2go	2008年	重庆	1.8元/km+0.3元/min（用车熄火时为0.1元/min）	400
有车	2014年	北京、广州	计费方式=用车时长+行驶里程，价格依车型而定，最低为1.2元/km，0.12元/min	840

第三章 分时租赁商业模式

(续)

企业/品牌	成立时间	主要地区	定价	车辆数量/辆
Car2Share	2016 年	北京、上海、深圳、广州	smart 两座版时租费为 6 元/30min,里程费 1.5 元/km	300
巴歌出行	2016 年	北京、广州、唐山	0.4 元/min + 0.5 元/km	300
EZZY	2015 年	北京	VIP 会员 0.5 元/min,标准会员 1.5 元/min	200
氢氪出行	2016 年	邯郸	0.3 元/min,每天 200 元封顶	150
京鱼出行	2017 年	河北易县	0.6 元/km + 0.07 元/min	130
苏打出行	2015 年	北京、成都、广州	0.19 元/min + 1.99 元/km。日租 269 元	/
微租车	2014 年	包括北京、海口、陵水县、无锡、烟台、石家庄、太原等	0.3 元/min,15 元起步	/

（2）分时租赁获政策支持

2017 年 8 月 8 日,交通运输部、住房城乡建设部联合发布《关于促进小微型客车租赁健康发展的指导意见》,首次明确和认可了分时租赁的合法地位。意见鼓励分时租赁的发展,提出要充分认识发展分时租赁的作用,科学确定分时租赁发展定位,并提出落实身份查验、确保押金安全、建立信用体系等要求。

意见对运营商的要求是,分时租赁经营者应具备线上服务能力,要通过技术手段落实承租人身份查验要求,应通过大数据分析,强化车辆智能组织调配,动态优化车辆布局,实现不同时间、不同区域间的车辆供需平衡。推广应用"电子围栏"技术,引导用户有序停车,加强停车管理。分时租赁经营者应具备线下运营服务能力，要通过运营人员日常巡检、车辆自检等方式，确保车辆安全状况良好，要建立完善车辆调度、维修、救援、回收机制和流程。分时租赁经营者应采用安全、合规的支付结算服务，确保用户押金和资金安全，确保用户个人信息安全。鼓励分时租赁经营者采用信用模式代替押金管理。

同时，意见要求政府建立健全配套政策措施。鼓励城市商业中心、政务中心、大型居民区、交通枢纽等人流密集区域的公共停车场为分时租赁车辆停放提供便利。鼓励探索通过优惠城市路内停车费等措施，推动租赁车辆在依法划设的城市路内停车泊位停放，在不增加城市道路拥堵、不影响其他社会车辆停放的情况下，提高路内停车泊位的使用效率和租赁车辆使用便利度。鼓励使用新能源车辆开展分时租赁，并按照新能源汽车发展有关政策在充电基础设施布局和建设方面给予扶持。

《关于促进小微型客车租赁健康发展的指导意见》虽然在宏观层面对分时租赁给予肯定，且明确了地方政府职责和运营企业规范，但尚没有具体的管理细则和鼓励办法，这些还需要由地方政府来制定，期待地方政府能够出台有力的政策，保障分时租赁行业稳定、健康发展。

一些地方政府也非常重视分时租赁行业的发展，充分认识到了其对解决城市居民出行的意义，具有前瞻性地出台了鼓励分时租赁发展的政策。如上海市 2016 年 3 月就出台了《关于本市促进新能源汽车分时租赁业发展的指导意见》，意见提出，到 2020 年全市新能源汽车分时租赁服务网点超过 6000 个，纯电动车超过 20000 辆，充电桩超过 30000 个。意见鼓励服务模式和经营模式的创新，鼓励企业资源共享，支持建立新能源汽车分时租赁企业联盟，协作开发应用统一的分时租赁服务平台，实时提供网络预约服务。同时在运营车辆额度、新能源汽车购买、分时租赁网点建设、充电桩建设、分时租赁平台建设等方面给予政策支持。2017 年 6 月，深圳市发布了《关于规范汽车分时租赁行业管理的若干意见（征求意见稿）》，对从事分时租赁业务的车辆、分时租赁经营者应当履行的安全生产管理职责、分时租赁承租人应当遵守的规定做出明确规范。2017 年 10 月，成都市发布《关于鼓励和规范新能源汽车分时租赁业发展的指导意见》,意见共包括总体思路、基本原则、发展目标、加快服务网点布局和充电设施建设、加强政策扶持、规范新能源汽车分时租赁营运管理、保障机制七方面内容。成都市提出的分时租赁发展目标具体为:至2018年底,全市基本形成新能源汽车分时租赁服务网络,服务网点达到2500个,充电桩达到10000个。至2020年底,全市形成覆盖广泛的新能源汽车分时租赁服务网络,服务网点达到5000个,充电桩达到20000个。

(3) 行业盈利难题待解

无论是在国内还是在国外,分时租赁都是一个新兴的行业,还处于行业发展初期,商业模式也没有可供参考的成熟案例。从国内外分时租赁行业发展的实际来看,盈利难题一直困扰着行业的发展,分时租赁企业普遍处于亏损状态。造成亏损的原因是多方面的,主要在于:一是分时租赁属于重资产投入的行业,不仅需要大规模的车辆投入,还需要数量不少的配套充电设施以及相应的停车位网点。二是目前分时租赁企业95%采用的是新能源汽车,受到续驶里程制约,以及消费者使用便利性不足等因素影响,分时租赁车辆的使用率不高。根据罗兰贝格测算,分时租赁运营商的单车日均利用率的盈亏分界线是20%,而在2016年行业平均水平仅约为12%[一]。三是分时租赁企业的车辆运营维护成本,以及用户造成的车辆违章、不规范停车等推高了企业成本。据运营企业和行业内相关专家估算,分时租赁企业平均每辆车日均收入要达到150~200元才能盈利,而目前行业单车收入普遍低于120元[二]。四是盈利来源单一,目前分时租赁企业主要依靠车辆租金收入,盈利来源相对单一,广告等衍生服务或者增值业务等方面的收入来源还需要进一步探索,目前在运营商的企业收入来源中占比极小。

(4) 资本市场看好分时租赁前景

虽然目前来说分时租赁运营商还没有真正实现盈利,但资本市场还是

[一] 罗兰贝格.汽车分时租赁如何在中国获得成功,2017年4月。
[二] 分时租赁为何难以实现盈利? http://www.ocn.com.cn/touzi/201705/omoao16151020.shtml。

关注到了分时租赁,并看好其发展前景,不少资本开始快速流入分时租赁行业。如 PonyCar 在 2017 年 2 月和 6 月分别宣布获得 5000 万元天使轮、1.5 亿元 B 轮融资;巴歌出行在 3 月和 7 月分别获得 1000 万元天使轮、2500 万元 A 轮融资;4 月,TOGO 成功获得了真格基金领投的 4000 万元 A+轮融资;5 月,京鱼出行宣布已获得 500 万元种子轮融资;6 月,一步用车对外宣布,近期已完成 A 轮 1.35 亿元人民币的融资。据不完全统计,2017 年以来,国内分时租赁企业融资事件超过 15 起,融资额超过 10 亿元人民币。

2017 年以来国内分时租赁企业融资情况㈠

时间	品牌名称	投资方	融资金额/万元	轮次
2017 年 3 月	巴歌出行	宝驾出行	1000	天使轮
2017 年 2 月	PonyCar	中致远汽车集团和国信基金	5000	天使轮
2017 年 2 月	小二租车	海创资本	千万级	A 轮
2017 年 4 月	TOGO 途歌	真格基金、拓璞基金	4000	A+轮
2017 年 4 月	Getaround	Braemar Energy Ventures、丰田汽车、上海汽车集团旗下风投机构、门罗风险投资和 Triangle Peak Partners	4500	C 轮
2017 年 1 月	京鱼出行	某知名投资人	500	种子轮
2017 年 6 月	一步用车	多氟多集团	13500	A 轮
2017 年 6 月	PonyCar	惠友、华峰资本	15000	B 轮
2017 年 6 月	大圣出行	福建动感汽车销售服务有限公司	1000	天使轮
2017 年 7 月	小二租车	长兴云海基金	3500	A+轮
2017 年 7 月	芒果出行	宝驾出行领投,著名天使投资人跟投	数百万美元	天使轮

㈠ 根据网络公开资料整理。

（续）

时间	品牌名称	投资方	融资金额/万元	轮次
2017年7月	悟空租车	成都新世纪国际会展有限公司、瑞滇投资管理有限公司	50000	B轮
2017年7月	巴歌出行	知行创新、联想之星	2500	A轮
2017年8月	京鱼出行	天使轮独家投资方为金沙江联合资本，Pre-A轮投资方为水木资本	2000	天使轮和Pre-A轮
2017年10月	盼达用车	力帆股份	1575	增资

（5）未来市场预测

随着分时租赁行业政策环境的不断完善、技术的快速提升、网点布局和车辆规模的增长、消费者接受度的提高等，未来几年分时租赁行业的发展前景依然看好。据罗兰贝格预测，到2025年中国分时租赁汽车数量预计将保持约45%的年复合增长率。而普华永道思略特预计，未来五年汽车分时租赁市场将以超过50%的增幅继续发展，到2020年，整体车队规模有望达到17万辆以上，运输人次预计也将从当前的5700万增长到2.85亿，交易金额从9亿元增长到47亿元[一]。分时租赁是一种新的用车方式，能够有效提高车辆利用效率，减少私家车拥有量，并且其与电动汽车相结合，被认为是未来汽车共享的主要方式之一，具有很大的发展想象空间。目前，移动互联网、人工智能、大数据、云计算等新一代技术在汽车和交通领域的应用正在深度推动交通体系与出行方式变革，以分时租赁、网约车等为代表的汽车共享正在逐步兴起。

[一] 普华永道. 中国共享汽车现状与趋势，2017年6月。

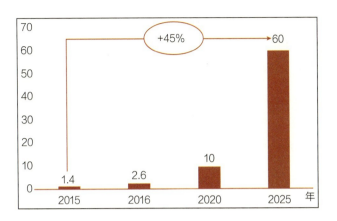

罗兰贝格对中国分时租赁市场的车辆规模预测情况^一（单位：万辆）

二、分时租赁典型企业案例

电动汽车分时租赁项目以法国 Bolloré 负责运营的 Autolib 最为典型，国内企业开展较早的包括杭州左中右、芜湖易开、北京恒誉和北京易微行等公司。

1. 巴黎 Autolib

（1） Autolib 基本情况

Autolib 是由巴黎政府推动，并由 Bolloré 集团负责运营的一个电动汽车分时租赁项目，成立于 2011 年 12 月，该项目是巴黎在 2007 年成功建立公共自行车租赁项目 Velib' 后，为满足巴黎市民出行的后续项目。

该项目主要由巴黎市政府提出，并于 2008 年 12 月公开招标运营。2010 年 6 月初选择了包括 Bolloré 在内的三家候选企业，同年 12 月，Bolloré 以能提供全方位的服务并保证低价租赁最终胜出，并于 2011 年 5 月 4 日签订协议。Autolib 项目于 2011 年中开始建设，10 月到 11 月投入了 66 辆电动汽车进行试

○ 罗兰贝格. 汽车分时租赁如何在中国获得成功，2017 年 4 月。

运营。到 2012 年 6 月，有 1740 辆车，建立了 650 个停车充电站点投入运营。2012 年底，该项目在巴黎已有 710 个租赁站点和 5000 个充电桩投入运营。2014 年 7 月，公司车辆达到了 2500 辆、873 个站点。2017 年 7 月，车辆达到了 4000 辆、超过 1100 个站点，在整个巴黎地区有 6200 个点位。

（2）价值主张和产品服务

Autolib 主要为用户提供分时租赁服务。18 岁及以上拥有法国驾照的公民或拥有异国驾照加国际驾照的外籍公民都可以使用 Autolib 提供的电动汽车，使用者需要通过网络或街边服务亭注册会员，注册后使用者可以从任一站点提车，也可以到任一站点还车。

用户基数从 2011 年末的 6000 人增长到 2012 年 7 月的 27000 人，到 2012 年 10 月初已经增长到了 37000 人，其中 13000 人是年会员。截至 2014 年 7 月，该项目已有 2500 辆纯电动汽车投入运营，吸纳 15.5 万多注册会员。至今会员人数达到了 32 万人。

Autolib 会员人数

时间	系统投入规模/辆	会员数量/人	年会员/人
2011 年 10 月	66	100	试运营
2011 年 12 月底	250	6000	300
2012 年 5 月		15000	6000
2012 年 10 月	1750	38800	13600
2012 年 12 月		40000	20000
2013 年 12 月	2035	100000	40000
2014 年 7 月	2500	155000	60000+
2017 年 7 月	4000	320000	

项目每辆车都配有 GPS，可以被运营系统所监控。会员需要缴纳一定的会员费，该费用包括电费、保险、维修和保养以及停车费，车辆具体使用过程中还要按时间收取一定的使用费，按每半小时计费，另外如果发生事故还要收取一定的费用。

Autolib 的服务收费标准　　　　　　　　（单位：欧元）

套餐	会员期限	会员费	每30min 定价			意外事故罚款定价		
			前 30 min	第二个 30min	以后每加 30min	第一次事故	第二次事故	第三次事故
豪华单人套餐	1 年	144 欧元/年（12 欧元/月）	5	5	5	200	475	750
豪华家庭套餐	1 年	132 欧元/年（11 欧元/月）	5	4	6	200	475	750
周套餐	1 周	15 欧元/周	7	6	8	150	450	750
日套餐	1 天	10 欧元/24h	7	6	8	150	450	750

除了分时租赁外，Autolib 还面向个人提供长租服务。从 2012 年 10 月开始面向个人提供月租服务，每辆车的月租费用为 500 欧元，该价格包括了保险、停车以及在 Autolib 充电站点充电的费用。此外，还为企业提供车辆长租服务。

Autolib 还可以为私人电动汽车或电动摩托车提供充电服务，私人电动汽车车主需要事先注册成为充电会员，会员分包年或包月，电动汽车每年 180 欧元，或每月 15 欧元，电动摩托车每年 15 欧元，每个车辆会分配一个固定的充电车位，每次充电时间不能超过 2h15min，电动汽车每超半小时会收取 6 欧元，电动摩托车每超半小时收取 3 欧元，并且私人车辆每辆车每天最多只能使用两次 Autolib 的充电桩进行充电。2014 年初，雷诺的私人车主可以利用 Autolib 的充电桩免费充电。Autolib 的充电设施兼容以下车型：宝马 i3、日产 Leaf、三菱 I–MiEv、欧宝、雷诺、丰田普锐斯插电式混合动力车和所有 smart ED 以及 2013 年 5 月之前生产的标致和雪铁龙车型。

另外，Bolloré 集团从 2013 年 2 月开始零售 bluecar，出售的车辆车身为蓝色，而用于租赁的 bluecar 全部为灰色。零售的 bluecar 只需要每个月缴纳 15 欧元，就可以利用 Autolib 的充电网络进行充电。

（3）企业合作与价值创造

Bolloré 是一家以交通运输和物流为主营业务的集团企业，它通过与其他企业合作来为 Autolib 提供运营服务。

在车辆设计方面，Bolloré 与某知名电池制造商进行合作，研制出了 bluecar 纯电动汽车，该车型长 3.65m、四人座、带 0.35m³ 行李箱。其核心技术是新一代聚合金属锂电池：这是一种目前世界上较为先进的蓄电池，充满后可使车辆在市区内行驶 250km，限速 50km/h，可在高速公路行驶 150km，限速 130km/h。该行驶里程对于面积仅有 105km² 的巴黎市来说完全能满足日常需求；另外该电池的安全性能也非常优越，可以保证在 180℃高温时不起火，而采用其他技术生产的电池在 70℃时即有燃烧风险。

在车辆生产方面，Bolloré 起初与意大利汽车设计制造商 Pininfarina 合作生产制造，2013 年 9 月宣布与法国制造商雷诺合作生产 bluecar。

充电设施由 Bolloré 自己提供，通过与电力供应商的合作形成充电网络。该充电网络不仅可以为 bluecar 进行对接充电，充电设施还兼容其他品牌的电动汽车充电接口。每个租赁站点平均约有 7 个充电停车位，其中有一个专门为社会车辆提供充电服务。

Autolib 的 ICT（信息、通信、技术）服务同样由 Bolloré 自己提供。通过 ICT 系统可以为用户提供预约车辆、预约停车位、了解周围站点情况、网上注册会员以及查找充电站点等服务。

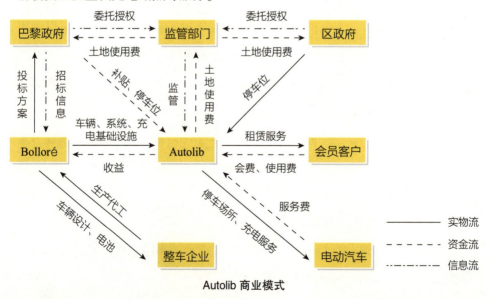

Autolib 商业模式

(4) 价值获取和企业盈利

Autolib 项目投资 15 亿欧元，主要来自政府补贴、银行贷款和企业自筹。巴黎市政府投入 3500 万欧元，地方政府投入 400 万欧元，但是这些政府投入会以土地占用费的名义在 12 年内收回。2011 年，欧洲投资银行为其提供了 13 亿欧元的贷款，其余资金由 Bolloré 集团自筹。巴黎市政府针对该项目专门设立了一个监管部门（Syndicat Mixte），这些投入由该部门汇总补贴给运营商，同时运营商将土地占用费统一上交该部门，然后由该部门转交给各政府机构。

从 Autolib 运营情况可以看出，该项目整体处于亏损状态，要实现盈利还有一段较长的路要走。

Autolib 运营情况　　　　（单位：欧元）

项目	2016 年	2015 年	2014 年	2013 年	2012 年
销售收入	49 051 217	39 977 271	34 399 287	21 754 027	8 104 357
运营成本	81 183 285	75 683 544	71 194 912	69 548 419	60 735 614
亏损额	-27 916 387	-30 172 987	-23 775 414	-49 571 154	-61 705 419

2. 绿狗租车

(1) 恒誉租车基本情况

北京恒誉由北汽新能源和富士康集团共同出资组建，成立于 2014 年 6 月，2015 年 2 月正式开业。目前恒誉推出了 GreenGo（绿狗）租车，主要开展电动汽车分时租赁业务，以分时租和日租为主。

到 2015 年 11 月，公司总人员规模近 100 人。有租赁车辆 1000 多辆，以北汽 E150EV 为主，有少量奇瑞 EQ 和宝马之诺等，在北京已建成网点 50 个。

(2) 用户服务与价值创造

绿狗租车流程包括注册、预约、取车、用车和还车五个主要环节。目前主要通过计算机、手机 APP、支付宝和电话等方式进行车辆预订，其中 80%

的人通过手机 APP 和支付宝下单。

绿狗租车流程

在收费方式上,最初绿狗租车采取一口价的方式收取车辆租金,但后来发现有人租车后挂在网络平台上用作出租业务。对此,恒誉对收费方式进行了部分调整,调整为千米+分钟的收费方式。在每小时19元基础上,采取了每千米0.88元的收费方法,即采取按时间+里程共同计费的方式。

绿狗租车价格表

时段	价格
白天档	19.0 元/h
夜间档	19.0 元/h
晚上包段	49.0 元/15h
全天	79.0 元/24h

绿狗租车开展异地还车业务。网点主要分为中心店和卫星店,中心店和卫星店之间,车辆可根据需求相互调配。中心店在国贸等人流密集的地区设定,车位数量为10~20个,采取人工值守,可以支持异地还车。卫星店配备6~8个车位,无人值守,受到停车系统不兼容的影响,无人值守的地方较难

开展异地还车。在公司所在的亦庄开发区，绿狗租车有 8 个网点，计划在网点相对密集的地方开通异地还车。

在车辆管理上，主要采取巡检的方式来进行，目前的巡检和运营维护人员为 30 人左右。下一步将与物业、停车场管理者合作，降低成本，提高服务的及时率。

(3) 价值网络和企业合作

在恒誉的商业运营中，主要涉及政府、整车厂、物业方、基础设施运营商和客户等利益相关方。政府一方面向汽车厂提供补贴，另一方面还负责发放新能源汽车租赁指标，目前会根据恒誉等公司的经营情况进行评估，决定租赁公司的指标数量。

恒誉是北汽和富士康合资成立的企业，购买的车辆也主要来自北汽，与整车厂合作可以采取分期付款的方式。目前，汽车厂拿到政府补贴需要 3~6 个月的时间。

在基础设施建设和运营上，恒誉与停车业主以及充电设施运营商、国家电网合作。网点选择上，恒誉主要依据潜在客户是否较多、停车位是否富裕、物业方是否支持等因素进行选择。停车场主要选择大型连锁家具城、大型连锁超市、连锁酒店，商业写字楼和综合性商城等进行网点合作。不同网点具有不同的优劣势，大型连锁家具城，优点在于车位充裕成本低，缺点在于距离客户群可能较远；酒店愿意合作，但一般可供出租的车位有限；商业写字楼和综合商场的优点在于客户流较大，但是车位租赁成本较高。

充电桩建设上，恒誉有三种方式：第一种是自建充电桩；第二种是使用国网、普天等已经建设的充电桩；第三种是联合运营公司在特定网点建桩。基于成本考虑，恒誉以第一种为主。

在租赁网点，车辆以租赁的方式出租给个人和集团用户使用，并收取租金。

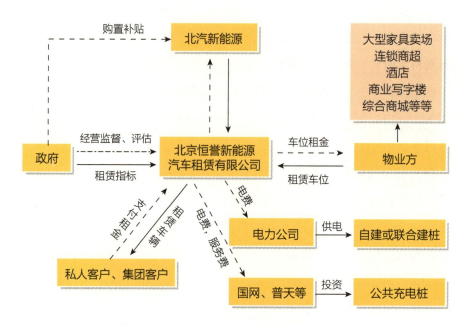

北京恒誉公司商业模式示意图

(4) 价值获取和企业盈利

从投入角度看,综合车辆购置成本、网点停车租赁费用、建桩成本以及人员运营等方面,每辆车每年的综合成本接近 3 万元。

到 2015 年 11 月,绿狗租车会员已经达到了 6 万人。但由于网点规模、市场竞争等因素造成消费者消费频次还不是特别高,很难达到 Autolib 能够完成的每日客单量。在未来,公司负责人认为分时租赁每车的日租时间达到 5h,完成四五单以上水平时,企业才能实现盈利。

从目前情况来看,长租方式可以节省很多的人力成本,节省停车场费用,减少营销、产品开发、客户服务等方面的运营成本。可以作为分时租赁的补充。

3. 恒天易开

(1) 基本情况

芜湖恒天易开软件科技股份有限公司(简称"恒天易开")成立于 2016 年 3 月 1 日,是中国恒天集团下属子公司。恒天易开是中国领先的新能源汽车分时租赁运营商,是目前国内唯一一家具备成熟城市级投资运营经验且运营时间达一年以上的企业，也是国内唯一具有"车桩位一体化"综合运营管理能力的新能源分时租赁平台，在国内首创移动互联网、车联网智能终端、汽车共享系统。2017年入选国家能源局首批"互联网+"智慧能源（能源互联网）示范项目。

截至2017年9月，恒天易开已签约全国39个城市，其中已在芜湖市、北海市、安顺市、宣城市、宿迁市、徐州市等18个城市落地运营。分时租赁车辆规模达到2173辆，以纯电动汽车奇瑞EQ为主；在全国共建运营网点477个，停车位7260个，充电桩接口数量7028个；总注册用户数198431人，即时押金用户数16067人；日活跃8177人次，周活跃27305人次，月活跃52592人次。

恒天易开规划到2020年分时租赁业务拓展到全国100个城市，运营车辆规模达到30万辆。

（2）价值主张和用户定位

恒天易开一直致力于将新能源汽车分时租赁打造为除公交、出租之外的第三种绿色出行方式，提供智能绿色出行解决方案，助力智慧城市建设，促进交通领域低碳化和清洁化，提升道路使用率，改善交通拥堵状况。

恒天易开目前以开拓二三线城市为主，定位于解决城市内30km以上的出行需求。恒天易开的用户主要定位于那些有驾照但没有车的城市消费群体，以城市内思想前卫、易于接受新生事物的年轻人群为主。恒天易开的用户结构也直接证明了其用户定位的准确性，目前在恒天易开的用户结构中，男性占比80%，女性占比20%，用户年龄段集中在20~34岁，其中25~29岁占30%以上，27岁的用户在所有年龄中数量最多。

（3）价值创造和核心能力

恒天易开基于大数据和人工智能技术，构建车联网、充电网、智能停车网、用户网"四网融合"体系，"租车、充电和停车服务"三大关键环节为业务重点，营造新能源汽车一体化运营服务平台，在"分时租赁、智慧充电、智能停车、智能监控、智能结算"五大领域为用户提供智能、方便、快捷的新能源汽车出行创新服务。

易开业务

只需手机安装易开app，便可轻松享受租车服务，寻找最近的充电地点，随时预约停车位

恒天易开业务布局

恒天易开采用"互联网＋新能源＋智慧交通"的创新商业模式，以市场化机制整合产能资源，通过自主建设充电桩、投放新能源车辆、智能出行服务管理为一体的重资产运营模式，塑造全新绿色环保的出行方式。

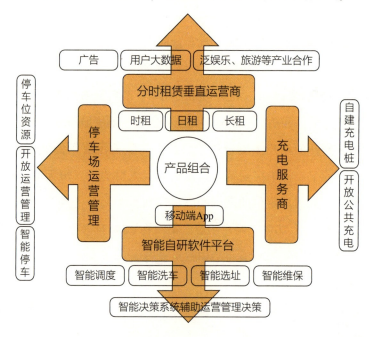

恒天易开产品组合示意图

○ 图片来源：产研院案例成果《新能源汽车分时租赁：恒天易开》被收入清华经管学院案例库，https://mp.weixin.qq.com/s/XUHryItTbiWi－2AlU－4_yw。

恒天易开投资建设的"智能云共享平台",可实现全无人化取还车服务。用户仅需用手机 APP 或微信就能迅速完成导航与鸣笛找车、自助取车、中途锁车、网上支付等,实现完全意义上的自助服务,同时可异地取还车,实现零接驳出行。恒天易开设有"一个中心"——易开云平台管理运营总服务中心;"两个平台"——商家管理云平台和手机/PC 用户平台;"多个设备"——智能充电桩、电动汽车智能车载设备、停车场智能停车设备。

在充电设施线上运营方面,用户通过下载易开出行 APP,完成线上注册后即可共享全城充电桩资源。用户可通过 APP 预约充电桩对电动汽车充电,可通过线上银联卡、支付宝等支付手段完成充电付费功能。恒天易开组建全市大屏监控管理中心,主要负责 24h 监控全市车辆和充电设施实时运行情况,同步设置客户服务管理中心,24h 全方位解决客户各种问题。在充电桩监控管理方面,平台可监控全市各充电站/充电桩的运营状况,实时掌控充电设备故障情况,同步发送充电设备故障维修指令到维保人员进行维修,确保充电桩、监控设备及场所处于良好的运营状态,以提高优质充电服务的需求。

恒天易开商业模式的核心竞争力主要体现在三个方面:一是资源优势,除了车辆以外,恒天易开拥有自己的充电桩和停车位,这是其他分时租赁运营商所无法比拟的。目前恒天易开已取得了 33 个城市由政府提供的 21 万个免费停车位经营权,39 个城市全部谈判下来总量将达到 30 万个免费停车位。二是平台优势,恒天易开建立起了四网融合的平台,对车桩位等资源的成本实现了 $1+1+1=1$,同时通过平台还可以以很低的成本衍生出新业务,如其现在开展的充电服务的成本几乎接近于 0。三是技术优势或者智能化优势。恒天易开具有智能化的管理平台,能够实现智能选址、智能洗车、智能充电、智能维保、智能取还车、智能服务等。如需要维保和洗车时通过 APP 发送至互联网洗车维保公司,由专业公司负责进行洗车和维保,这可以有效节省人工,减少车辆被占用的时间(如开出去的洗车时间)。

(4)价值网络和企业合作

恒天易开通过在芜湖市的不断运营与探索,已建立起了良好的合作伙伴关系网络。公司的重要合作伙伴主要包括：一是车与桩供应商，目前车辆的供应商是奇瑞新能源汽车公司，充电桩主要从芜湖旗翔公司采购，未来恒天易开将会拓展更多的车辆和充电桩供应商。二是政府机关单位，恒天易开通过与政府建立合作关系，向政府机关单位提供新能源车辆租赁服务，政府人员享受零押金租车服务，同时享受优惠价格。同时政府通过统一统筹安排，将分布在各级政府大院、城市边缘地带以及企事业单位停车场等的8000余个停车位的免费经营权交由恒天易开经营，解决了分时租赁项目停车难题。三是与各个小区合作，试点布局分时租赁车辆网点。四是与机场、火车站、汽车站合作，在这些地方建立分时租赁车辆停车场、充电桩和租赁网点，缓解芜湖市城市交通出行压力。五是与银行、金融机构、各大院校等合作。六是智能服务的外包服务商，如分时租赁车辆的清洗、维护保养等交由外部专业机构负责。

除此之外，恒天易开未来还将拓展三类合作伙伴：一是可以带来流量的合作伙伴，如订票、订房网站；二是关于车辆智能化（包括无人驾驶）和城市交通智能化的合作伙伴（包括精准导航、精准定位、智能停车等）；三是拥有车、桩、停车位资源的合作伙伴，以便今后恒天易开向轻资产转型。

（5）价值获取和企业盈利

恒天易开的车辆租赁有包月和分时租赁等多种方案可供选择，各类产品价格按照芜湖易开已运营情况定制，后期可根据各个城市具体情况进行调整。分时租赁项目以收取车辆租金为主，采用的是"分钟计费+里程计费"模式。

芜湖市恒天易开分时租赁收费方案

项目	内容
价格	租金 = 分钟计费 + 里程计费 租金 = 0.1 元/min + 0.6 元/km 时间计费 24h 内封顶 69 元，里程计费不封顶，每单有最低消费限制 12 元，不足最低消费，按照最低消费计算租金
使用车型	奇瑞 EQ
续驶里程	180 ~ 200km

目前恒天易开的盈利来源主要由四部分构成：一是车辆租金，这是公司收入的主要来源；二是车身、充电桩、互联网等广告部分收入，目前这部分收入占比较低；三是少部分社会车辆充电收入以及社会车辆停车费收入；四是政府运营补贴收入，芜湖市政府给予分时租赁车辆为期两年的运营补贴，补贴标准为800元/(辆·年)。

（6）未来商业模式

恒天易开希望未来能够探索多元化、多样化的商业运营模式：二手车销售，二手电池更换、回收与处理，电动汽车融资租赁，新电动汽车体验pop-up（快闪）馆，本地O2O生活、旅游、娱乐、物流服务。未来无人驾驶技术的成熟必定将改变现有用户出行与生活的方式，分时租赁的汽车很有可能成为公共交通体系中的一环，实现O2O点对点足不出户的叫车，物流车在智能调度与城市轨道建成后无障碍通行，泛娱乐与旅游产业将与无人驾驶电动汽车开启紧密的合作，比如移动AR影院等。

4. 环球车享

环球车享汽车租赁有限公司由上汽车享网旗下的分时租赁公司e享天开和上海国际汽车城旗下的电动汽车租赁公司EVCARD合并后组成，注册资金2亿元，其中上汽集团占股51%。截止到2017年6月，全国进入城市29个（上海、重庆、成都、广州、海口、南京、合肥、郑州、昆明、南昌、苏州、常州、镇江、盐城、徐州、南通、丽水、衢州、金华、嘉兴、青岛、三明、忻州、黄山、贵阳、长沙、武汉、天津、西安），已经有20个城市开始运营。投入运营的车辆总数超过9500辆，租还点超过4400个，注册会员超过87万人，月订单超过58万笔。在运营里程及减排方面，截至2017年6月，累计运营里程161991724km，累计减少碳排放30090t。

环球车享网点[一]

网点布局方面，截止到 2017 年 6 月，环球车享已经全面覆盖上海 16 个区，共计 3148 个网点。其中，生活社区占 26%，商业 CBD 占 23%，工业园区占 20%，学校/医院占 11%，政府机关占 11%，旅游景点占 4%，交通枢纽占 2%，其他区域占 3%。

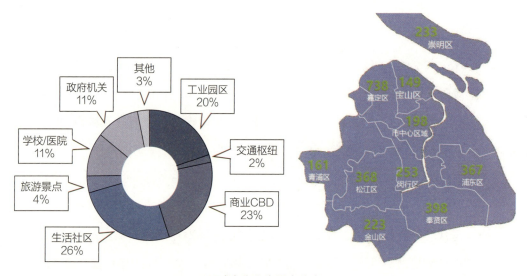

环球车享上海网点分布

[一] http://auto.online.sh.cn/content/2016-09/07/content_8018773.htm。

运营车辆方面，目前车辆以上汽荣威 E50、奇瑞 EQ、宝马之诺为主，E50 的最高车速可以达到 130km/h，续驶里程 120km；奇瑞 EQ 的最高车速可达 100km/h，续驶里程 150km；宝马之诺的最高车速可以达到 120km/h，续驶里程 120km。

运营模式方面，与传统租车模式相比，环球车享开通了任意网点取还车服务，并且无人值守，用户的整个使用过程仅需通过手机端 APP 即可全部完成，大大简化了租车手续。另外，24h 救援服务也彻底解决了用户的后顾之忧。

租赁费用方面，上汽荣威 E50、奇瑞 EQ 为 0.6 元/min，或是 219 元/天；宝马之诺 1.1 元/min，或是 399 元/天。更有包夜租、全日租及长短租服务。

未来发展规划方面，环球车享计划到 2020 年发展 100 个全国一线和重点城市，形成长三角、珠三角、京津冀、成渝城市群、中原、武汉、长株潭城市群交通圈，并达到 30 万辆运营车辆的规模。

5. 易微行商业模式

易微行（北京）科技有限公司成立于 2013 年 11 月，致力于打造成为国内领先的分时租赁技术服务商。微租车是易微行提供分时租赁服务的平台。易微行不具体负责车辆租赁运营，而是租赁汽车技术提供商。微租车平台的主要产品包括：一是安装在车上的智能车载设备，二是管理所有运营业务的业务系统，包括服务用户端的 APP 和提供给企业方管理车的 APP。截至 2016 年 1 月，易微行已服务于 56 家租赁企业、主机厂、政府公车改革项目。

（1）价值主张和市场定位

微租车主要面向汽车租赁中的短租市场。现在市场的租赁模式需要门店经营，租车程序复杂，到门店需要一定的时间，而且由于门店成本和人员管理成本，租金较贵，且不提供短时服务。对于消费者来说便利程度和性价比不足。而短租市场会有较好的机会。

微租车就是为了帮助租赁企业实现去门店化，将门店车辆摆到离用户最近的距离，以降低成本，减少租还车的时间。CEO 杨洋认为，自助式租车自驾 + 拼车模式是未来的主流趋势。

(2) 价值创造和核心能力

微租车定位于做分时租赁技术服务商，为电动汽车分时租赁平台、汽车厂商、租赁公司等提供分时租赁解决方案，分别是硬件和软件解决方案。通过微租车平台可有效地将租赁公司所有业务环节管理起来，帮助传统租赁公司走向互联网化，进而走向去门店化。

微租车目前采取模块化开发，根据客户需求进行功能模块的组合，具有较强的可扩展性和兼容性。不同分时租赁公司可根据里程、时间或者"时间 + 里程"收费。微租车可以为分时租赁公司提供平台落地运营，整合车、桩、位不同领域资源，实现从技术、建设到运营一个统一的具有很大门槛的系统。

(3) 价值网络和企业合作

微租车直接服务 B 端用户，包括有营运资质的租赁企业、4S 店和主机厂，采取 B2B2C 的商业模式。合作对象以地方龙头企业为主。针对不同的客户，微租车则采取了不同的合作方式。

微租车合作模式

一般分时租赁合作模式	公务用车合作模式
技术平台服务租赁企业将车辆放置于写字楼、酒店、小区等用户身边，车辆运营数据共享于微租车，建设基于出行的大数据服务	结合国家公务车改革的契机，以分时租赁的形式为市政府、交通局、各区政府等提供公务用车出行服务，打造全国公车改革模板
景区、酒店用车合作模式	交通枢纽摆渡合作模式
和旅游平台、有车企业达成合作，将车辆摆到酒店、机场、景点门口，进行客户的导流，地方政府、景区、酒店等给予租赁企业补贴	用于机场等交通枢纽摆渡，服务于商务出行人群，车辆运营数据共享于微租车，同时为特定景区、酒店等导流

(4) 价值获取和盈利模式

从目前来看，微租车的收入主要来源于设备销售和技术服务，微租车 APP 也对不同租赁公司的车辆提供引流服务，并不收取任何费用。

杨洋认为，微租车未来盈利主要是来自车辆租赁服务的大数据。比如收集用户的驾驶习惯信息，为保险企业提供 UBI（基于用户行为信息）相关的数据服务；通过用户偏好分析，为汽车制造商开发车型提供用户数据；通过车辆 GPS 定位信息，可以对租车人进行精准的广告投放，包括旅游、商业导购、餐饮等 O2O 服务开发。

三、影响分时租赁模式盈利和可持续的主要因素

结合多家分时租赁企业的具体运营，以下四个因素会影响到电动汽车分时租赁的盈利[1]。

1. 分时租赁运营企业的协调、组织与整合资源的能力

分时租赁是一个系统，包括了汽车、充电设施、运营系统以及政府资源等，这需要运营商具有较强的协调和控制能力，能够从系统的角度，选择运营模式和方法，合理分配各项资源，达到运营商整体利益的最大化。对于电动汽车分时租赁，要想实现良好的运营，需要做好各项服务间的对接，比如电动汽车制造商要与充电设施提供商进行协调以实现电动汽车和充电设施接口的匹配，而系统平台更要兼顾电动汽车和充电设施的管理，这就需要部门间的密切协调和合作，运营商可以引导各部门进行沟通合作，使分时租赁各项服务间实现良好对接。

Autolib 项目方不仅拥有先进的电池技术，可以独立设计电动汽车，而且

---

[1] 纪雪洪，咸文文. 电动汽车分时租赁盈利模式研究. 汽车与配件，2015，50：39-41。

为项目提供了充电设施和系统平台的建设，所以运营商可以对各部门进行很好的协调和控制。在国内领先的分时租赁企业，如环球车享、Gofun、盼达用车等都是能够将整车、运营商、停车资源和政府支持等各方面实现资源整合。目前，国内几十家开展分时租赁的企业，有的是从传统租赁行业进入，有的是依靠汽车厂资源、充电桩资源等进入，也有的具有媒体背景，不同的企业其整合资源的能力不同，也会影响到其后期的可持续能力。

2. 分时租赁企业的规模基础

分时租赁的盈利需要有一定的车辆投入规模和站点密度。当规模增加时，会提高消费者租赁的便利性，有利于降低分时租赁车辆的闲置比例，而使用率是影响盈利的关键指标；而且只有投入足够的网点，才能方便异地还车，方便顾客租赁。

Autolib 截至 2014 年底平均每平方千米约投入 20 辆电动汽车，站点间距 400~500m，可以使消费者在步行 6~8min 的范围内找到一个租赁站点，大大提高了消费者租赁的便利程度。企业规模的增加不仅有助于运营商分摊成本，更有助于消费者方便租车还车，增加了分时租赁对顾客的黏度和吸引力。而有些城市的分时租赁项目目前车辆数量和网点还非常有限，在激烈的竞争面前很难形成有效的竞争能力。

3. 基础设施发展水平

停车位、充电桩等站点基础设施的建设和保障是开展电动汽车分时租赁项目的基础。一方面由于基础设施建设本身投入巨大，给运营商带来一定资金压力，另一方面基础设施的合理选择也是运营商必须考虑的问题，如果基础设施选择不合理，将会对后期运营和租赁使用产生很大的负面影响。

在 Autolib 项目中，一方面政府在财力和政策上都给予了很大支持，不仅补贴 3500 万欧元用于站点建设，而且在土地使用政策方面进行扶持，积极促进该项目租赁网络的形成，这是该项目成功的一个重要因素。在国内，随着电动汽车的普及，充电桩配套率逐步提升。分时租赁运营商一方面需要充电基础设施的增加，另外也可以为充电设施快速建设提供车辆充电资源。如何选择好充电桩场所、实现成本控制以及协调参与方的利益影响到分时租赁项目的规模能否快速扩大，也会影响到消费者的体验。

4. 产品服务设计

一项服务只有在符合市场需求的情况下才可能被消费者认可，因此对电动汽车分时租赁服务的合理设计对提高运营效率至关重要。电动汽车分时租赁为用户提供的是一种便捷的出行服务，那么该服务要想取得消费者的认可，就必须做到出行便捷、收费合理。具体来讲，就是既要消除消费者的里程担忧，简化租赁和归还流程，又要根据所在城市特点及消费者的出行特点设计合理的收费方式。

从车辆性能、租赁方式及收费方式来看，最能满足消费者需求的是Autolib，采用Bulecar纯电动汽车，市内续驶里程250km，完全足够消费者在巴黎及周边市镇行驶，30min起租、网络预约、自助租赁等灵活的租赁方式更符合消费者出行便捷的需要，在收费方面采用会员费加租金的方式，会员周期越长租金越低，更有利于顾客忠诚。

国内易微行、宝驾出行等企业开发的分时租赁设备与系统稳定性逐步提高，也能够匹配用户的应用需求。但目前一些企业依然依靠人工办理，网点分布不足和车辆清理不及时等仍给消费者租赁带来一定的不便。

整体看，相对燃油车，电动汽车本身具有使用成本低的优势，而最大问题是续驶里程受限，这决定了分时租赁是推广电动汽车的较好模式。但分时租赁仍然面临盈利的难题，通过几家分时租赁运营企业商业模式的分析，发现要改善盈利情况，需要运营商具有较好的协同和控制能力，能够形成一定的规模，需要运营商解决好基础设施建设以及产品服务设计的问题。

第四章 电动公交车商业模式

一、我国电动公交车销售及推广情况

1. 电动公交车推广情况

截止到2016年底,全国电动公交车辆总量已经超过17万辆,其中纯电动车10.6万辆,混合动力车6.7万辆。2014年以来我国新能源公交车推广应用进展较快,保有量呈快速增长态势。一直以来交通运输部高度重视电动汽车在公交领域

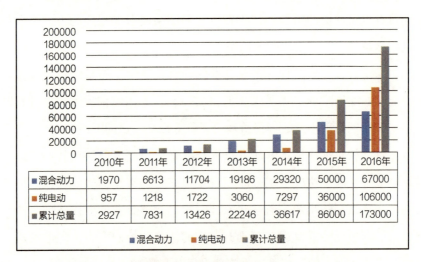

2010—2016年全国电动公交车推广数量情况（单位:辆）

---

① 王水平. 新能源公交车推广应用考核办法政策解读. 2015年12月19日。

的应用，出台了系列支持和鼓励政策，并明确提出到 2020 年新能源城市公交车要达到 20 万辆的发展目标，从国内发展实际情况来看，这一目标基本要提前完成。

2. 电动公交车市场分布

从结构上看，纯电动公交车逐渐受到市场青睐，保有量正在快速提升，市场占比已达到 61%，占据了大部分市场。未来随着电动公交车推广进程加快以及保有量的增加，纯电动公交车的市场份额还将进一步提高。

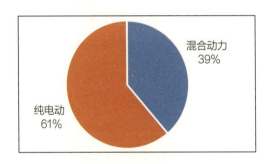

2016 年我国电动公交车保有量结构情况

2016 年我国电动公交车销售 99011 辆，占整个新能源客车市场的 84%，基本上主导着新能源客车市场。2017 年 1—8 月，新能源公交车累计销售 32446 辆，占公交车总量的 92%。

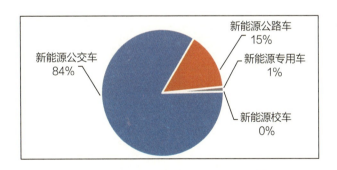

2016 年我国新能源客车市场销量结构⊖

注：数据统计为 5m 以上客车，不包括未报备企业数量。

⊖ 新能源汽车网. http://nev.ofweek.com/2017-02/ART-71011-8420-30102058.html.

3. 电动公交车市场格局

分企业来看，2016年国内新能源公交车销量超过万辆的仅有3家企业，其余企业的销量均不足万辆。我国新能源公交车销售市场呈现宇通、中通和比亚迪三足鼎立之势。具体来说，宇通客车全年新能源公交车总销量突破两万辆，达到24697辆，市场占有率为24.9%，位居全行业之首，宇通凭借强大的品牌影响力、可靠的产品品质以及多年来对新能源客车的研发布局，引领着国内新能源公交车市场。其次是中通新能源公交车销量为14105辆，市场占有率为14.2%，位居行业第二名，中通凭借传统市场的底蕴，也牢牢抓住了电动汽车市场机会。然后是比亚迪，全年新能源公交车销量为13278辆，市场占有率为13.4%，位居行业第三名。比亚迪依托从电池、电机、电控、车桥到整车的全产业链布局，在乘用车和客车等多个领域、国内和国外两个市场全面发力，在电动汽车领域取得了较大成就。最后是其余多家企业，仅实现销量18416辆。

而在2017年1—8月累计销量中，市场格局发生了变化，比亚迪、宇通、中车、中通和银隆前五家销量共计23659辆，市场集中度为72.9%。

2016年我国新能源公交车销量前十名

排名	企业	销量/辆	市场份额
1	宇通	24697	24.9%
2	中通	14105	14.2%
3	比亚迪	13278	13.4%
4	珠海银隆	5285	5.3%
5	中车时代	4177	4.2%
6	海格	4169	4.2%
7	金旅	3889	3.9%
8	安凯	3883	3.9%
9	福田欧辉	3777	3.8%
10	南京金龙	3335	3.4%
	其他	18416	18.6%
	总计	99011	100.0%

4. 区域发展不均衡

根据乘联会秘书长崔东树发布的相关文章显示（其数据是根据交管局上牌数据和交强险保险数据统计），截至 2016 年，我国公交车的电动化率为 30%。但根据每个省的电动公交车的历年上牌情况来看，电动公交车的发展较快，但存在不均衡现象。华北和华南的电动公交车占比较高，尤其是山西和河南等的电动公交车占比较高。而东北地区、西北地区、西南地区的电动公交车销量占比和保有量水平较低。

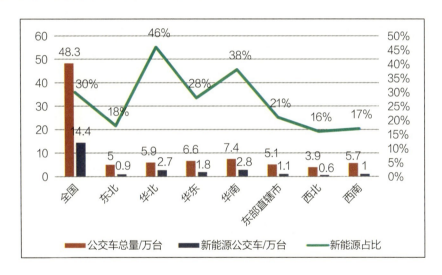

全国各区新能源公交化情况 ⊖

5. 我国公交车电动化进程正在提速，大城市公交车市场趋于饱和

目前，不少省市提出了公交车电动化的发展目标，力争未来几年公交车电动化率达到 100%。如北京公交车集团提出到 2019 年新能源公交车占比要超过 80%；广州 2018 年全面实现公交车电动化；深圳公交车电动化率已超过

⊖ 崔东树. 新能源公交占比仍有提升潜力. http://www.sohu.com/a/143572591_115312。

90%，并计划2017年实现公交车100%纯电动。北京、上海、广州、深圳等大城市布局公交车电动化较早，其公交车市场已经趋于饱和，增速有限。随着一线城市公交车市场逐步趋于饱和，企业推广新能源客车将面临更多的困难。为此，新能源客车企业急需寻找新的市场增长点，而二三四线城市今后可能成为电动公交车的潜在市场。

二、 我国电动公交车技术路线

从技术路线来看，目前我国已基本形成了混合动力客车、纯电动客车、燃料电池客车三种技术路线并存的发展格局。其中，混合动力客车技术路线相对成熟，纯电动客车技术发展较快，燃料电池客车技术处于研发和示范应用阶段。

从各地推广应用实践来看，目前我国推广的电动公交车主要类型有七种：慢充式电动公交车、快充式电动公交车、换电式电动公交车、插电式混合动力公交车、增程式电动公交车、在线充电式电动公交车和无线充电式电动公交车。各类型电动公交车在储能装置、续驶里程、充电时间等方面具有不同的特点。

中国电动汽车百人会《新能源公交车示范推广与商业模式》课题报告中，从安全性、环保性、经济性、方便性四个方面对各种类型电动公交车进行了较为科学的评价，结果显示：安全性方面，七种类型电动公交车的安全性均较好；环保性方面，除了插电式和增程式在运营中有排放外，其余五种类型电动公交车均为零排放；经济性方面，插电式、在线充电、增程式和快充式具有较好的经济性；方便性方面，插电式、增程式、快充式、在线充电、无线充电等具有良好的充电便利性。

综合比较各类型电动公交车，报告认为快充式与在线充电两种技术路线在各项评价原则均具有较好的比较结果，优点突出，应用前景较好。

我国推广的电动公交车主要类型及对比分析[一]

类型	慢充式	快充式	换电式	插电式	增程式	在线式	无线式
典型储能装置	磷酸铁锂	三元/钛酸锂、多元复合锂	磷酸铁锂	燃油（燃气）强混系统＋电容＋电池	磷酸铁锂＋内燃机APU	超级电容、超级电容＋磷酸铁锂	磷酸铁锂、三元等
续驶里程/km	200～300	60～80	100	30～50	80～100	20～40	60～100
充电时间	夜间8～9h	进站休息时10～20min	10min/次	夜间为主1h	夜间为主5h	在线	进站休息时5～20min
基础设施	站内充电桩或充电站	站内快充桩	换电站	站内充电桩＋加油（气）站	站内或充电站充电＋加油（气）站	无轨电车基础设施	运营线路起始端停车位埋入地下的无线充电装置
优点	运行零排放，一次充电、续驶里程较长	运营零排放，少装电池，运载效率较高，电池寿命长	运营零排放，换电时间短	燃料消耗量低	增程器补电可延长续驶里程，减少电池数量，降低成本	运行零排放，可利用城市无轨电车基础设施，投入小，少装电池，运载效率高	功率大，效率高，安全可靠，免征地，无人值守
缺点	整车成本高，运载效率低	单位能量电池成本较高	换电站投资较大，需要配备50%的额外电池	有排放，存在部分车辆不充电使用的现象	有排放	对于没有无轨电车系统的城市，需要新建基础设施	目前技术仍处于开发试验阶段，无线充电产品性能和价格不具备优势
典型应用城市	深圳、南京、合肥、西安、长沙等	重庆、北京、青岛	青岛、天津、南京等	郑州、杭州、广东、江苏、辽宁等	湖南、海口、贵阳	北京、杭州、上海、武汉、苏州等	成都、襄阳等

[一] 中国电动汽车百人会．新能源公交车示范推广与商业模式，2014年12月．

三、我国电动公交车主要商业模式

对于电动公交车的商业模式，按照不同的维度有不同的划分：按照充换电方式可分为充电、换电和无线充电等模式；按照所有权完整度，可分为整车购买、整车租赁和购租结合等模式；从公交企业资金来源上，可划分为财政拨付资金、机构贷款和社会资本（PPP）等模式；从销售端来看，又出现了整体解决方案、企业或产业联盟等模式；从新业态来看，又可分为常规电动公交车、新能源定制公交车、新能源微公交车和新能源快速公交车等模式。

在此主要从两个维度来分析我国在电动公交车推广过程中出现的主要商业模式，即技术路线维度和所有权维度。两个维度中的某些模式可能会存在交叉现象，即一种模式既属于技术路线维度，也属于所有权维度，例如青岛公交车采取的换电模式。对于这种情况，本书仅在一种维度下重点分析，在另一个维度中将简略。

具体来看两个维度：

1）技术路线维度。我国电动公交车的商业模式划分为慢充式、快充式、换电和无线充电等几种。

2）所有权维度。按照车辆所有权是否完全拥有，可以分为高、中、低三个等级，高等级为100%，表示完全拥有；低等级为0，表示不拥有；中等级介于0~100%之间，表示部分拥有。因此依据所有权拥有程度的不同，电动公交车的商业模式划分为整车购买（高）、整车租赁（低）、购租结合（中）三种主要类型。

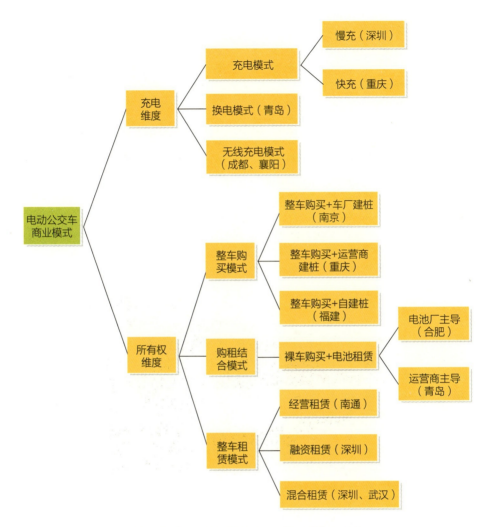

我国电动公交车商业模式分类及典型代表城市

1. 技术路线维度

(1) 慢充模式

目前我国慢充纯电动公交车主要采用磷酸铁锂电池,续驶里程在100～300km,充电时间6～8h。在这种模式下,公交车运营一般采取"白天运营、晚上充电"方式。为满足城市公交车全天运营需求,在该模式中通过增加电池容量的方式来延长一次充电续驶里程,晚上运营结束后利用夜间谷电进行充电。然而随着电池容量的增加会导致车辆整备质量上升、车内搭载乘客的空间减少、车辆能耗增加以及车辆的成本大幅提高,这些弊端在一定程度上限制了慢充模式的发展。

在早期新能源公交车推广上,慢充模式在北京、深圳、南京、合肥、西安、长沙等城市普遍存在。以西安为例,2013年7月至9月,该市先后投入了46辆某品牌纯电动公交车,全部投放在高新区的四条线路中运营,其中高新1号线15辆,其他三条线路平均每条10辆左右。该车型搭载磷酸铁锂电池,设计的续驶里程为250km,在总站充电桩充电,每天夜里充电5~6h。高新1号线实际运营安排车辆每天要跑6趟,单趟在31km左右,平均单车每日运营里程为190km左右。○

西安高新1号线的纯电动慢充公交车

然而在实际运营中慢充模式暴露出了许多问题,如充电时间长、电池衰减严重且使用寿命短、电池负荷重、故障率高等,因此导致慢充公交车的运营效率难以满足公交公司的运营需求。在这些问题中电池衰减问题尤其突出,相关研究统计的10家企业1510辆纯电动公交车在第一年、第二年、第三年电池平均衰减率分别为10.3%、20.9%和47.9%○。

○ 后劲不足西安纯电动公交问题仍存, http://www.find800.cn/2014/1012/79452_2.html。
○ 中国电动汽车百人会. 中国城市客运电动化及智能化策略研究, 2015年12月。

电池衰减问题严重影响公交运营，由衰减问题造成的停运现象也屡见不鲜。如广州市某公交公司2010年11月投运6辆慢充纯电动公交车，配备161kW·h磷酸铁锂电池，服务于广州主干线上的某线路，线路往返全长54km。运营两年后也即2012年8月，6辆车电池衰减严重，续驶里程已无法满足每日运营需求，每往返一圈就需要补电。2014年9月6辆纯电动公交车因电池衰减严重已基本停运①。云南省昆明公交集团分别在2010年、2011年投运2辆安凯和2辆福田纯电动公交车，采用慢充方式，每天充电5~8h，因电池问题每天仅能跑100km，甚至更少，现已处于全部停运待修状态②。南宁市2010年购置了8辆10m慢充纯电动公交车，已全部停运。山东省临沂市2013年以前投入的140多辆慢充纯电动公交车中，超过50辆公交车因电池衰减严重无法正常运营③。

因为电池衰减问题影响了公交公司的运营效率，所以部分公交公司普遍通过调整运营方案来适应这一状况。如湖南某公交公司通过增加车辆数量来满足运营需求。也有的公司通过增加每天充电次数和充电时长来满足单趟运营需求，如黑龙江省大庆某公交公司。也有城市和公交公司逐渐放弃慢充模式，选择了其他技术路线，如北京425路公交车上的55辆纯电动公交车全部更换为搭载微宏动力提供的快充式电池组，每次充电只需15min，充满后跑一圈39.4km，利用驾驶人短暂休息的时间便可再次充满电继续运营。而深圳市公交公司通过精细化管理创新来提高纯电动公交车的使用效率，主要做法包括：一是通过"一线一营运方案"的措施针对线路长度需求匹配不同的车辆类型与车辆数量；二是采用快慢充结合"夜间充满电，白天快补电"的策略，

---

① 运行效果不佳广州电动公交退居二线，http://auto.gasgoo.com/News/2013/12/05054357435760271548725.shtml。

② 电池不给力昆明纯电动公交车停运频繁，http://news.xinhuanet.com/auto/2012-09/11/c_123700014.htm。

③ 慢充模式受困临沂改走换电纯电动公交路线，http://auto.gasgoo.com/News/2013/12/04060144144460271288302.shtml。

白天利用进站休息时间，使用移动充电车等多种充电方式对车辆进行快充补电，以延长日间的续驶里程，满足全天运营需求。同时，采用科学的浅充浅放充电模式，也大大延长了电池的使用寿命，降低电池衰减。深圳市通过几年的不断摸索和尝试，逐渐形成一套系统的新能源公交车精细化管理模式，运营效率大幅提升。①

总之，慢充模式因续驶里程难以满足运营需求、使用效率低、单位能耗偏大、故障率较高等因素，不适合大规模推广。目前越来越多的公交公司开始选择快充作为主流的技术路线，当然这并不是说要抛弃慢充模式。像深圳市在慢充电动公交车上的一些创新性做法，可有效解决慢充模式的一些不足之处，同时，快慢充相结合的策略也使得慢充模式作为快充模式的补充在一定时间内仍将存在。

（2）快充模式

在快充方式的探索与实践上，重庆公交走在了全国公交行业的前列，经多年发展形成了独特的重庆快充模式。

1）基本情况。重庆是国家首批"十城千辆"电动汽车示范应用和第二批继续推广应用电动汽车的试点城市之一。根据重庆市科委公开资料显示，截至2015年10月，重庆累计推广应用新能源公交客车1223辆，其中以气电混合动力为主，纯电动为辅。所有新能源客车均为恒通品牌，全部采用微宏动力电池和快速充电技术。重庆新能源公交车快充模式在全国产生了较大影响，目前其模式已推广到全国超过21个城市。

2）价值主张。2011年4月重庆公交在试验了慢充模式发现很多问题后，开始尝试快充发展模式。采购了重庆恒通电动客车公司生产的采用钛酸锂电池的12m快速充电纯电动客车。该车型配置交流异步电机，额定功率90kW，最大功率185kW，配备556V、150A·h钛酸锂电池，采用700V、500A充电设备双枪充电，每分钟可充5kW·h电，每次充电8~13min，车辆可行

---

① 中国电动汽车百人会. 中国城市客运电动化及智能化策略研究，2015年12月。

驶 35～50km。在小批量运行后，重庆公交公司开始批量投放恒通电动客车公司生产的插电式快速充电混合动力客车，目前已超过 1300 辆，该车配备 365V、60A·h 钛酸锂电池，采用 400V、250A 充电设备充电，每分钟可充电 1.7kW·h。

经过长期新能源公交运营实践后，快速充电新能源客车具有如下优点：一是电池寿命长，湖州微宏动力提供的钛酸锂电池循环充电次数超过 1.5 万次，同时电池几乎无衰减，车辆使用效率较高；二是电池安全性高；三是电池一致性好；四是电池充放电倍率高，车辆能够进行快速充电。

公交线路长度一般设置在 30km 以内，在起点或终点站修建快速充电站，充分利用车辆进站休息的时间进行充电，补电只需 10min 左右即可满足线路运营要求。重庆"快速充电、定线运输"模式只需配备少量的电池即可满足公交运营需求，同时又减轻了车辆自重，降低了购车成本和电池维护费用，因而具有较好的推广应用前景。

3）价值创造和价值网络。在重庆公交公司"快速充电、定线运输"的模式中，主要合作伙伴有恒通电动客车公司、湖州微宏动力系统公司、国网重庆电力公司等，涉及的外部利益相关者主要有政府和乘客，这些合作伙伴、利益相关者之间通过业务往来和联系构成了价值网络活动。而该模式的价值活动环节由车辆购买、线路运营、技术支持、配套充电设施投资建设及运营等构成。

具体来看，首先在该模式中，重庆公交公司主要是重庆地区新能源公交客车的推广和应用实施单位，承担着车辆的运营管理工作，其以整车购买、分期付款的方式从恒通电动客车公司采购电动公交车辆投入公交运营中，并按月或季度支付车辆购置款项。而后者恒通电动客车公司一般给予重庆公交公司 2～3 年的车辆购置账期，逐步回收购车款和利息，同时向其提供车辆的售后服务和维修技术支持。

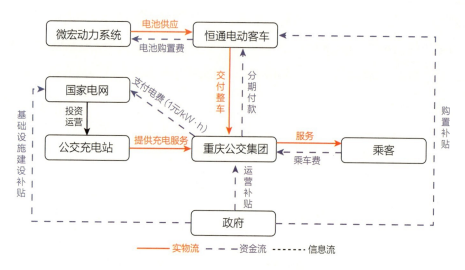

重庆市电动公交车推广的商业模式

其次，重庆公交公司从恒通电动客车公司处购置的电动公交车，搭载的是湖州微宏动力系统公司的钛酸锂电池，该电池目前以多元复合锂电池为主，具有寿命长、衰减慢、充电快等特点。根据课题组调研，目前重庆电动公交车基于"一次快补，满足全天运行"的多元复合锂电池第二代快速充电技术研发，采用快充与慢充相结合的方式。白天运营中利用午休或其他整备时间，在15min内一次性快速补电至100%，夜间回场后选择快充或者利用电网波谷慢充。实践证明，重庆投放的第一批采用钛酸锂电池的公交客车，在运营3.5年后，电池衰减不足1%。

最后，为配套重庆地区电动汽车的推广工作和为满足重庆电动公交车运营需要，国网重庆电力公司积极地与重庆公交公司、恒通电动客车公司以及微宏动力系统公司协同合作，并负责投资建设公交快充站。截至目前，国网重庆电力公司已在重庆地区建设了3个快充站，每个快充站配有6个充电机，桩车服务能力比为1:6或者1:7。据了解，一般每个快充站占地1333m²左右，由重庆公交公司负责提供场地，国网重庆电力公司来投资运营快充站，为电动公交车辆提供快充服务。

4）价值获取。在该模式中，重庆公交集团的收入来源有两方面：一是向乘客提供乘车服务收取车票收入,二是来自中央发放的公交车辆运营补贴,单车2~8万元/年。恒通电动客车公司主要通过销售车辆来获取收入,微宏动力则通过向恒通电动客车公司提供电池销售及解决方案来盈利。最后,国家电网重庆电力公司主要通过向重庆公交公司提供充电服务来获取收入,而公交集团按用电量向电力公司支付服务费,根据重庆市政府规定充电费标准为1元/(kW·h)(含电价与服务费)。

(3)换电模式

在换电模式,青岛薛家岛充换电站和充换电公交车最为典型。

1)基本情况。近年来,青岛优先发展公共交通,大力推广应用新能源公交车,加快配套充换设施建设,积极创建国家公交都市,推广工作取得了较好的成绩。一是大力推广新能源公交车发展,目前青岛市共运行新能源公交车2688辆,其中纯电动2288辆,插电式混合动力400辆。二是加大公交充换电站建设。截至目前,青岛市已建成公交充电站50余座,充电桩600余个,可满足2000余辆公交车充电需求;建成并投入使用薛家岛、延安一路、深圳路等换电站7座,25个换电工位,可满足750辆公交车充换电服务需求。㊀

在新能源公交推广上,青岛积极探索新能源公交运行模式,先后尝试了换电、快充、在线充电、插电式混合动力等多种模式。其中,换电模式最为知名,受到国内外的广泛关注。

2)价值主张。主张换电模式的支持者认为,换电模式具有几点优势:一是服务效率高,更换电池时间短,仅需要8~12min;二是便于集中管理电池,延长电池的使用寿命;三是降低用户的初始购置成本(电池租赁代替购买);四是利用低谷电错峰充电,节约能源资源,降低充电成本。反对者认为换电模式前期投入成本高、盈利周期长、电池标准统一困难等,不适合大规模

㊀ 青岛新能源公交车推广应用成效显著,http://www.moc.gov.cn/sj/yunshs/hangyedt_yshs/201702/t20170221_2166943.html。

推广。

青岛换电模式的发展正是考量了换电技术的优势以及换电技术的价值主张。2011年建成的青岛薛家岛充换电站，是国家电网青岛分公司基于国家电网早期的充电基础设施发展战略，对换电模式的一次探索和尝试，严格意义上来说更具示范运营效应，承载着国家对换电技术的创新实践与试错。

3）价值创造和价值网络。在初期，青岛电动公交的推广由政府统一协调，以公交公司运营牵头，以生产电动公交车的上海申沃汽车公司和研发制造电动车电池、电机、电控系统的中科华夏动力以及与国家电网公司联手配合，各自投资、各负其责、各取效益、共同推进，形成了"三合一"（国家电网、企业、政府）充换电模式。

首先，在运营单位及主要合作伙伴上，目前青岛电动公交的运营主要由青岛公交集团、交运集团温馨巴士公司和开发区真情巴士集团等承担。在青岛换电模式中，主要合作伙伴包括整车企业（申沃、沂星、一汽、北汽、五洲龙、中通等）、电池企业（万向、力神、国轩高科）、国网青岛供电公司以及青岛市电动汽车服务公司等，涉及的外部利益相关者则有地方政府、乘客等。围绕着公交公司，各主要合作伙伴以及外部利益相关者之间，构成了青岛换电模式的价值网络。

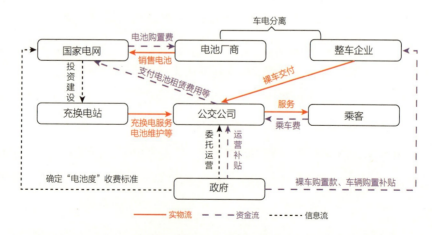

青岛市纯电动公交车运营模式

其次，在车辆和电池购置上，青岛创新了电动公交车的采购方式，实行"车电分离"模式，即由市政府出资购买电动公交裸车，交由公交运营单位使用，电池则从青岛供电公司兴建的薛家岛充电站处以租赁的方式获得，这样做的好处就是降低了前期车辆购置的成本、减轻了政府的财政负担。

再次，对于换电模式来说，换电基础设施的建设与运营尤为重要。在青岛换电模式中，国家电网青岛供电公司负责投资建设充换电站，并委托许继集团以EPC总承包方式建设。建成后的管理则由青岛供电公司成立专业公司负责。

薛家岛电动汽车智能充换储放一体化示范电站于2011年7月建成并投入使用，总计投资3.4亿元。该站由许继集团以EPC总承包方式建设，是国际上功能最全、规模最大、服务能力最强的电动公交车充换电站，在国内外影响较大。该换电站配备6个工位，换电时间8~12min即可完成。最初服务180辆车，目前拥有1440组电池（每辆公交车9组），每天可以服务250辆电动公交车，覆盖约450辆电动公交车（每天约60%的公交车进站换电）。

薛家岛充换电站服务的电动汽车采用的是容量为300A·h的磷酸铁锂电池，充电机采用80A电流进行充电，充电时间在3h左右。充换电站对电动汽车的服务能力主要取决于两大因素：一是电池的充电速度，二是电池的换电速度。针对上述两大因素，青岛供电公司成立了两个技术攻关小组：一是充电小组，负责充电设备升级，将充电电流由原来的80A提升到95A，缩短了充电时间，提高了电池的利用率，充电时间由3h缩短到2.5h以内。另外一个是换电小组，负责换电设备升级，更改相关参数，提升换电速度，换电时间缩短至8~12min。

薛家岛充换电站的储备电池由青岛供电公司向万向等电池厂统一采购，同时向公交公司提供电池租赁模式解决方案以及电池充换电服务。在该模式下，青岛供电公司对电池进行集中管理维护，可延长使用寿命，规避电池性能下降的风险，实现了物联网、交通网和智能电网的"三网"技术融合。通过充换电站运行管理系统与公交运营管理系统的有效互动和信息共享，实现了车辆联合调度。

薛家岛充换电站集中体现了国家电网公司初期"换电为主、插充为辅、集中充电、统一配送"的建设运营模式。与单纯的充电站充电桩充电不同,薛家岛站是以"换电为主、充电为辅"。薛家岛站的自动多箱快换设备采用高速机械视觉技术定位,可以自动跟踪车辆,公交车驾驶人直接开车进入换电车道,多组电池箱更换同时完成,每车次换电时间 8～12min,实现了电池箱更换过程的安全可靠、实用高效。而换下的电池则由充电站自动进行充电以备下次更换。

2012 年 5 月,青岛供电公司成立了青岛市电动汽车服务公司,专业负责全市充换电设施的建设、运营管理工作,采用了"主业管理、运维外包"的运营模式,充换电站建成后,由许继集团成立专业运维团队接手,进行充换电站设施的运行、维护。这一模式的好处在于充分利用了专业队伍的力量,不仅缓解了公司用工压力,而且通过专业人员的维护,充换电设施运行得更健康。

4)价值获取。薛家岛换电站最大的亮点之一在于实行了电池租赁模式,车辆与电池分开,由充电站承担电池费用,公交公司只需支付电池租赁费用即可。

关于薛家岛换电站的电池租赁收费,由青岛市政府进行指导定价。自 2011 年 7 月薛家岛示范电站建成投运以来,在做好电站建设和运营的同时,青岛电力公司一直积极协调青岛市政府有关部门开展推进电动公交车充换电服务收费工作,努力推动青岛市政府出台相关收费政策。2012 年 10 月 8 号,青岛市政府批转青岛市交通运输委员会、青岛市物价局、青岛市财政局《关于纯电动公交车电池租赁价格等有关事宜的请示》,同意按照"比同类燃油空调公交车每千米平均油耗价格低 0.05 元"的原则进行核、结算电动公交车充换电服务费用。

青岛供电公司引入了"电池度"的概念进行用电费用的结算。"电池度"包括了基本电费和均摊的电池租赁费用、运维成本。以"电池度"结算的思路，得到青岛市政府、物价部门和公交运营单位的认可。按照"比燃油公交车每千米燃料成本低0.05元"的优惠比例，计算出目前薛家岛每电池度数值为2.45元左右，并作为与公交企业结算的收费依据。

2012年11月初，青岛供电公司收到了青岛交运集团交纳的充换电服务费，这是薛家岛示范电站运行以来收取的第一笔服务费，标志着青岛供电公司在国内率先实现了换电模式电动公交的运营收费，真正实现了电动公交车的商业化运营。

此后，青岛供电公司不断优化电动汽车电量核算及费用收取流程，创新采用电池度对电量进行计量，并经过与市物价局、财政局、交通委多次论证，最终确定以油电差价为依据、与油价联动的动态价格测算方式，按月与公交企业进行电量的核收，与服务的客户实现共赢，为全国电动汽车充换电服务网络的商业化运营起到了示范作用。

2015年5月，青岛市出台了电动汽车充电服务费标准，遵循"有倾斜、有优惠"的原则，使电动公交汽车电费及充电服务成本不高于汽车燃油成本的70%，电动乘用汽车电费及充电服务成本不高于汽车燃油成本的50%，并根据燃油（气）价格变动情况适时调整，确保电动汽车电费及充电服务成本低于燃气汽车使用成本。充电服务费按充电电度收取，电动公交车最高为0.60元/(kW·h)，电动乘用车最高为0.65元/(kW·h)，试行两年。

根据课题组对青岛市薛家岛充换电站的调研，该站主要按照电量结算模式，由公交公司按月和充电站进行结算。目前该站向公交公司收取的电费和服务费为1.7元/(kW·h)，主要由电池租赁费、电池维护费、基础电费和换电服务费四部分构成。该站充电服务费为0.6元/(kW·h)，负责人认为服务费在现有基础上需提高1倍，即1.2元/(kW·h)，换电站才可实现盈亏平衡。

另外，根据实际调研发现，在换电模式下，该站存在以下问题：一是亏损。目前充换电站最大的问题在于亏损，平均年亏损几百万元，主要由于电动汽车刚起步，电池成本较高，购买电池的负担太重。二是收费低，换电费用低导致亏损。三是数据利用率低。监控平台产生的大数据基本没有得到充分利用。四是车辆故障开始增多。维修费用贵，配件来源单一、等待时间长。

(4) 无线充电模式

无线充电技术逐渐成为市场关注的热点之一，其在电动汽车上的商业化应用也在不断探索之中。无线充电技术（Wireless charging technology），源于无线电力输送技术。无线充电，又称作感应充电、非接触式感应充电，是利用近场感应，由供电设备（充电器）将能量传送至用电的装置，该装置使用接收到的能量对电池充电，并同时供其本身运作之用。按照不同的标准，无线充电技术分类方式不同。按照技术原理，分为电磁感应式、磁共振、耦合式和无线电波式，其中前三种适合大功率充电方式，适用于电动汽车领域；按照是否固定，分为固定式无线充电（固定在停车位上）和移动式无线充电（充电公路）。

目前韩国、英国推出了无线充电公交，可以在改造后的道路上边行驶边充电，德国、日本也在积极研发测试无线充电技术。特斯拉、奥迪、宝马、沃尔沃、奔驰、丰田、高通、西门子等巨头均已开始在这一领域展开研究，部分车企的支持无线充电的车型将于2017—2018年上市。在国内，中兴通讯、比亚迪等企业近年来也在研究无线充电技术。尤其是中兴通讯，其无线充电技术在全国多个省市成功开展了商业应用，典型代表地区有襄阳、长春、张家口、深圳、成都、郑州、大理等。以下对中兴通讯的无线充电技术在公交车上的应用模式展开深入分析。

1) 基本情况。2014年中兴通讯成立中兴电动汽车有限责任公司，立足电动汽车这一国家新兴战略产业发展方向，以无线充电为核心提供完整充电、停车/充电融合系统以及车联网等解决方案及产品。

中兴通讯于2009年启动电动汽车无线充电技术开发，并于2014年9月推出了具体的产品方案，目前已在大连、长沙、深圳等全国十多个城市有13条无线充电的商用线路在运营，并与117个城市签订了智慧城市战略合作协议，试图将停车/充电基础设施与智慧城市建设结合起来。

襄阳市无线充电公交车

中兴新能源国内无线充电商用案例①

	北京亦庄	惠州惠东县	张家口	襄阳	成都
建成时间	2015年12月	2015年6月	2015年3月	2014年9月	2015年2月
合作车厂	福田汽车	宇通客车	深圳比亚迪	东风汽车	蜀都客车
运行线路	7路、8路公交	惠东城南站—多祝公交线路	梦特芳丹酒店—云顶滑雪场,全长26.8km	601路,全长20km	1058路,全长5km
车辆信息	15台纯电动大巴	7m纯电动中巴	C6	东风天翼	18座微循环中巴
规模	4个充电位	2个充电位	4个充电位	5个充电位	2个充电位
转换效率	最高90%	最高90%	最高90%	最高90%	最高90%

在无线充电过程中,一般小型车需要功率5~7kW,大巴车需要30~60kW,无线充电的整体效率可达到90%。正常情况下,车停靠站内5min,就可以把电补满了,所以无线充电非常适宜于公交运营。

2)价值主张和用户定位。中兴新能源致力于为中国汽车业提供技术领先的无线充电综合解决方案及服务,目前主要向客户提供6.6kW乘用车无线充电系统方案、30kW/60kW商用车无线充电系统方案。中兴新能源的客户定位则是整车企业、地方政府/公交企业、停车场物业管理公司等。

中兴无线充电系统通过非接触的电磁感应方式进行电力传输,充电车辆

---

① 田锋. 创新的汽车无线充电解决方案及实践. 中国电动汽车百人会年会, 2016年1月24日。

在充电停车位停泊后,就能自动接入通信网络,建立起地面系统和车载系统的通路连接,实现无线充电。中兴新能源认为无线充电是对大功率输电产业化的大变革,能够让电动汽车充电像手机无线上网一样方便快捷,并主张只有自动泊车、自动驾驶和无线充电相结合,才能给电动汽车车主带来完美体验,并预判2017年将是电动汽车无线充电商用元年。

3)价值创造和核心能力。中兴大功率汽车无线充电解决方案是全程无人值守的全自动解决方案,为用户和管理者提供集合了自动充电、自动计费、APP支付、云端管理、自动运营、远程监控等全自动功能的端到端解决方案。

中兴无线充电系统由以下部分构成:

- 地面系统(地面充电模块,地面控制模块,认证、对位与安全监控模块)。
- 车载系统(车载受电模块、车载控制模块、移动互联网数据模块)。
- 云认证计费系统。
- 云监控管理系统。

中兴新能源无线充电系统组成⊖

该系统的主要优势在于:一是便捷性,无人值守,自动充电,停车即可充电,全自动一键充电,与自动泊车、自动驾驶完美匹配。二是安全性,无线充电桩埋在地下,可以很好地适应恶劣天气以及避免恶意破坏,防盗防损

⊖ 中兴通讯官网,http://www.zte.com.cn/china/solutions/else/wirelesscharging/433971。

性强。三是可靠性。另外还有无须占用土地，通过改造现有停车位，即可解决有线充电面临的选址难、费用高、周期长的问题，以及采取定线运输，减少电池配置，降低车辆成本。

正是基于以上优势，中兴新能源加大了在无线充电领域的布局，并认为新能源汽车停车/充电具有天然融合的优势，随时补电是解决里程焦虑的最重要手段。在无线充电领域的竞争力，除了充电设备竞争力以外，在自动控制、无线射频、通信等技术领域的综合能力同样非常重要，无线充电不仅仅是电力的问题。中兴新能源的优势在于集成了技术体系、通信系统、认证系统、支付系统等全方位能力。首先，中兴新能源依托中兴通讯旗下的深圳市讯联智付网络有限公司，后者已获得移动支付、互联网支付和数字电视支付业务许可3张牌照，可将在线支付模块移植到无线充电系统解决方案上。其次，无线充电系统后台技术可移植中兴通讯的智能终端技术。正是得益于上述两点，中兴新能源已有技术实力和支付牌照能够满足用户全程自助式的充电方式，满足了无线充电体系下的核心需求。这将是未来中兴新能源能够在无线充电运营领域取得成功的关键因素。

4) 价值网络和企业合作。目前，中兴新能源整车的主要合作伙伴包括宇通、东风、蜀都、福田汽车、比亚迪等客车企业，主要客户包括地方政府/公交企业，潜在客户包括大型商场、停车楼/场物业管理公司等。中兴新能源不仅布局充电基础设施领域，向合作伙伴和客户提供无线充电系统设备、方案，也正在积极向上游领域延伸，如中兴派能拥有动力电池以及材料业务，同时2016年7月成功并购珠海广通客车（由中兴通讯并购），更名为中兴智能汽车公司，未来将无线充电技术应用到中兴的客车之上，通过中兴客车向市场输出中兴新能源的无线充电技术，二者相辅相成。通过对电动汽车领域的布局，中兴试图围绕电动汽车研发、设计、生产制造，以及车联网应用、大数据、自动驾驶、云计算中心的系统研发与建设运营，构建一个崭新的价值网络。

中兴在电动汽车产业链上的布局

5）价值获取和盈利模式。由于无线充电技术还未完全成熟，大规模商用也还没有展开，中兴新能源对于无线充电的商业运营模式还在不断探索、创新，关于自身的定位以及今后扮演的角色也在调整之中，是坚持做无线充电设备制造与供应商，还是专业运营商。然而，中兴新能源作为无线充电技术的先行者与探索者，打造"设备产品+服务+平台"的创新商业模式的思路越来越清晰。未来，除了无线充电服务外，还将为客户提供无线纯电动公交车辆租赁、电动汽车充电基础设施建设，为客户进行配套融资方案的"一揽子"整体解决方案。中兴新能源希望通过提供上述方案，来实现价值增值以及价值获取。

在商业模式创新上，中兴新能源采取的主要策略是与整车企业合作推出无线充电前装车，降低电池装载量，节约成本；发展全程无人分时租赁，节约人工成本；获取地方特许经营权。

从2014年、2015年实践来看，中兴在各城市推出的无线充电公交示范线的模式，主要采取的方式是跟当地车企合作，甚至可以说是绑定，推出适合于公交线路特点的定制无线充电车辆。通过推出只需满足线路运营要求的定制车辆，将车辆配备的电池由原来的200kW·h电降至90kW·h，有效降低了电池装载量，从而大幅降低车辆成本。等到示范线路运营稳定后，整体移交给公交集团，至于后续的充电运营服务，中兴通过在本地设立运营公司的模式来提供充电服务,并收取充电服务费。在公交运营领域,中兴新能源通过这样的方式,与当地政府签订 8~10 年的特许经营协议,希望以此覆盖住成本,并且能够实现盈利。

从盈利方式和来源看,中兴新能源可以通过"设备+服务+平台"的商业模式来探寻多渠道的盈利方式:一是通过设备销售实现收入;二是通过运用服务收取服务费;三是通过平台来衍生其他收入来源,如平台广告费、海量运营数据变现等。但不可否认的是就目前阶段来说,无线充电技术还不成熟、市场和政策还没准备好,致使无线充电技术还未能大规模商用,所以关于无线充电公交的商业运营与盈利模式还未成熟,今后对商业模式和盈利模式的探索与创新仍将继续。

2. 所有权维度

(1) 整车购买模式

整车购买模式是指由地方政府、公交企业或运营单位出资直接购买电动公交车、车辆所有权归属购买方所有的一种方式。在此模式下,车辆的所有权拥有程度等级为高。按照充电设施建设主体的不同,整车购买模式又可以划分为整车厂建桩、运营商建桩、公交企业(运营企业)自建桩三种模式。

1) 整车购买+车厂建桩——代表城市:南京。南京市电动公交推广采取整车购买、车厂建桩模式,以慢充为主,换电为辅。

根据调研,南京市公交集团向比亚迪支付款项购进 K9 整车,比亚迪负责车辆的技术服务。同时比亚迪负责为公交集团配套建设充电桩,并提供充电服务,而充电桩由比亚迪进行统一的管理、运营和维护,场地则由公交集团负责免费提供。在运营中,公交集团需要向比亚迪支付电费和充电服务费共计 0.88 元/$(kW \cdot h)$,而比亚迪向电力公司支付电费 0.667 元/$(kW \cdot h)$。

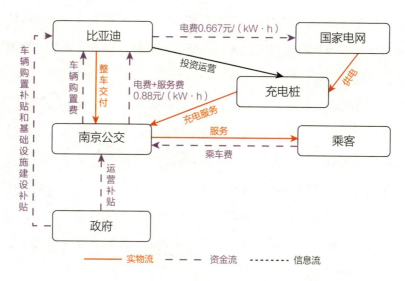

南京电动公交商业模式

在上述商业模式中，南京公交集团主要通过向乘客提供乘车服务收取车费而获得收入，比亚迪的盈利来源主要为整车销售收入、充电桩运营收取的电费和充电服务费，国家电网则主要通过销售电力获取盈利。

2）整车购买＋运营商建桩——代表城市：重庆。重庆市电动公交推广采取整车购买、运营商建桩模式，以快充为主。

在该模式中，重庆公交集团从恒通电动客车公司采购车辆，车辆配备的是微宏动力的钛酸锂电池，以快充技术为主导，而国家电网重庆公司负责建设快充站，各利益主体之间构成了重庆公交集团的商业运营模式。详细模式在充换电维度中已分析，此处从略。

3）整车购买＋自建桩——代表地区：福建。福建省公交企业采取整车购买＋自建桩、自充电模式，以慢充为主。

由于福建省按国家1:1给予车辆购置补贴，福建省部分公交企业在推广应用电动公交时，更加倾向于采用整车购买方式，整车企业负责质保期内车辆的技术服务、电池维护等工作。在基础设施方面，公交企业采取自建桩、自充电形式，只需向国家电网支付充电电费，既减少了充电服务费支出，又可以充分利用夜间低谷电价节约电费。

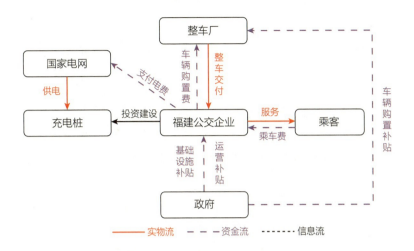

福建省电动公交推广的商业模式①

在上述商业模式中，整车厂主要通过销售车辆实现盈利，公交企业主要通过向乘客收取车费获得收入，而国家电网公司主要通过销售电力实现盈利。由于公交企业采取自建桩模式，既可以节省充电服务费支出，又可以充分利用低谷电降低充电成本。

该模式对地方政府和公交企业的财政实力、资金实力要求较高。此外，该模式一方面在车辆购置上对补贴政策的依赖性较高，另一方面虽然能够拥有基础设施的所有权，但基础设施建设投资势必会加重公交企业的资金压力和地方的财政负担。

综合上述分析，整车购买模式的优点在于所有权完整拥有，缺点在于车辆购置价格较高、公交企业承担车辆风险，地方政府的财政压力或者公交企业的资金压力较大。该模式适用于有雄厚财政实力支撑的城市或地区。

（2）整车租赁模式

整车租赁模式是指公交公司或运营单位以资产轻量化为目标，以租赁的方式，从第三方机构或租赁公司获得电动公交车的使用权，并定期向第三方公司支付租金。在此模式下，车辆所有权的拥有程度为低。根据租赁方式的

---

① 根据 2015 年 12 月 18 日对福建省经信委黄建明主任的访谈整理而成。

不同，整车租赁模式又可以细分为经营租赁、融资租赁和混合租赁三种模式。

1）经营租赁——代表城市：南通。南通市在电动公交推广上探索了经营租赁模式。

为了更好更快地推广新能源车，江苏省南通市作为国家第一批电动汽车推广应用示范城市，2014年在公共交通领域率先试行了新能源公交"租赁模式"，以缓解政府资金压力，促进经营企业发展。

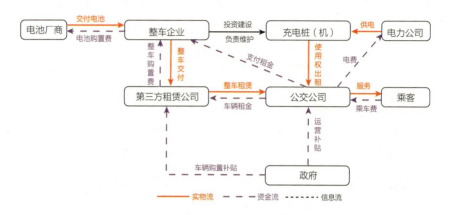

南通市电动公交整车租赁商业模式①

在该模式中，由第三方租赁公司负责购置电动公交车辆，南通市公共交通总公司与第三方租赁公司签订租赁合同，以租赁方式获得电动公交使用权，租赁合约期5年，每辆车年租金10万元。

电池由租赁公司负责维护、更换、回收。租赁公司还负责提供维护和技术支持。

在充电设施建设与运营上，根据2014年南通市新能源城市公共交通客车及充电桩租赁项目招标公告的内容，充电桩同样采用租赁方式，租赁期5年，与车辆租赁期同步。中标方负责充电桩5年租赁期内的正常运行、维护及相关技术支持；承租方提供场地、基础建设，负责电源到桩。

在该商业模式中，整车企业主要通过销售车辆、收取充电桩租金获取收

① 根据公开资料整理。

入,第三方租赁公司主要通过收取车辆租赁赚取租金收入,电力公司主要通过提供电力实现收入,公交企业主要通过提供搭乘服务而获得乘车费用。

该模式通过整车租赁有效解决了公交企业的车辆购置压力,降低了地方政府的财政负担,同时吸引了社会资本参与到电动公交的推广过程中,实现了租赁公司、公交企业、政府三方共赢。

2)融资租赁模式——代表城市:深圳。深圳巴士在电动公交推广中采用了融资租赁、车电分离、充维结合的模式。

深圳巴士集团采用融资租赁解决车辆一次性高成本购置问题。融资租赁的参与方有四方,即深圳巴士集团、车辆制造企业、融资租赁机构、充维服务商,由四方共同签订《融资租赁合同》等相关协议,以融资租赁形式购置新能源车辆。由充维服务商向车辆制造企业购买整车(包括裸车和电池),融资租赁机构向充维服务商购买裸车,公交企业向融资机构就裸车进行融资租赁,这一模式解决了整车销售与车电分离之间的困扰,既满足了整车销售的要求,又实现了车电分离的目标。

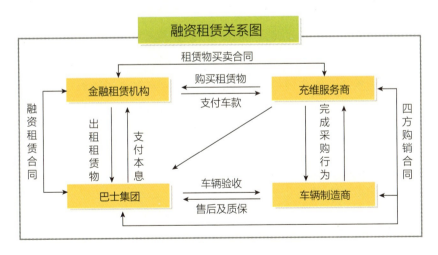

深圳市巴士集团融资租赁关系图

---

① 余钢. 深圳新能源公交运营管理经营与思考. 2015年12月19日。

"车电分离"即新能源车辆购置过程中,将其按一定价值比例进行裸车和动力电池的价值分离,车辆制造企业按整车卖出,公交企业就裸车进行购置,充维服务运营商就配套电池进行购置。这种方式从根本上解决了公交企业购置新能源车辆的高成本问题,可以按约高于常规燃油车辆的购置价格开展新能源车辆的采购投入。

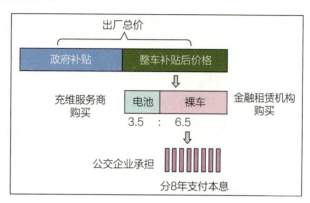

车电分离模型

"充维结合"的基础在于"车电分离"。充维服务商进行动力电池购置投入、充电站建设,并对新能源车辆进行充电服务、对动力电池进行维护等。充维服务的价格构成要素包括了电价、动力电池成本分摊、充电站建设成本分摊、人工成本及管理费用等。充维服务商的盈利来源于能源服务费和电池租赁费。公交公司按照传统公交标准,计算行驶里程所需的等价燃油费用,支付给充维服务商,燃油费用减去电费得到的油电差价即能源服务费。

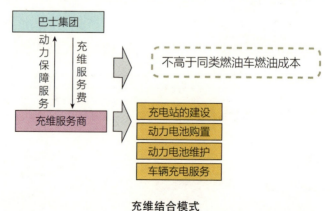

充维结合模式

在深圳巴士集团电动公交推广的商业模式中，具体涉及比亚迪、普天新能源、交银租赁、南方电网等相关方。各方盈利模式在于：比亚迪主要通过销售整车获得收入，普天新能源主要通过收取电池租赁租金和能源服务费（油电差价）等实现盈利，交银租赁主要通过出租裸车来赚取租赁费，而南方电网则通过提供电力实现收入。

3）混合租赁模式——代表城市：武汉和深圳。武汉市采用金融租赁与经营租赁结合的模式。

武汉市计划采用"金融租赁＋经营租赁"模式首批采购 800 辆新能源公交车，双租赁模式将成为武汉市推广新能源公交车的主要模式。

武汉市金控集团（由武汉经发投集团更名而来）、市公交集团合资组建电动汽车租赁公司，以融资租赁方式首批采购 800 辆新能源公交车，并租赁给市公交集团营运。新成立的电动汽车租赁公司将成为武汉市电动汽车推广的主要平台之一，用市场化的方式集中金融机构、新能源车企、充电设施建设与服务、公交场站及营运线路等资源。市公交集团将由传统"购车"模式变为"租车"模式。

武汉市金控集团、武汉农村商业银行股份有限公司及九州通医药集团股份有限公司共同发起设立湖北金融租赁股份有限公司，注册资本 30 亿元，其分别持股 49%、36%、15%。金融租赁是与实体经济结合最为紧密的一种融资方式，其融资门槛较传统银行信贷更低，且兼具租赁设备等"融物"功能。按照现行金融租赁杠杆率，湖北金融租赁股份有限公司能为实体经济直接提供约 375 亿元的资金支持。湖北金融租赁股份有限公司与东湖电动汽车有限公司、武汉交通建设投资有限公司签署电动汽车战略合作协议，并宣布在未来 3 年内投资 50 亿元，助力武汉市电动汽车推广和产业发展。其首期将投入 10 亿元，促进东湖电动汽车有限公司及其下属企业电动汽车的销售、市场拓展；支持武汉交通建设投资有限公司及其下属企业在电动汽车领域搭建平台、采购电动汽车、开展资产运营。

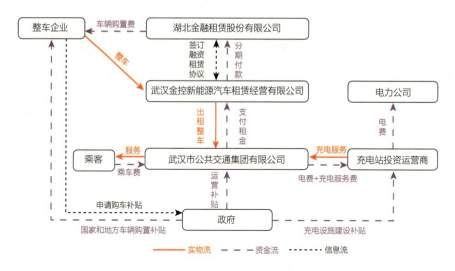

武汉市电动公交推广商业模式①

关于充电基础设施，根据2015年武汉市800辆新能源纯电动公交车充电站BOT项目招标公告，为保障800辆纯电动公交车的运行，拟配套建设约43个集中式电动汽车充电站，采用建设—运营—移交（BOT）的方式，通过公开招标形式选择中标人，由中标人在经营期限内负责项目的投融资、设计、采购、建设、运营和维护，在经营期接受招标人对充电运营服务收费(电费+充电服务费）单价的限制和经营的监管，经营期满后，中标人将项目资产无偿移交给招标人。经营期限为8年（自每个充电站正式投入运行之日起）。

深圳市采用混合租赁模式。

2013—2015年推广期，深圳市在公交领域积极探索，按照整车租赁、充维一体的商业模式推广应用新能源公交，并对推广模式不断进行优化。东部公交公司率先采用融资租赁和经营租赁相结合的混合租赁模式，通过招标来投放2015年计划推广的1100辆纯电动车。混合租赁商业模式的核心思路是轻资产化、购租结合、里程保障、分期付租、自行充电、利益共享。

---

① 根据公开资料整理。

东部公交 1100 辆纯电动公交车招标方案中混合租赁模式招标要求

序号	公交车型	融资租赁费/（万元/辆）	租赁费/（万元/辆）	付款周期	付款时间	租赁周期/年	混合租赁费最高限价/（万元/辆）	备注
1	11.5~12m 纯电动客车	10	四电部分（动力电池、驱动电机、电控系统及充电设施）	季度	后付	8	100	两种租赁租期及付款时间一致
2	10.3~10.8m 纯电动客车	10	四电部分（动力电池、驱动电机、电控系统及充电设施）	季度	后付	8	80	

注：1. 混合租赁费 = 融资租赁费 + 租赁费。
2. 融资租赁标的物为纯电动公交车除三电外的裸车部分。
3. 租赁标的物为纯电动公交车三电及充电设施（即四电部分）。

混合租赁模式由深圳市东部公交公司所创，指的是经营性租赁与融资租赁相结合，由东部公交与中标的纯电动公交生产厂家及其合作单位进行市场化合作。这种创新模式的特点可概括为"一个前提、两个核心、五个亮点"。

一个前提：深圳市年内保持国家及市在购车时对厂家的补贴不变，深圳在运营过程中对公交企业的定额财政补贴政策不变，三部委对新增运营车辆运营补助的政策调整落实到位。

两个核心：在车辆购置和使用环节实施购租结合，新能源公交车核心的"四电"（电池、电机、电控和充电设施）部分采用经营性租赁；改变原第三方建站充电、维保电池及收取充电费的模式，变为统一交由厂家配套建设充电桩和维保电池，企业自行充电及支付电费。

五个亮点：在现行补贴政策框架内进行，不给政府增加额外负担，既可支持深圳市纯电动公交车持续发展，又可支持根据营运需要选择各种车型；轻资产运营，无须股东额外增加投资，无须贷款；直接缓解公交企业资金压力，可以用财政补贴同步支付；通过公开竞争，促使厂家在保证质量与安全性及续驶里程的同时，降低车价，并且在持续8年的车辆保障期里面将售后服务和相关风险转嫁给厂家，由厂家承担风险；厂家实施交钥匙工程，公交企业接车后使用夜间低谷电价自行充电，可分享油电差价，产生一定的收益，从而调动推广电动汽车的积极性。

综合对南通、武汉、深圳等城市整车租赁模式的分析发现，该商业模式的优点在于通过租赁方式能够有效缓解公交企业的资金压力，解决电动公交车价格高昂的难题，公交企业既可以实现轻资产运作，又能实现车辆购置风险的转移。缺点在于租赁期内公交企业仅有车辆的使用权，而不能获得车辆的所有权，同时第三方租赁机构的资金压力较大、风险程度上升。该模式适用于租赁市场或者金融机构较为发达的城市或地区。

（3）购租结合模式

购租结合模式是指公交公司或运营单位在电动公交车辆购买和使用环节上采取购买和租赁相结合的方式，将整车和电池分开来采购或者租赁，以减少资金压力，实现部分资产轻量化。在此模式下，车辆所有权的拥有程度介于0~100%之间，等级为中。

根据电池租赁的运营主体的不同，又可以细分为电池厂商主导的模式和充电设施运营商主导的模式。

1）电池厂商主导的电池租赁模式——代表城市：合肥。合肥市采用了裸车购买与电池租赁结合的模式。

合肥市在电动汽车推广模式上，探索了电池租赁、定向购买、整车租赁等模式。其中，公交领域依托安凯客车、合肥国轩，形成了裸车购买、电池融资租赁的独特模式。

在合肥电动公交商业模式中，合肥公交收取乘客乘车费和政府补贴，从安凯客车购买裸车，付给安凯裸车购买费用，由长城金融租赁有限公司从国轩高科购买电池租赁给公交公司，国轩负责电池维护保养，公交公司则根据维护情况逐年付电池租金和维护保养费给国轩高科，国轩按季度把其中电池租赁租金返还给长城金融租赁有限公司。

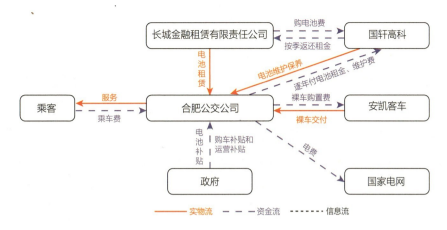

合肥公交公司运营纯电动公交车的商业模式

在合肥电动公交商业模式中，安凯客车通过销售裸车实现收入，合肥国轩高科通过销售电池、收取电池维护费来获得收入，长城金融租赁主要通过收取电池租金实现稳定的现金流入。

2）基础设施运营商主导的电池租赁模式——代表城市：青岛。青岛市采用了裸车购买、电池租赁、换电相结合的模式。

在早期，由于电动公交车辆的购置成本高昂，采取直接购买方式可能会对公交公司造成较大的资金压力，为降低前期车辆的购置成本，加快电动汽车的推广应用，国家电网青岛公司推出了换电模式，并联合整车企业、电池企业等合作方，创新性对向青岛公交公司推出了裸车购买+电池租赁的解决方案。该模式的价值主张有两方面，一方面是降低了公交公司的车辆购置成本，减轻其资金压力；另一方面是探索公交换电模式，寻找解决电动公交能源补给之最佳途径，为国内其他城市的公交推广做示范和提供经验借鉴。青岛公交模式已在充换电维度下进行了详细分析，此处对其分析从略。

四、我国电动公交车未来发展建议

1. 做好顶层设计，完善公交推广方案

在公交电动化过程中，各地方政府应积极学习国内先进城市推广的经验

和做法，结合本地的区域特征、城市规模、土地规划、电力规划、道路交通规划和地方产业基础等，因地制宜地选择技术路线、车辆类型、充电方式及商业模式等，制定并出台电动公交推广和实施方案细则，做好顶层设计，以避免在电动公交推广中出现政策依据和推广规划不完善导致的发展目标不明确、技术路线不清晰、充电设施规划布局不合理等问题。

2. 破除地方保护，加强市场公平竞争

当前，在我国电动公交推广应用的进程中，还存在着严重的地方保护主义，阻碍着电动公交的进一步推广，不利于新能源客车产业技术水平的提升和整车企业的公平竞争。因此，为了在城市公交系统中更好地普及电动公交，必须坚决破除地方保护主义，加强市场公平竞争，最终通过优胜劣汰来实现电动公交技术与品质的共同提升。建议：①取消地方产品目录；②加大中央政府监管力度；③细化补贴机制，逐渐减少甚至考虑取消地方补贴。

3. 细化公交补贴，向运营和研发环节转移

在新能源公交推广初期，必要的补贴政策对于推动行业发展是必要的。目前我国对电动公交的补贴主要集中在车辆购置补贴和运营补贴方面，各补贴政策已十分明确。但在当前的补贴政策下，还存在着严重的骗补行为，为了进一步防止和打击电动公交领域的骗补行为，国家相关部门、地方政府应加强电动汽车推广应用补助资金专项检查，同时进一步细化补贴政策，由购置环节的补贴更多地向研发和使用环节转移。建议：①购置补贴转换为环保节能补贴，根据公交企业节能减排目标完成情况给予适当奖励；②也可考虑将电动公交车行业纳入碳排放交易体系，用传统公交碳交易资金奖励新能源公交，减轻财政负担的同时，促进公交车加快推广应用；③设立研发专项补贴资金，鼓励企业注重新产品、新技术的开发；④建议对充电基础设施的建设补贴转移到运营环节中，只有建成投入运营的基础设施才能申请补贴，以防止充电桩、充电站等只建不用等现象的发生。

4. 引入社会资本，扩大 PPP 模式试点

　　PPP 模式在公路、铁路、机场、港口等城市公共基础设施建设方面发挥着重要的作用，对于地方政府引入社会机构，实现利益共享、风险共担具有明显的意义。在我国推广应用电动公交的进程中，地方政府面临着车辆购置成本高、资金压力大、车辆技术不成熟、经济效益差、配套充电设施不完善等诸多难题，推广应用电动公交的风险较高。因此，为了加快电动公交推广，解决地方政府车辆购置的资金难题，减少经营风险，有必要引入社会资本，拓宽融资渠道，增强推广电动公交的积极性。建议增加电动公交 PPP 试点，财政部可以考虑在 PPP 示范工程中纳入更多的电动公交 PPP 示范项目，从而通过试点项目不断探索电动公交的 PPP 模式，形成可复制、可推广的实施范例。

第五章 电动出租车商业模式

一、我国电动出租车行业基本情况

1. 电动出租车保有情况

出租车是我国居民出行的重要交通工具,尤其是大城市,2013 年北京市居民出行调查显示,出租车出行占 6.5%。截止到 2014 年底,全国共拥有出租车 137 万辆,其中电动出租车 5234 辆,占总保有量比例不足 0.5%[①]。

过去几年出租车领域是我国电动汽车示范推广的重要组成部分,但由于大多数试点出租车公司盈利困难,近两年电动出租车推广在电动汽车推广的比重有所下降,2015 年 1-10 月我国电动出租车推广 1220 辆,占全国电动汽车销量的比例只有 1.1%。

近些年,一些城市大力推动出租车电动化。北京市政府鼓励以旧换新,2014 年 6 月后所有新增出租车均为电动车,并且计划要在 4 年内将存量出租车全部换成电动车;深圳出租车共有 1.6 万辆,其中电动汽车 850 辆,运行情况良好。目前我国出租车电动化的推进主要作为电动汽车推广示范项目,如果技术、经济可行,我国电动出租车发展将存在很大的市场空间。

---

① 数据来自交通运输部。

电动汽车年度注册数以及电动出租车比重（2015年为1－10月数据）①

2. 电动出租车分布情况

目前电动出租车主要推广于一、二线城市，北京电动出租车推广位居全国第一位，深圳、合肥分列第二、三位。从推广车型来看，电动出租车基本为纯电动车型，如北汽E150EV、江淮和悦iEV、比亚迪E6、长安E30、福田迷迪等。其中比亚迪E6推广应用数量最多，截至2015年10月底，比亚迪E6出租车累计推广近2600辆，占电动出租车比例超过40%。从城市推广来看，各城市车型分布比较集中，以本地产车型为主，北京出租车基本使用北汽和长安，深圳使用比亚迪，合肥采用江淮，杭州使用众泰等。

各地区电动出租车保有量（截至2015年10月）② （单位：辆）

城　市	电动出租车数量
北京市	2395
深圳市	850
合肥市	500

---

① 公安部上牌数据。
② 公安部上牌数据。

第五章　电动出租车商业模式

(续)

城　市	电动出租车数量
南京市	440
珠海市	404
西安市	300
海口市	253
泸州市	232
杭州市	207
新乡市	200
厦门市	170
武汉市	155
佛山市	96
大连市	50
惠州市	50
昆明市	35
湖州市	30
潍坊市	28
成都市	20
上海市	14
东莞市	12
合计	6411

电动出租车主要车型保有量（截至 2015 年 10 月）[一]　（单位：辆）

车　型	数　量
比亚迪 E6	2734
E150EV	800
绅宝 EV	799
和悦	499
迷迪	497
普力马	270

[一] 公安部上牌数据。

(续)

车　型	数　量
菱悦	200
长安 E30	199
众泰 M300	129
首望 500	100
iEV4	39
风神 A60	30
野马 F99	20
力帆 620	10
特斯拉 MODEL S	5
合计	6331

3. 典型城市电动出租车发展情况

太原成为国内外首个实现纯电动出租车的城市。为有效治理污染，改善生态环境，2015 年 12 月 22 日，山西省和太原市政府分别与比亚迪公司签署战略合作协议和投资协议，决定将太原市所有的燃油燃气出租车更换为比亚迪 E6 纯电动出租车。2016 年 2 月太原市启动了更换纯电动出租车项目，至 9 月不到一年的时间内，太原 8292 辆油气出租车全部更换为纯电动出租车，成为国内外首个实现出租车纯电动化的城市。为保障更换工作的开展，政府做了两方面的工作。首先，为降低 E6 电动出租车的车辆价格，增强出租车企业和驾驶人购置的积极性，太原市政府出台了出租车更换补贴政策，市场价为 30.98 万元的纯电动出租车，按照国家、省、市 1:1:2 的标准补贴给予政府补贴 22 万元，经国家、省、市各级补贴后购买只需支付 8.98 万元，解除了出租车经营者费用顾虑。其次，建设良好的充电配套设施。E6 续驶里程为 400km（依季节气温不同而变化），电量由 20% 充至 100% 需约 1.5h，完全充满约 2h，共需 80kW·h 电。截至 2016 年底，全市在太原火车南站、长风商务区等重要活动场所和"四环"、建设路等主干道路周边建设充电桩 2889 个，以及手机 APP 服务平台，保障出租车日常充电需求。太原市经信委最新数据显示，截至2017年6月，太原市有8家国有企业、50家民营企业投资建设充电站，总共投资5亿元，在117处建了6293个充电桩，总容量达到31万kV·A[一]。同时，太原市制定了纯电动出租车充换电价格优惠政策，对电动出租车充电实行平峰谷阶梯电价，分别为0.76元/（kW·h）、0.98元/（kW·h）和1.2元/（kW·h）[含0.45元/（kW·h）服务费]。

深圳计划2020年实现出租车100%电动化。2017年3月，深圳市发布了《深圳市大气环境质量提升计划（2017—2020年）》，计划提出新增、更新出租车全部使用纯电动车辆，到2020年底，出租车纯电动化率达到100%。深圳市也是最早实践出租车电动化的城市之一，目前出租车电动化率已达到三成。统计数据显示，截至2017年7月31日，全市推广的电动出租车数量7030辆，落地正常营运数量5487辆，占深圳投放运营的出租车总数（17942辆）的30.58%[二]。同时配套建设的可专供出租车使用的充电桩约1900个，主要集中分布在罗湖、南山、龙岗、龙华等区域。鹏程电动出租车公司是深圳市探索出租车电动化的先锋企业，截至2017年6月20日，鹏程电动出租公司已经率先实现1693辆纯电动出租车全面投放，成为深圳市出租车运营企业中转型最早、投放最快、规模最大、品质最优的企业，也成为纯电动出租车规模最大和数量最多的企业。

从太原市和深圳市出租车电动化发展实践来看，目前出租车电动化还是依赖于政策导向和行政命令，并非由市场主导完成，这并不能反映出租车电动化的真实需求。在当前阶段，充电桩数量不足、电动出租车性能不过关、续驶里程难以满足营运需求、充电时间过长和时间成本高等因素是阻碍出租车驾驶人使用电动出租车积极性不高的主要原因，"油气改电"的阻力还很大，如果不能解决上述问题，就无法真正实现电动出租车对油气出租车的自主市场替代，而

[一] 太原市如何成为出租车电动化"第一城"，http://www.china-nengyuan.com/news/114477.html。
[二] 9月底前深圳公交车将全面实现电动化，的士电动化已达三成，http://city.shenchuang.com/city/20170808/487482.shtml。

非靠行政命令。2017年3月，环保部发布《京津冀及周边地区2017年大气污染防治工作方案（征求意见稿）》中提出，北京市在2017年9月底之前，全市所有营运出租车辆全部更换为纯电动汽车，其余27座城市2017年底前一半营运出租车辆更换为纯电动汽车，但是由于阻力较大，目前方案正在调整修改之中。

4. 电动出租车政策情况

中央和地方关于新能源出租车的相关政策不断出台。2014年7月，国务院办公厅《关于加快新能源汽车推广应用的指导意见》指出，在公交车、出租车等领域加大电动汽车推广应用力度，不断提高电动汽车运营比重；示范城市公共服务领域新增或更新车辆中的电动汽车比例不低于30%。交通运输部《关于加快推进新能源汽车在交通运输行业推广应用的实施意见》提出重点在城市公交、出租汽车和城市物流配送领域推广电动汽车；2020年公交都市创建城市新增或更新城市公交车、出租汽车和城市物流配送车辆中，电动汽车比例不低于30%；2020年新能源出租汽车和城市物流配送车辆共达到10万辆，其中城市公交车、出租汽车运营权优先授予电动汽车。

国家层面涉及电动出租车的相关政策

发布时间	部门	文件名称	与电动出租车有关内容
2013-09	工信部	《关于继续开展新能源汽车推广应用工作的通知》	政府机关、公共机构等领域车辆采购要向新能源汽车倾斜，新增或更新的公交、公务、物流、环卫车辆中新能源汽车比例不低于30%
2014-07	国务院办公厅	《关于加快新能源汽车推广应用的指导意见》	双管齐下，公共服务带动。把公共服务领域用车作为新能源汽车推广应用的突破口，扩大公共机构采购新能源汽车的规模，通过示范使用增强社会信心，降低购买使用成本，引导个人消费，形成良性循环 在公共服务领域探索公交车、出租车、公务用车的新能源汽车融资租赁运营模式

(续)

发布时间	部门	文件名称	与电动出租车有关内容
2015-03	交通运输部	《交通运输部关于加快推进新能源汽车在交通运输行业推广应用的实施意见》	公交都市创建城市新增或更新城市公交车、出租汽车和城市物流配送车辆中,新能源汽车比例不低于30%;京津冀地区新增或更新城市公交车、出租汽车和城市物流配送车辆中,新能源汽车比例不低于35%。到2020年,新能源出租汽车和城市物流配送车辆共达到10万辆
2015-09	国务院办公厅	《关于加快电动汽车充电基础设施建设的指导意见》	要以用户居住地停车位、单位停车场、公交及出租车场站等配建的专用充电设施为主体……形成电动汽车充电基础设施体系
2015-10	国家发改委,国家能源局,工业和信息化部,住房城乡建设部	《电动汽车充电基础设施发展指南(2015—2020年)》	优先建设公交、出租及环卫与物流等公共服务领域充电基础设施,新增超过3850座公交车充换电站、2500座出租车充换电站、2450座环卫物流等专用车充电站

地方上一些城市也已经积极响应,如深圳市2015年4月推出《深圳市新能源出租车推广应用政策实施细则》,细则中包括电动出租车运营指标奖励、免收有偿使用费、经营期限延长、使用补贴2万元、推广应用补贴5.58万元等支持条例。

部分省市涉及电动出租车的相关政策

发布时间	省(市)	文件名称	与电动出租车有关部分
2013-09	北京	《北京市2013—2017年清洁空气行动计划》	2017年,累计报废更新车辆中,电动车、天然气车、混合动力车各达到5000辆;出租车行业车辆油耗比2012年减少20%
2014-05	广州	《关于印发广州市新能源汽车推广应用工作方案的通知》	按照出租车行驶路线不固定、运行时间分散、运行区域较广泛等特点,选取性能可靠的新能源汽车产品,逐步扩大新能源出租车推广应用规模。2013—2015年,广州市计划推广新能源汽车10000辆,其中出租车1000辆

(续)

发布时间	省（市）	文件名称	与电动出租车有关部分
2014-06	北京	《北京市电动汽车推广应用行动计划（2014—2017年）》	加大市区出租车采用电动汽车力度。市区内新增出租车全部采用电动汽车；加快研究出台出租车辆更新为电动出租车的鼓励政策，推动存量出租车辆有序更新为电动汽车
2014-08	武汉市	《武汉市人民政府关于鼓励新能源汽车推广应用示范若干政策的通知》	积极引导在固定区域推广应用新能源出租汽车，新城区新增出租车辆全部采用新能源汽车
2014-08	湖南	《关于我省新能源汽车推广应用的实施意见》	新能源汽车推广应用的重点领域为公交车、公用车（出租车、环卫车、巡逻车、邮政车等）、公务车等公共服务领域
2014-09	福建	《关于加快新能源汽车推广应用八条措施的通知》	自本措施发布之日起至2015年底，全省公交车、出租车等领域新增或更新车辆应全部选用新能源汽车
2014-09	甘肃	《甘肃省加快新能源汽车推广应用实施方案》	到2016年，全省推广应用新能源汽车达到5500辆，公交、出租等公共服务领域当年新增或更新车辆中，新能源汽车配备比例不低于30%
2014-12	江苏	《省政府关于进一步支持新能源汽车推广应用的若干意见》	继续在公交、出租汽车等领域推广应用新能源汽车
2015-03	安徽	《关于加快新能源汽车产业发展和推广应用的实施意见》	扩大公共服务领域新能源汽车应用规模……在公交车、出租车等城市客运领域加大新能源汽车推广应用力度……从2015年起，合肥、芜湖市公共服务领域每年新增或更新车辆中的新能源汽车比例应不低于30%

（续）

发布时间	省（市）	文件名称	与电动出租车有关部分
2015-03	哈尔滨	《哈尔滨市新能源汽车推广应用2013—2015年实施方案》	用三年时间，在全市公交、出租、邮政、环卫、公务、租赁和私人购车领域合计推广5000辆新能源汽车，其中出租车1500辆
2015-04	深圳	《关于印发深圳市新能源出租车推广应用政策实施细则的通知》	燃油出租车经营年限于2015年到期并更新为纯电动出租车的，更新车辆数按照同产权1:1比例置换，另外给予置换数10%的纯电动出租车指标奖励 燃油出租车经营年限于2015年以后到期，分别提前1年、2年、3年、4年更新为电动出租车的，更新车辆数按照同产权1:1比例置换，另外分别给予置换数15%、20%、25%、30%的纯电动出租车指标奖励

二、我国电动出租车商业模式分析

由于产品技术性能以及各地实际情况有所不同，我国电动出租车在实际推广应用中存在多种不同的商业模式，不同的商业模式对出租车公司的盈利情况也会产生不同的影响。下文从电动出租车运营主体、运营班制、能量补给等角度去分析电动出租车的商业模式。

1. 按运营主体划分——增购与新设模式

与传统出租车相比，电动出租车为新兴事物，因此在当前电动出租车推广过程中，根据运营主体的差异，存在传统出租车公司增购新能源出租车与新成立新能源出租车公司两种形式。

(1) 传统出租车公司增购新能源出租车

传统出租车公司增购新能源汽车模式

在各地新能源汽车推广应用的过程中，一些传统出租车公司增购少量电动汽车，与传统业务并行开展电动出租车的运营。传统出租车公司购买电动汽车作为出租车，模式简单，政府和整车企业均不会直接参与运营，政府只负责发放牌照或给予一定的优惠政策，整车企业与出租车公司也只是简单的销售关系。

这一模式的优势在于不改变原有管理结构，出租车公司拥有完善的传统出租车运营模式和丰富的经验，能够较快投入运作，也不会受到政府的过多干预。劣势则在于当地出租车行业往往多家公司同时申请电动车指标，导致每一家出租车企业购买电动车不多，运营规模小，对厂家的议价能力弱。另外，在这一模式下，整车厂对车辆的技术服务支持力度相对较弱，除非电动汽车产品本身过硬、经受过高负荷运营检验且配套服务完善，否则出租车公司极少有信心采用这一模式。

目前已有的传统出租车公司运营电动出租车大多是为了完成推广任务，或是在整车企业的大力推进下进行采购，实际运营的主动性和积极性不高，多属试运营性质。典型代表有西安、成都、大连、海口、合肥、昆明等地。

案例：西安出租车公司

2015年6月，西安市开始试点运营电动出租车，当地政府提供300个电动出租车运营指标，目前共有300辆比亚迪E6电动出租车投入运营，其中西汽总公司中标90辆，其他7家出租车公司各中标30辆。出租车公司从当地4S店购买车辆和充电桩，在自有场地上建设充电桩，车桩比2:1，并通过比亚迪当地的4S店解决车辆相关技术问题。

目前西安电动出租车仍然属于试运行时期，具体盈利情况尚不明朗。但电动出租车运营在能耗方面的经济性已经体现，一辆比亚迪E6充满电大约需要60元，实际续驶250km左右。普通的比亚迪F3出租车一满罐气50元，能运行150km左右。电动出租车运行100km花费约24元，比当地燃气出租车运行100km节省10元左右。

(2) 新成立新能源出租车公司

事实上，大多数传统出租车公司对于开展电动出租车运营业务仍心存顾虑。目前电动出租车的续驶里程、购买价格、稳定性、维修便利性、电池寿命等与传统出租车相比还有很大差距，充电也不如加油、加气方便，能否盈利是出租车公司最为担心的问题。因此，为了进行电动出租车推广而新设立专门的新能源出租车公司，是很多地方的选择。在实际运作中，存在政府主导新设和行业主导新设这两种主要类型。

1) 政府主导成立新能源出租车公司。政府主导成立的新能源出租车公司主要由政府国有资本注资控股，提供土地和财政补贴、出租牌照，协调基础设施建设并决定运营模式；整车厂提供整车（含电池）、维修保养、技术支持；电网公司提供充电设施、场站建设、电力服务；电动出租车公司负责驾驶人招聘、培训、车辆运营和管理。主要代表城市有北京、广州、南京。

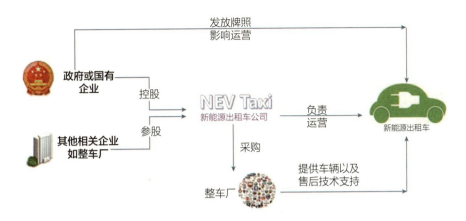

新增新能源出租车模式

政府主导成立的新能源出租车公司能获得政府的全面支持，在审批、牌照、土地上会有一定的优惠，具有完成电动出租车推广任务快的优点。但政府也会对出租车公司运营进行行政干预，存在市场化水平低的劣势，不利于电动出租车的持续推广。

案例：北京兴亦兴区域电动小客车出租有限公司

北京兴亦兴区域电动小客车出租有限公司是一家国有控股的电动出租车运营公司，于2012年成立，其中大兴宾馆代表北京市大兴区国资委方面占股50%，国家电网参股15%，北汽新能源参股5%，大兴区两家民营的客运公司分别参股15%。

在实际运营中，两家民营客运公司提供客运市场先进的管理模式；国家电网负责充电基础设施建设、充电桩维护修理，但并不参与电动出租车企业的管理运营，其中曾出现过电网负责建设的充电桩没有跟上的情况；北汽新能源提供整车、维修保养，并收取电池租赁费用；北京兴亦兴区域电动小客车出租有限公司负责出租车驾驶人培训、日常运营管理。

公司先期投入100辆北汽E150EV进行运营，后期又购入100辆E150EV。现阶段公司并未实现盈利，亏损部分依靠政府财政补贴。公司也正在探索运营中的问题，预计发展到 400～500 辆规模时可以达到盈亏平衡。

2）行业主导成立新能源出租车公司。目前，有部分产业链上下游企业，特别是整车企业在积极促进电动汽车的推广，电动出租车也是其中一个切入点，因此由整车企业以及行业相关上下游企业共同成立的电动出租车公司即应运而生。其中整车企业提供整车（含电池）、维修保养、技术支持；电网企业提供充电设施、场站建设、电力服务；电动出租车公司负责出租车驾驶人招聘培训、车辆运营和管理；而政府则起到提供出租牌照、财政补贴和融资便利的作用。在电动出租车的运营中由市场主体起决定作用，代表城市有深圳、杭州、韶关，其中以深圳鹏程公司最为典型。

整车厂等行业企业主导的新能源出租车模式

受到企业战略、盈利目标等的影响，行业上下游共同成立新能源出租车公司具有市场化程度高、行业内部各方面协作程度强的优势，参与企业的积极性也被充分调动，运营效果也比较良好，深圳鹏程电动出租车公司已经实现了盈利。劣势在于与其他相关主体（政府、电网等）协调难度增加，同时缺乏传统出租车公司的加盟，缺乏行业经验，需要更多的时间去探索电动出租车的运行模式，耗费整车企业大量的时间、精力和财力。

案例1：深圳鹏程电动出租车公司

深圳鹏程电动出租车公司于 2010 年成立，由比亚迪主导成立，其中比亚迪汽车销售公司股权占比 45%，深圳巴士集团股权占比 55%。由国家电网、普天、力能、比亚迪等多家单位共同实现充电站建设运营和维护，现有850辆比亚迪E6电动出租车。

其中比亚迪派技术员和维修人员驻场，建设部分充电设施并负责运营维护，以购车延期付款方式向鹏程公司提供资金协助。深圳巴士集团负责抽调下属出租车公司人员直接参与鹏程电动的日常运营，同时为充电设施用地提供协助（深圳福田交通枢纽）。

深圳鹏程电动出租车公司很早就扭亏为盈，从最初的亏损700万元到年盈利千万元以上，2014年每车收取的净份钱（剔除驾驶人工资及电费补贴）高达每月1万元。

案例2：杭州西湖新能源汽车运营公司

杭州西湖新能源汽车运营公司也是市场导向型的新设电动出租车公司，由比亚迪汽车工业有限公司和西湖新能源投资有限公司等四个股东于2014年共同出资建立。其中比亚迪出资1450万元，占西湖新能源汽车运营公司股权29%；西湖电子集团出资1550万元，占西湖新能源汽车运营公司股权31%；其他两方投资人各占20%的股份。

比亚迪为杭州西湖新能源汽车运营公司提供车辆，派技术员驻场、解决发生的技术问题，并指定一家比亚迪4S店提供维修保养服务，同时参与管理，派人员出任西湖新能源公司总经理。西湖电子集团旗下两家子公司——西湖电子投资公司和西湖电子科技公司，其中投资公司直接参股杭州西湖新能源汽车运营公司，科技公司提供充电设备及建设运营，并且利用西湖电子自有土地为出租车公司建设充电基础设施。

目前杭州西湖新能源汽车运营公司共有比亚迪E6电动出租车60辆，由于驾驶人份钱定得偏低，投入运营一年多时间尚处于亏损状态。

2. 按运营班制划分——单班与双班模式

目前，传统出租车一般均为双班运营，少数城市单班运营。但电动出租车由于受产品续驶里程等多方面因素的影响，运营班制以单班为主，如北京、杭州、南京、武汉等地；少数车型（比如比亚迪 E6）可以满足双班运营，例如深圳和西安。

电动出租车运营班制

运营班制	城　　市
双班	深圳、西安
单班	北京、杭州、南京、武汉

注：西安新能源出租公司将车辆承包给个人，由承包人自行决定班制，单双班都存在。

（1）单班运营模式

目前大部分电动出租车实行单班制，即一车一人。经调研，原因主要有三点：续驶里程限制、城区面积小、驾驶人招聘有难度。

1）续驶里程限制。目前大多数电动出租车理论续驶里程在 150～200km，加之电池衰减、开空调等因素的影响，实际续驶里程要更短。一天充两次电（中午快充、晚上慢充）能够满足一般的单班运营需要，但是无法实现满负荷双班运营。以北京市大兴区北汽 E150EV 电动出租车为例，单程续驶 50km 左右，很多去机场等地方的"大活"没有办法接，限于电动汽车产品续驶里程的原因，以单班运营为主。

2）城区面积小。部分城市由于城区面积原因，单班运行已经达到要求。比如南京，由于城区面积小，原有出租车公司燃油车的运营就是单班制，虽然引入了可以双班运营的比亚迪 E6 电动车，但电动出租车的运营仍然是单班制。

3）电动出租车驾驶人招聘有难度。当前，不少出租车驾驶人对电动出租车的行驶和运营心存顾虑，同时在专车的冲击下出租车驾驶人的收入下滑，整个出租行业的驾驶人也在大量流失。在调研中发现，部分电动出租车公司存在招不满双班出租车驾驶人的情况，有 100 辆电动出租车，但只有 100 个驾驶人，只能实现单班运营。

从公司运营情况看，单班运营的电动出租车公司往往无法实现盈利。以北京为例，北京各区县电动出租车均为白天单班运营。公司的运营收入主要为驾驶人上交的份钱，按北京近郊区县的标准为 3500 元/月/车；运营成本主要为车辆折旧费、驾驶人工资和车辆保险费，再加上管理成本、财务成本、场地费用等其他费用，以所调研公司为例，运营成本为7283元/月/车，也即每月每车亏损3783元。而对比单班的传统出租车公司，电动出租车所收份钱较低，传统出租车达到5175元/月/车；运营成本中虽然比传统出租车减少了燃料补贴和维修保养费用，但其车辆折旧费、驾驶人工资、车辆保险、管理费用、场地费用等均高于传统出租车。

北京电动出租车公司运营情况[单位：元/（月/车）]

项目	电动出租公司（单班）	传统出租公司（单班）
运营收入	3500	5175
运营成本	7283	4920
运营收益	-3783	255

注：运营收入主要指驾驶人份钱；运营成本包括车辆折旧费、驾驶人工资、车辆保险、出租牌照、常规保养、管理费用、财务费用、场地费用等一系列费用与支出。

从驾驶人角度分析，以北京所调研的单班电动出租车公司为例，电动出租车驾驶人每月上交份钱和花费的能量补给费用（电费）远低于传统出租车驾驶人，且没有维修保养费用，因此每月总支出比传统出租车驾驶人要少近8000元。从收入情况来看，电动出租车驾驶人工资高于传统出租车驾驶人，但受到乘客上座率、充电时间、续驶里程等因素的影响，每月的基本运营收入要少7000元左右，同时也减少了每月2500元左右的燃油附加费和燃油补贴收入。综合来看，单班运营的电动出租车驾驶人的月净收入比传统出租车驾驶人少近1000元。

北京单班出租车驾驶人收入对比（单位：元/月）

项目	电动出租驾驶人（郊区）	传统出租驾驶人
支出	4250	12175
收入	11200	19975
驾驶人净收入	6950	7800

注：支出主要包括上交份钱、燃料费用、车辆维修保养等；收入主要包括基本运营收入、工资、燃油附加费、燃油补贴收入等。

⊖ SIC 调研。

(2) 双班运营模式

目前少数续驶里程长的车型（如比亚迪 E6）可以实现双班运营，即一车两人，日均运营里程 400～500km，与传统出租车运营模式基本一致，以深圳鹏程电动出租车公司为典型。

电动出租车运营经济性要强于燃油出租车，所以可续驶里程越长、营运时间越长，就越能够体现电动出租车的经济性。深圳双班制电动出租车公司不仅实现了盈利，而且盈利能力超过传统的双班制出租车公司。驾驶人份钱是公司的收入来源，因此高份钱是深圳出租车公司盈利的核心保障，22216 元/（月·车）的份钱几乎是传统双班出租车的两倍。收取高份钱的目的是为了抵消较高的运营成本。深圳电动出租车公司每月给驾驶人的工资为 8000 元（1 车 2 人），是传统出租车的 2 倍；同时每月每车赠送 3500kW·h 电，约合 4200 元；另外车辆折旧费、车辆保险费、管理费用、场地费用等均高于传统出租车；但比传统出租车少了每月近 3000 元的常规保养费和出租车牌照费用。综合计算，电动出租车公司每月每车收益达到 3670 元，远高于传统出租车的 1943 元。

深圳电动出租车公司运营情况　　　（单位：元/月）

项目	电动出租公司（双班）	传统出租公司（双班）
运营收入	22216	11743
运营成本	18546	9800
运营收益	3670	1943

注：运营收入主要指驾驶人份钱；运营成本包括车辆折旧费、驾驶人工资、车辆保险、出租牌照、常规保养、管理费用、财务费用、场地费用等一系列费用与支出。

从驾驶人角度分析，深圳电动出租车驾驶人的基本运营收入虽然仍少于传统出租车，但是已经相差不多，每月少 1000 元左右；另外工资收入是传统出租车驾驶人的两倍，同时减少了每月 6800 元左右的燃料费和维修保养费。与传统出租车驾驶人相比少收入的是每月 2350 元左右的燃油附加费和燃油补贴费用，同时份钱也高于传统出租车驾驶人。综合来看，深圳双班运营的电动出租车驾驶人的月净收入与传统出租车驾驶人差不多,甚至略高。

深圳双班出租车驾驶人收入对比　　　　　（单位:元/月）

项目	电动出租驾驶人	传统出租驾驶人
支出	11108	12671
收入	19000	20350
驾驶人净收入	7892	7679

注：支出主要包括上交份钱、燃料费用、车辆维修保养等；收入主要包括基本运营收入、工资、燃油附加费、燃油补贴收入等。

(3) 单班制与双班制比较

电动出租车成本比传统出租车成本主要高在三处:高车价导致的高折旧费;由车价原值计算的保险费;为稳定驾驶人队伍提供的五险一金。电动出租车比传统出租车成本主要低在三处:运营时的油电差价;维修保养费用低;牌照上的优惠。可以看出电动出租车可运营时间越长,电动出租车的运营经济性就越显著,所以应当尽量双班运营,单班难以保证盈利。另外,电动出租车的续驶里程和充电时间也影响乘客上座率,进而影响驾驶人的基本运营收入,也决定了公司收取驾驶人份钱的高低,最终影响公司的盈利情况。

目前实现双班运营的深圳电动出租车日运行里程在350~400km,公司已经实现盈利,而单班运营的北京、杭州等都没有实现盈利。

北京、深圳电动出租车营运情况对比

项目	北 京	深 圳
驾驶人班制	单班	双班
驾驶人份钱/（元/人）	3500	11108
驾驶人工资/（元/人）	2200	4000
充电方式	慢充为主,快充为辅	快充
充换电次数/（次/班）	2~3	1~2
电费补贴	无	3500kW·h/（月·车）
运营区域	郊区县	市区

(续)

项目	北　京	深　圳
日均运营里程/km	100～150	350～400
新能源/传统出租车运价/元	起步价：8/13 车公里租价：2/2.3 燃油附加费：0/1	起步价：10/10 车公里租价：2/2.3 燃油附加费：0/3

注：1. 北京近郊区县份钱约在3500元，远郊区县如延庆约为1500元。
　　2. 北京通州新能源出租车起步价为10元。

3. 按能量补给方式划分——充电与换电模式

现有电动出租车有两种能量补给方式：一种为充电模式，比如深圳。具有整车生产资质的比亚迪公司将电池与裸车整合，直接向用户（深圳鹏程电动出租车公司）销售整车；充电设施运营商中国普天公司投资建设以快速充电为主营业务的充电站、经由南方电网购买电力，提供充电服务。另一种为换电模式，比如杭州、重庆，用户（新能源出租车公司）需要向整车企业购买电动汽车裸车，再向国家电网旗下新能源公司（运营商）租赁电池，并在使用中按里程交纳租赁费，而运营商通过向专业生产厂商统一购买电池，进行集中维护管理。

（1）充电模式

目前电动出租车行业普遍采取充电模式，包括快充和慢充，其中快充充满在1～2h，慢充充满需要6～8h。对出租车而言，即使是快充，每天2h的充电时间也明显削弱了其盈利能力。如果能够在保证电池寿命的前提下进行10～15min的快速充电，将一天充电时间缩小到1h左右，则与目前的燃油车加油休息时间相当。

案例1：深圳鹏程电动出租车公司

深圳鹏程电动出租车公司的电动出租车为双班制运营，采取"主充电＋补充电"的快充方式。其中每日安排主充电两次，下午一次，凌晨一次，时间在2h左右，驾驶人根据自己的运营时间，避开运营高峰期；补充电则没有统一时间安排，基于驾驶人自己的行程安排，一般为30~40min。

案例2：北京通州新通慧捷电动出租车公司

北京新通慧捷电动出租车公司为单班制运营，采取夜间慢充方式，要求5时可以在场站提车出车，23时之前必须回场站充电，白天其他时间可以由驾驶人自由灵活掌握充电方式。

(2) 换电模式

由于技术标准、权责划分、利益与话语权等因素影响，之前以国家电网为主体的换电模式一直没有得到汽车厂商的全力支持。

但相比较现在普及的充电模式，换电模式具有换电时间短、利用谷电价格集中充电成本低等优点。特别是换电时间短（3~5min）的优势，更加适合于对运营时间敏感的出租车行业。目前浙江杭州、河南新乡均有换电式出租车运营；北汽新能源也正在与中石化合作，在北京建设换电站，并将提供专用出租车型，计划以换电模式实现北京电动出租车的双班运营，提高单车运营效率和出租车公司的效益。

案例：河南新乡电动出租车运营公司

河南新乡电动出租车运营公司于2011年开始试运营，由新乡市新能电动汽车有限公司和电池生产企业环宇集团等合资组建。其中新能电动车公司提供换电式电动汽车；国家电网建设换电站，提供充换电网络；中石化和环宇集团负责提供电池；河南新乡市政府提供土地、财政补贴、运营权补贴等扶持政策。

新乡电动出租车公司运营菱悦V3换电式出租车，目前实现200辆的规模。车辆理论续驶里程180km，可以单班运行。换电过程通过全自动底盘换电系统完成，自动定位、自动换电、解锁/锁紧、自动储运，电池箱更换时间为3~5min，方便快捷。新乡拥有1个换电中心站以及2个移动换电车，可以满足200辆电动出租车换电要求。其中移动换电车更是集电池储运、充电、自动换电于一体，投资少、周期短、不受场地限制。

新乡电动出租车采取车-电分离模式，裸车价约13万元，对电池采取租赁方式，一次电池租赁费用40元。而电池的提供、维护、网络建设均由电池运营商（中石化＋国家电网＋环宇集团）提供，每辆车配备2块电池。一次换电可以实际行驶140km，付费40元，是同类燃油车费用的三分之二。据电动出租车驾驶人反馈，按照公司要求，每天工作8h，但却能比开燃油车的驾驶人多挣50元左右。

三、电动出租车发展面临的问题

目前电动出租车可持续运营面临的最大挑战是如何盈利，现有大多数电动出租车公司均处于亏损状态，究其原因主要由电动出租车的经济性、续驶里程和充电设施三个因素导致。

1. 电动出租车经济性问题

出租车行业对成本非常敏感，如果电动出租车经济效益不突出，大规模市场化难度很大。比亚迪E6出租车补贴后约21万元，北汽E150EV补贴后14.98万元（北京各区县电动出租车公司刚成立时的购买价格）。而目前燃油出租车平均售价7~9万元，差价非常巨大，如果只考虑电动出租车运营的经济性，那么使用电动车需要多年才能收回成本。如果生产制造成本没有大幅下降，电动汽车的高车价将成为制约电动出租车大规模市场化的障碍之一。

如果未来CNG价格持续下降，则电动车的经济性优势将进一步降低。以2015年10月为时间节点，92号汽油6元/L，CNG 4.5元/m^3，电1元/（kW·h）。按电动出租车百公里油耗7L/CNG 8m^3/耗电22kW·h计算，使用汽油、

CNG 和电的出租车每公里的燃料费用分别为 0.42 元、0.36 元和 0.22 元。按照出租车日均行驶 400km 计算，三类出租车年行驶成本（仅指燃料费用）分别为 6.1 万元、5.3 万元和 3.2 万元。若将汽油出租车和 CNG 出租车更换为电动出租车，且按 5 年报废更新计算，则使用电动汽车 5 年可分别替汽油出租车和 CNG 出租车节省 14.5 万元和 10.5 万元。按汽油/CNG 出租车 9 万元、E6 电动出租车 21 万元购置成本计算，相比汽油出租车和 CNG 出租车，使用电动出租车 5 年时间的燃料和车价综合经济效益分别为 2.5 万元和 -1.5 万元。再进一步，假设未来 92 号汽油价格下降到 5 元/L，CNG 价格下降到 3.5 元/m^3，则电动出租车的经济性将不复存在。

出租车汽油、CNG、电动运行的经济性

项目	92 汽油		CNG		电
时间点	2015 年 10 月	未来	2015 年 10 月	未来	2015 年 10 月
燃料单价	6 元/L	5 元/L	4.5 元/m^3	3.5 元/m^3	1 元/（kW·h）
100km 燃料消耗	7L		8m^3		22kW·h（E6）
每公里燃料费	0.42 元	0.35 元	0.36 元	0.28 元	0.22 元
日均里程	400km				
年行驶成本	6.1 万元	5.1 万元	5.3 万元	4.1 万元	3.2 万元
电动汽车 5 年成本节约	14.5 万元	9.5 万元	10.5 万元	4.5 万元	—

2. 电动出租车续驶里程问题

目前城市出租车平均日运行里程为单班 250km 左右，双班 400~500km，而目前使用的电动车型除比亚迪 E6 以外，北汽 E150EV、江淮和悦 iEV4 等电动车的理论续驶里程都在 150km 左右，再加上一旦电池衰减或夏季空调冬季暖风耗电后，续驶里程下降，难以保证单班满负荷运行和双班运行，需要电池技术水平，尤其是能量密度进一步提高。

续驶里程决定了出租车运营区域。在实地调研中发现，北京市大兴区电动出租车（E150EV）最远单程约为 50km，定位为区域运营出租车，无法跨区运营，以拉短活为主，据统计 5km 以内的活占到所有运营单数的 90% 左右。

深圳和北京电动出租车续驶里程情况

城市	车型	续驶里程	运营区域
深圳	比亚迪 E6	250km	深圳市范围，无法跨市
北京	E150EV	150km	北京区县范围，不能跨区

为满足出租车运营条件，电动出租车需要具备长续驶里程的特点，目前比亚迪 E6 已经树立了行业标杆，首代产品理论续驶里程 300km，新款 E6 理论续驶里程达到 400km，可基本满足出租车需求。

3. 电动出租车充电基础设施问题

目前电动出租车充电基础设施仍以慢充桩为主，快充桩数量不足。以北京为例，2014 年北京市电动出租车与充电桩数量比例达到 1:1，但其中电动出租车与快充桩的比例是 8:1，中午休息时间总会出现电动出租车扎堆排队充电的现象，例如俸伯地铁站 P + R 停车场的充电站，10 个快充桩前经常排满了电动出租车；北京机场充电站也在中午休息时分出现电动出租车排队充电的现象；与此同时，电动出租车和电动私家车也容易发生争抢快充桩的冲突。

由于充电桩的建设涉及多部门、多主体的协调配合，以及土地、场站、电力线路、充电设备等配套到位，建设难度比较大。充电基础设施本应建设于交通主干道车流大、往来频次高的地方，或是商场、酒店、机场、火车站等人流密集、用车需求大的公共场所，但相应的土地成本也比较高。现有的充电基础设施受电动车尚未普及、建设成本高、收益低、技术水平等条件限制，多在地段偏僻、土地成本低的地方，以平铺方式安装充电桩，单位经济效益差，难以广泛布局。

在实地调研中发现，电动出租车充电基础设施除数量少、布局有待完善等问题外，还存在如下问题：充电桩自身质量问题，出现无法充电、故障率高的现象。充电桩故障修理问题，充电桩使用者（电动出租车公司）与充电桩建设者（如国家电网）并不是一个单位，一旦出现技术故障难以协调。

四、电动出租车未来发展的建议

1. 进一步提高电动出租车产品的技术性能

为满足出租车运营需求,电动出租车需要具备续驶里程长、可快充、车价适中、高负荷运营下的可靠性等特点。未来加入电动出租车行列的车型能够满足出租车行业的要求,将是电动出租车大规模推广的基础。

(1) 提升续驶里程

电动出租车的续驶里程直接关系到驾驶人收入和出租车公司的经济效益。经过分析测算,认为电动出租车续驶里程超过300km是电动出租车盈利的前提基础;其中续驶里程在400km左右、车价在19万元以下,以及续驶里程在300km左右、车价在15万元以下的电动出租车具备成本优势,有条件进行大规模推广。

《中国制造2025》中提出到2020年,我国单体锂电池能量密度目标为300W·h/kg,成本下降至1元/W·h;到2025年,单体锂电池能量密度目标为400W·h/kg,成本下降至0.8元/W·h。届时电动出租车平均价格下降30%~50%,同时续驶能力提高到400km以上,可以满足电动出租车盈利要求,具备大规模市场化推广条件。而在目前技术水平没有达到期望的现有条件下,专门为出租车设计生产电动汽车产品,以多装电池的方法解决现有问题,是当前行之有效的一种解决方案,比亚迪E6出租车已经起到了很好的示范效果。

(2) 充电时间

由于目前电动汽车产品续驶里程短,若应用于出租车领域,其单日充电次数势必会增加。此时,单次的充电时间就显得格外重要。传统燃油出租车一般每天加油一次,包括空驶、排队、加注在内的总加油时间也很短。而电动出租车目前大多采取慢充方式,只能单班运营,每天慢充需要6~8h,白天补电还需要1~2h;少数采用快充的电动出租车每天全部充电时间也至少需要

3h。调研中发现,如果能30min快充80%~90%电量,正好够驾驶人吃饭休息而又不耽误正常运营。在目前技术水平没有达到理想状态的条件下,至少应普及快充方式,尽量缩短现有充电时间。

2. 合理规划充电基础设施建设

目前可供电动出租车用的充电桩数量不足,尤其是缺乏快充桩。经调研和测算,电动出租车与相应快充桩比例至少应达到3:1,电动出租车才可以利用运营空闲时间充电而不会耽误运营高峰。

除了增加充电桩数量,特别是快充桩数量之外,在充电桩布局方面也可以探索如下方式:利用公共设施建桩,主要利用政府机关、事业单位等办公楼,以及停车场等可用场地建设公共充电桩;利用路边停车位建桩;利用路灯建桩;集约化建设充电基础设施,如比亚迪在总部建设充电塔和充电站,充电管理集中化,提高充电设施的经济效益。

3. 适当发展换电模式

在出租车领域中,换电模式具有独特的优势:一是时间短,换电只需要3~5min,与燃油车加油时间相当,这是充电无法达到的速度。二是车型同质化,目前各城市推广电动出租车多采用地产车型,即一个地区的电动出租车型高度集中,基本为一个厂家的产品,如北京的北汽E150EV、深圳的比亚迪E6、合肥的江淮和悦等,在得到整车厂协助下的换电站针对相对单一车型可以解决技术标准问题。三是在公共交通领域推广换电模式不涉及私人购买时的财产所有权问题,特别是如果整车厂商主导成立电动出租车公司就更不涉及这一问题。四是可以与中石油、中石化等企业合作,利用现有加油站的场地资源建设换电站,解决土地问题。

目前,重庆力帆建设的能源站可以实现3min换电;北汽新能源与中石化合作,利用加油站场地资源建设换电站,推广换电模式的电动出租车。在应对电动出租车等规制统一的车型时,换电模式未尝没有可取之处。

4. 积极应对"互联网+"带来的出租车行业变革

受续驶里程的限制，加之缺乏互联网信息化平台，电动出租车里程焦虑现象非常突出。经调研，北京地区电动出租车驾驶人早上满电运营 3~4h 就要回出租车充电场站充电；深圳、武汉等地比亚迪 E6 出租车在电量剩余 30% 左右就需要充电，被客户投诉拒载情况时有发生。除去充电桩分布不足外，缺乏信息平台也是一大主因。电动出租车如能实现智能化、网联化，通过手机客户端便捷了解附近充电站点的情况，则能有效提高充电桩利用率，缓解充电高峰期时的拥堵排队现象以及驾驶人的里程焦虑。

5. 鼓励电动出租车商业模式创新

不同于传统车，现阶段电动乘用车成本较高，因此城市电动出租车租赁运营模式将逐渐发展起来，以进一步降低城市电动出租车运营公司的风险和初期投入，也使得汽车租赁行业有了新的发展方向。不同的运营商将各自的产品进行细化、专业化，随之产品的质量就有了质的提升，甚至实现了 1+1>2 的商业目标。

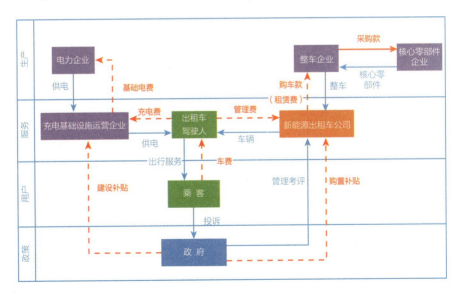

当前出租车商业模式

传统出租车公司购买车辆，交由驾驶人运行。当前，几乎所有的电动出租车都是此模式。但考虑到电动乘用车价格较高、维护技术要求较高、充电基础设施的专业性较强等因素，可以考虑采用融资租赁的方式，由融资租赁公司购车租赁给电动出租车公司运营，收取车辆租赁费用。或者也可以采取车电分离，整车购买、电池租赁的方式，转移电池的成本压力。

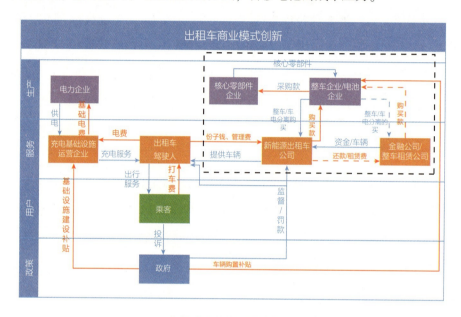

电动出租车融资租赁模式

第六章 电动物流车商业模式

一、电动物流车应用推广情况

1. 政策助力物流电动化

从国家层面来看,2014年10月,国务院正式发布《物流业发展中长期规划(2014—2020年)》,规划明确鼓励从环境及资源角度出发,大力发展绿色物流。2015年3月,交通运输部颁布《关于加快推进新能源汽车在交通运输行业推广应用的实施意见》,明确提出2020年新能源城市物流配送车辆和出租车总共达到10万辆的发展目标。最新的补贴政策显示,新能源货车和专用车以提供驱动动力的动力电池总储电量为依据,采取分段超额累退方式给予补贴。

新能源货车和专用车中央补贴标准

补贴标准/[元/(kW·h)]			中央财政单车补贴上限/万元	地方财政单车补贴上限
30(含)kW·h以下部分	30~50(含)kW·h部分	50kW·h以上部分		
1500	1200	1000	15	不超过中央财政单车补贴额的50%

但是,在《关于调整新能源汽车推广应用财政补贴政策的通知》中提出,"非个人用户购买的新能源汽车申请补贴,累计行驶里程须达到3万km

(作业类专用车除外)"。电动物流车运营企业只有满足 3 万 km 的运营要求，才能申领国家财政补贴，这使得电动物流运营企业承受了较大的营运和资金压力。

从地方层面来看，地方政府也根据国家补贴标准和地方财政实力，给予电动物流车以地方财政补贴，以加快推动物流领域电动汽车的推广和普及。如北京、深圳、上海、天津等城市的新能源物流车补贴标准按照国家补贴的 0.5 倍执行。重庆市电动物流车补贴标准为 30kW·h 以下按补助 450 元/kW·h，30~50kW·h 补助 360 元/(kW·h)；最高补贴不超过 1.5 万元/辆。南京市电动物流车补贴标准为 30kW·h 以下按补助 400 元/(kW·h)，30~50kW·h 补助 300 元/(kW·h)，50kW·h 补助 200 元/(kW·h)；最高补贴不超过 3 万元/辆。

2. 部分地区对电动物流车开放路权

因为一线城市对燃油货车的限行、限制进城非常严格，不少中心城区路段甚至全天限行，这对于追求速度和效率的城市配送、快递等都是致命的，这种情况下，如果继续对电动物流车采取同样的路权控制措施，则纯电动物流车的优势便无法凸显出来。路权是影响电动物流车推广的主要因素之一，目前国内对于电动物流车的路权限制正在逐步放开。2017 年 9 月，交通运输部、公安部、财政部等 14 个部门联合印发了《促进道路货运行业健康稳定发展行动计划（2017—2020 年)》的通知，明确表示，加强城市配送车辆技术管理，对于符合标准的新能源配送车辆给予通行便利。

现在国内部分城市和地区也在逐步对电动物流车开放路权，以加快电动汽车在物流领域的推广应用。如深圳、重庆、上海、天津、成都、郑州、西安等城市，都对电动物流车开辟了绿色通道，电动物流车不再受限时限行政策的限制。路权的开放对于加快电动物流车市场的爆发具有重要意义。

部分省市电动物流车路权开放情况

序号	省市	政策要点
1	北京	在用车环节，积极研究差异化停车费、电动物流车优先配置货车通行证等政策
2	上海	根据上海《关于支持本市新能源货运车推广应用的通知》，市公安交管部门在现有交通管理规定和框架下，给予纯电动货运车通行便利。本市先期向纯电动货运车发放3000张《货运汽车通行证》，纯电动货运车可凭《货运汽车通行证》在市区内通行，但不得在设有"禁止货运车通行"禁令标志的道路（含高架道路）行驶
3	深圳	根据《关于对新能源纯电动物流车继续实施通行优惠政策的通告》，规定已完成电子备案登记，接受监管的纯电动轻、微型货车（包含轻型厢式货车和轻型封闭式货车），除周一至周五7时30分至21时禁止通行深南大道（深南/沿河立交至香梅路段）外，允许在深圳市其余道路行驶
4	天津	《天津市公安局关于继续实施机动车尾号限行管理措施的通告》，自2016年1月1日起，本市核发号牌的纯电动轻型、微型厢式货运机动车和纯电动轻型、微型封闭式货运机动车不受外环线以内道路每日7时至22时货运机动车限行措施限制，不受外环线上每日7时至19时货运机动车限行措施限制
5	西安	陕西省《关于加快新能源汽车推广应用的实施意见》提到，对从事城市配送的新能源物流车和环卫车给予通行便利
6	武汉	武汉市公安局交通管理局发布《关于加强新能源汽车通行管理措施的通告》，新规于2016年6月1日施行。新能源蓝牌小型载货汽车除长江大桥、江汉一桥、长江隧道、因施工禁止货车通行的路段等道路、汉正街地区等重点区域外，可以在全市通行。早晚高峰也不限行
7	合肥	电动物流用车可在城区地面道路行驶，1.5t以下从事公共服务、应急抢险等特殊行业的电动物流车可在高架道路、立交桥上行驶。市公安交警部门应依据电动物流车车辆种类及使用性质发放市区禁行线路通行证
8	重庆	按照《重庆市人民政府办公厅关于加快新能源汽车推广应用的实施意见》规定，在本市购买、上牌的新能源汽车，至2020年12月31日前免缴路桥通行年费。在主城区范围，设计总质量不超过2.5t的新能源货车（含专用车）给予通行便利

(续)

序号	省市	政策要点
9	成都	《关于成都市支持新能源汽车推广应用的若干政策的通知》指出，新能源汽车在本市域内出行不受尾号限行限制；3 年内逐步取消燃油货运车辆入城证发放（除认定的特种货运车辆外），纯电动城市物流配送车入城不受限
10	郑州	郑州市对纯电动物流配送、邮政快递和环卫等车辆，允许其在市区全天候、全路段通行，对新能源汽车在公共的专用停车位充电，免收停车费

3. 电动物流车产量增长较快

城市电动物流车在 2015 年开始成为一个关注的热点领域。据统计，2015 年 1—12 月，纯电动物流车推广数量达 46882 辆。特别是第四季度，销量明显提高，12 月单月产量达到了 23581 辆。但进入 2016 年以后，受到骗补稽查和推广目录延迟出台等的影响，纯电动物流车呈现出订单热、生产冷的态势，直到 11 月市场才开始放量。根据工信部合格证统计，2016 年国内纯电动专用车累计产量达到 6.11 万辆，同比增长 27%。

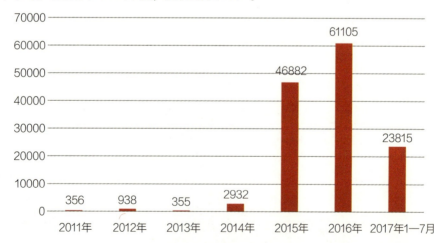

我国电动专用车产量情况㊀（单位：辆）

㊀ 中汽协、工信部。

进入2017年以来，第一季度由于市场经历了2016年底的集中式提前采购和透支，再加上今年初各个地方的新能源汽车扶持政策还未出台，因此纯电动物流车市场还处于低迷状态。从第二季度开始，纯电动物流车市场开始逐步回暖：4月，纯电动专用车产量同比上涨280%；5月，纯电动专用车产量同比增长557%，6月市场同比增长152%。7月，纯电动专用车市场产量更是同比暴增1536%。

电动物流车市场回暖的主要原因在于：一是补贴退坡政策落地；二是可享受国家财政补贴的产品增多，客户可选择的车型日益丰富；三是城市对物流配送用车的刚性需求依旧旺盛；四是部分城市开放了电动物流车路权，允许电动物流车上路运营。

4. 电动物流车生产相对集中

从不同企业的产量看，2017年1—7月，东风纯电动专用车继续保持第一，前7月累计生产5093辆，同比增长133%，市场份额为21.4%；第二名为湖北新楚风，这家企业凭借7月的优秀表现，迅速跃居行业第二，累计生产纯电动物流车4296辆，市场占有率跃升至18%；第三名为陕西通家，1—7月累计生产纯电动物流车3961辆，同比增长14046%，份额升至16.6%。东风、新楚风、通家这三家企业的市场份额与累计产量都十分接近，形成"三强鼎立"格局，但这个市场格局并不稳定。第四名重庆瑞驰是一家生产纯电动微型物流车的汽车企业，1—7月累计生产纯电动物流车1506辆，同比增长1882%，市场份额为6.3%；第五名福建新龙马累计生产1112辆，市场占有率为4.7%；第六名山西成功汽车1—7月生产1050辆，市场份额4.4%。总体来看，1—7月纯电动物流车行业前六强均为产量超千的企业，前六家企业的市场集中度高达71.46%。

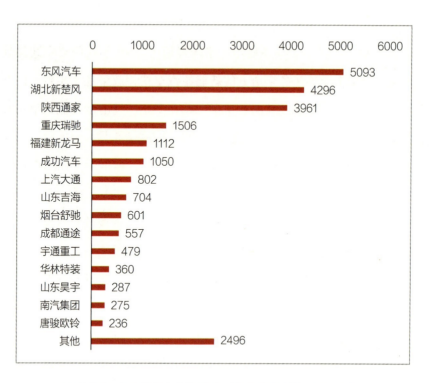

2017 年 1—7 月主要企业电动物流车产量情况[○]（单位：辆）

5. 公告企业和车型增多

从工信部公布的 2017 年第 1~9 批免征车辆购置税的新能源汽车车型目录来看，专用车企业申报数量和车型明显增多。企业方面，在第 9 批目录中申报专用车的企业有 57 家，专用车市场入局的企业越来越多，竞争将会更加激烈。车型方面，在第 9 批目录中，纯电动专用车车型为 110 款；第 1~9 批目录中专用车型累计 827 款。上述数据表明，布局专用车领域的车企越来越多，储备的公告车型也越来越丰富，新能源专用车领域已被各大车企重视。

○ 根据工信部合格证产量统计。

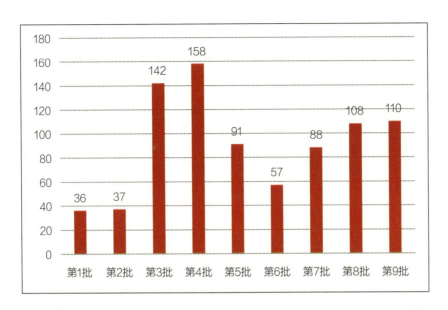

2017年第1~9批免征车辆购置税的新能源汽车车型目录中专用车车型情况⊖

6. 2017年以来纯电动物流车订单频现

2017年以来，纯电动物流车的订单频频，利好不断。2月，沃特玛与中通客车签订1.5万辆电动物流车订单。4月，新吉奥获得东风汽车1.5万辆采购订单；5月，中通与新沃运力签订31.5亿元订单，河南一微新能源汽车销售服务有限公司与江淮汽车签署5000辆新能源纯电动物流车采购协议，广通汽车采购九龙汽车26.55亿元电动物流车；6月，中植汽车签订10万辆大单，重庆鑫源与智行租赁、士继达、鸿源汽车签订了共4500辆电动物流车订单；8月1日，南京金龙签订5500辆电动物流车订单。据不完全统计，截至2017年8月，南京金龙、中植汽车、广通汽车、中通客车等十多家企业签订电动物流车订单超20万辆，采购金额超66.4亿元。车企频获订单和加速布局的背后无一不在说明，纯电动物流车行业的发展将呈井喷态势。

⊖ 崔东树. 新能源车免车购税第9批目录分析，http://mp.weixin.qq.com/s/3gi0zsBp6pIM6ygDbpiuzg。

2017 年 1—8 月国内电动物流车订单情况一览（不完全统计）

时间	签约方	订单数量/辆
1月	云南斑马/东风云汽新能源	1000
2月	沃特玛/中通客车	15000
4月	新吉奥/东风汽车	15000
4月	郑州比克/河南中航之星新能源	3000
4月	陕西通家/国泰蓝天	5000
5月	中通/新沃运力	约2000
5月	广通汽车/九龙汽车	约18000
5月	成都雅骏新能源	1000
5月	河南一微/江淮汽车	5000
6月	中植汽车/浙江军盛/城市合伙人创客	100000
6月	重庆鑫源/智行租赁/士继达/鸿源汽车	4500
6月	一微集团/骆驼集团/唐骏汽车	1500
8月	南京金龙/创宏新能源/西安创立/西安逸夫	5500
8月	江苏辰瑞/中军凯旋/陕西聚龙/唐骏汽车等	约10000
	合计	204500

此外，电商和快递巨头也开始布局电动物流车，如京东宣布未来五年将把数万辆货车全部替换成电动物流车，阿里巴巴旗下菜鸟网络的目标是打造100万辆搭载"菜鸟智慧大脑"的新能源物流车，国美、唯品会等大型电商以及顺丰等快递巨头也都开始批量采用纯电动物流车。

7. 电动物流车行业发展前景良好

众所周知，受电商平台的持续火热、快递订单量的剧增、城市物流车的需求增加、城市污染问题的倒逼以及政策的大力支持，电动物流车受到广泛关注，未来将面临广阔的市场空间和良好的发展机遇。据长江证券预测，

㈠ 根据网络公开资料整理。

2015 年电动物流车市场规模约 112 亿元，2016 年大幅增长至 200 亿元，2016—2020 年合计市场空间 2015 亿元[1]。当前国内物流车每年销售 200 万辆，而电动物流车目前渗透率仅为 1%，空间巨大。平安证券分析，未来五年国内电动物流车产销量的年复合增速有望超 50%，增量规模达百万辆，以每辆均价 20 万元计，对应直接市场规模超千亿元。

二、电动物流车用户需求调查

电动物流车辆与传统燃油车辆比较，主要优势在于环保零排放，而主要劣势是续驶里程相对较短、车价在扣除补贴后可能还要高于燃油车辆。因此，电动物流车辆最大的推广应用市场是在城市配送领域，针对这一情况，课题组在北京市选择了快递、超市配送、冷链、农产品、搬家与大件搬运等应用场所开展了调研。

物流行业车辆需求和使用情况

城市配送领域	受调研企业
快递	京东、韵达
冷链配送	沃尔玛、黑狗配送
搬家	兄弟搬家
农产品运输	新发地市场

1. 快递行业调查

近 10 年全国的快递量呈明显增长趋势，年均增长率超过 70%，成为城市配送的一个重要细分领域，顺丰、"三通一达"等多家第三方物流公司也取得快速发展。快递物流属于"多环节集散分拨"物流模式，物流过程比较复杂，

---

[1] 长江证券. 电动物流车产业链深度剖析. 2016 年 6 月 12 日。

所用车型也涵盖了轻货、微货、中卡、重卡、轻客、微客、三轮车等车型。物流环节的最初端和最终端一般由个体户承包，所用车型也就由个体户的实际情况所决定。

在北京，韵达物流的一级分拨中心设在通州，市内有150多家二级分拨点。快递员一般在二级分拨点取走快件，再配送到社区、学校、单位等最终用户所在处。一级分拨中心与二级分拨点通常使用中重型货车运输。由于北京的限行政策，每天6时至23时货车不能够进入五环以内，很多快件会在限行时间段外运送到五环外的分拨中心。在一级分拨中心和二级分拨点外，韵达设有20多个1.5级分拨中心，1.5级分拨中心与二级分拨点的货物运送，单车总质量在4.5t左右，每次快件量1000件左右。

在二级分拨点与最终用户之间的快件运输以电动三轮车为主，包括部分微型客车。电动三轮车每天运货单数100~200件，续驶里程25~35km，一块电池大约跑15~18km，由于充电时间是7h，快递员每天要配备两块备用电池，来满足一天的行驶路程。微型客车每天的运货单数是300~500件，载重1000kg，通常跑50km左右。

此外，课题组还对京东快递进行过调研。京东物流属于自营模式，物流环节主要包括仓储中心、配送中心、配送员到客户。仓储中心到配送中心的车辆以4~5t的轻型货车为主，单日里程一般在400km或以上，从配送中心到最终客户的运输工具主要是微面和电动三轮车，最大里程100km。

对城市100快递公司的调研显示，在一级分拨中心到二级分拨点，主要采用中型厢式货车，运距在50km，每天200km。二级分拨点运往用户处，或者大体积直接运送到用户，主要采用轻型货车，在10km范围内会多频次分发，载重在1.5t，综合续驶里程200km以内。目前城市100快递公司使用7辆纯电动厢式车，用户整体反映较好，使用方便、维修保养简单、费用低。

2. 冷链配送调查

冷链物流主要满足人们对新鲜食品的需求，具有较好的发展前景。项目调研了一家名为恒慧熟食的企业，主要向超市配送。一般超市提前将补货信息传达给恒慧，恒慧根据需求在北京市内分片配送，由配送员将食品直接从产地运输到该区域，并挨家进行上门配货。所用车辆为5t内的轻型货车，日均行驶里程在180km左右。

首农五环顺通物流主要为麦当劳、必胜客、超市等配送。车型主要有20~30辆8t左右中型货车，也有小部分重型货车，采取一次运送多点卸货（以一次运送为例，行驶135km，运送10个点）。该公司认为电动车要保证冷机作业，综合续驶里程在200km左右足够。

黑狗是北京市大兴区百富达物流有限责任公司下属的冷链配送品牌，其冷链商品存放在自己公司所在的仓库中，一部分货物由百富达直接运送到连锁超市或者超市的冷库中，也有一部分运送到百富达在市内的转运点，再从转运点配送到具体用户处。百富达送往自己的转运点或者零售商处，主要是5t左右的轻型货车，日里程20~300km。在末端配送环节，主要采用电动微型客车，日均120km左右。

3. 农产品市场配送调查

新发地市场是北京市最大的农产品配送市场，其物流环节主要包括城市批发市场、农贸市场和用户三个环节。

调研对象主要是水果和蔬菜批发。个体水果商贩所用微型货车的载重量0.5t左右，一般隔2~3天去批发市场进一次货，来回里程在50km左右。蔬菜商贩，主要用微型客车到批发市场采购，每天早上和下午各一次，一天的总路程不到100km。在新发地鲜活农产品场内，还有示范的纯电动物流车，每天会向位于附近丰台区、大兴区近50家便民菜店运输蔬菜。

在运往市区各菜点、超市、学校、餐厅等地时，由于北京市限行问题，而多数需要菜的地方不可能在晚上收菜，往往需要用金杯、风景等类车进行运输，属于客货混装。主要运输的距离在300km以内，一天运输点在8个左右，载重在2~4t，4.2m箱长。

4. 搬家公司调查

家居搬运行业企业较多，在北京市有近百家企业。调研选择了云鸟物流公司和迁喜搬家公司。云鸟公司是一家互联网平台公司，通过搭建的互联网平台，整合的物流车辆超过4000辆。迁喜搬家有限公司有货运车辆170辆，部分为自购车，部分属于挂靠车。迁喜公司搬家所用车辆以5~8t厢式货车为主。如果是小件，会使用9座的轻型客车。车辆平均搬运距离为40~50km，一般单日跑两趟，里程在200~300km。搬家公司大多数工作是在白天，对限行政策较为敏感。

5. 大件物流调查

日日顺物流由海尔物流转化而来，定位于打造国内大件物流配送平台。日日顺物流在为海尔集团提供物流配送的同时，也为天猫商城、淘宝、京东等客户提供物流配送。日日顺的优势是在全国建立了覆盖三四级市场的渠道分销网点，截至目前，平台拥有18000辆国内可调配的车辆资源，500万 m^2 仓储面积，3300多条物流干线，15个物流基地，42个一级配送中心，56个二级配送中心，2000个HUB库。

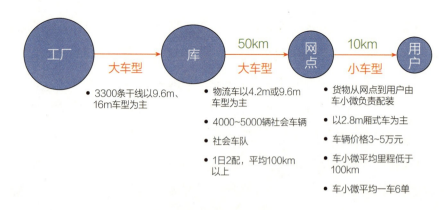

日日顺物流链条及用车

在大数据的推动下,日日顺在物流最后 1km 服务方面推出了车小微信息交互平台,积极吸引社会车辆加入成为车小微。目前车小微拥有 9 万辆物流车、18 万服务兵。日日顺以互联网思维,采取轻资产、自创业战略。平台上的所有车辆均为加盟方自有,同时,日日顺为了更好地服务于车小微车主,推出了购车平台。目前对车辆的要求主要包括有购车证明、上保险等,要求服务水平要达标。车小微车主购置的车辆价格一般为 3~5 万元。另外,结合大数据的趋势推动,日日顺物流平台已经推出了手机 APP,车小微车主可以在平台上进行抢单、收益结算等,客户可以在上边进行服务评价。订单会由平台进行整合形成标准包,订单价格按重量和距离计算。线上订单配送包括按约定时间送达、24~48h 送达、门对门快速送达三种方式。

不同物流细分行业末端物流对车辆的需求情况总结

用户群体	快递运输末端物流	生鲜冷链运输	搬家公司	农产品运输	大件运送
使用用途	快递运输、配送	生鲜运输、配送	市内搬家	蔬菜运输、配送	家电等大件运输
载重	1.5t	3~4t	3t	2~4t	2~4t
单程运距;使用频率	20km 以内;一天两趟	100km	100km 以内;一天两趟	100km 以内;一天两趟	100km 以内;一天一两趟
行驶里程	100km	200km	200km	100~200km	100~200km
长度	3.6m(4.2m、5.2m)	5.2m(4.2m)	5.2m(4.2m)	4.2m	4.2m
年均里程	3 万 km 左右	5 万 km 左右	5 万 km 左右	3 万 km 左右	3 万~5 万 km
备注	3.6m 货箱车;10km 半径内多频次分发	市内无重货运输,一次多点卸货	白天五环以内工作,对不限行政策极为需要	运输过程蔬菜需要保鲜	

三、电动物流车的盈利与前景分析

1. 微型电动专用车与燃油车成本比较分析

在此选择当前城市物流配送中应用数量较多的微型电动专用车进行分析,类似威旺307等车型。

在车价上,电动车在5.5万元左右,燃油物流车在4万元左右。假定电动车的电池寿命情况约为5年时间,燃油车6年时间。燃油车每公里的油耗成本在0.5~0.6元,而电动车能源成本约为0.1元。电动汽车在使用上没有燃油车定期保养的费用。在保险上,电动车定价基础取在政府补贴前和补贴后价格的折中水平上。

微型电动车与燃油车的成本分项比较(按日均里程150km计算)

车型	传统微客	纯电动微客	备注
原价/元	40000	163000	
购车成本/元	40000	55000	
国家及地方补贴/元	0	10800	按电量30kW·h,每度电补贴1800元,国补地补1:1计算
购置税/元	4000	0	电动汽车免购置税
净残值/元	8000	5500	燃油车按残值20%,电动车按残值10%来计算
年折旧费/元	4500	9900	燃油车使用8年,电动车使用5年
年油费/电费/元	31500	6300	每天150km,油耗按10L/100km,油价6元/L;电价按0.8元/(kW·h),15kW·h/100km;作业时间350天
年保养费/元	3500	0	一次按350km,每5000km保养1次
年保险/元	2000	5450	按车价的5%计,电动车保险取补贴前和后的中值计算
年车船使用税/元	500	0	
年平均总成本(折旧+使用成本)/元	42000	21650	

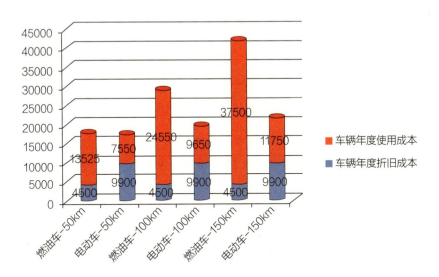

燃油微型车与电动微型车的成本比较　（单位：元）

由于油电差价，电动物流车的成本要明显低于燃油物流车，当日均里程为100km时，电动物流车的成本要比燃油物流车的成本低近万元。

燃油车与电动车的总成本分析　（单位：元）

里程	日均里程50km		日均里程100km		日均里程150km	
车型	燃油车	电动车	燃油车	电动车	燃油车	电动车
年折旧成本	4500	9900	4500	9900	4500	9900
年使用成本	13525	7550	24550	9650	37500	11750
年总成本	18025	17450	29050	19550	42000	21650

2. 电动物流车具有较好的发展前景

通过对快递、冷链、农产品、搬家、大件物流等应用场所的调研，我们发现不同物流细分行业对车辆的需求有所不同，但电动车在上述几个物流行业的城市末端配送上都有较好的应用前景。

在快递行业，城市货运的最后1km基本实现了电动三轮车的普及，快递行业更新货车非常频繁，一小部分快递集散点已经开始考虑权衡购买轻货还是电动物流车。

冷链行业在仓库到中转站、中转站到消费者手中均具有采用电动物流车的可能性。在农产品物流上，虽然大部分车主并不了解电动物流车，但这些车主对成本非常敏感。搬家公司的运输里程和成本要求，决定其部分车辆可以采用电动物流车。在家电大件物流方面，日日顺从HUB到用户的里程一般在50~100km，电动车也能够支持其配送过程。

在政策方面，国家也在大力支持电动车的发展。如在中央补贴基础上，邮政、物流、环卫等纯电动专用车补助按电池总容量计算，2015年每千瓦时补贴1800元，地方政府还有1:1补贴。在武汉等地方，允许电动物流车在白天进城。

从车辆性能看，电动车基本解决了爬坡动力不足的问题，虽然电池容量的制约使电动物流车的行驶距离受限，但电池技术进步的潜力依然很大。

如上所述，从经济性、车辆性能、政策支持等方面综合来看，电动汽车在物流领域取代传统汽车具有较好的发展前景。

燃油物流车与电动物流车的优缺点对比

项目	燃油物流车	电动物流车
经济性比较	车价相对较低 购车需缴纳购车税费 石油价格不断攀升	购车成本较高 有购车成本补贴 使用成本低
车辆性能比较	行驶里程不受限制 使用年限长 爬坡能力较强	行驶里程受电池容量约束 使用年限较短 动力容易不足
政策	排放要求较严 面临限行、限购	在购车、使用、停车、通行方面有政策优势
总结	相对电动车，在未来更适合长途大运输量运输	较适合短途小运输量运输，可在城市物流不同领域发挥重要作用

四、重庆瑞康

1. 企业概况

重庆瑞康新能源汽车有限公司是一家专业的纯电动汽车综合运营服务商。成立于 2013 年 6 月,由重庆六大快递服务公司共同出资组建而成。企业以 C2C 快递和 B2C 配送为基础,以营业门店为载体,整合上下游供应商、服务商,打造面向公众的末端物流配送及社会服务平台。

到 2015 年底,公司主要在重庆开展物流车的运营,总计运营车辆 350 辆。瑞康主营电动物流车包括 EK05 面包车和 EK05A 厢式货车,前者满电 $26kW \cdot h$,可以行驶 120km,后者续驶里程为 120~150km。

2. 价值主张和用户定位

总经理胡利勇对市场有较为清楚的认识。他认为,在重庆市,3000 户左右的社区有 1 万多个。在 2012 年一个快递公司到小区的单票为十几个,到 2015 年底快递公司的单票已经达到了 60~70 个,而摩托车的承载量也总共为 60~70 个。未来摩托车或者电动三轮车难以充分满足末端物流的需求。

而且该类车辆非常不安全,不符合国内的政策法规要求。未来配送模式发展趋势也比较明确,快递物流需求越来越大,随着菜鸟驿站的兴起,每个驿站平均每天产生的包裹量都在 500 件以上,电动物流车的承载量可以达到 300~500 件。运输工具的升级对物流公司提升运输效率具有重要的意义。

物流车辆适合采用电动车型,主要原因包括:一是充电较为方便,采取慢充的方式,如快递车辆,一天只跑一两次,晚上补电可以满足 1~2 天的使用里程需求。快递车辆在末端运输的主要里程数是 60~80km,充一次电足够他们两天的需求,没有很大的续驶里程的焦虑。二是基础设施在物流集散地、驾驶人居住场所等地方较为方便安装；末端环节物流车辆的车速要求不高，电动车虽然最高时速受到限制，但可以在物流车上使用。三是电动物流车也具有一定的成本优势。

瑞康主要目标客户包括邮政公司、快递公司、家政公司和批发市场用户等。邮政局遍布全国各地，外地邮件与货物需要集中到县市区一级邮政局统一分派到乡镇，然后再由乡镇派邮政员分给最终用户手中。邮政的网点在县市区到乡镇这一级，乡镇到各村委会一级，距离都不会太远。快递行业发展迅速，主要服务城市物流配送，需要改善的空间还相当大，因此在快递末端物流中新能源汽车还是有很大的利用空间的。家政公司分布在全国各地，几乎每个小区域都有家政公司，特别是搬家业务，载重量不大，并且路程不远，适合电动物流车。此外，一些批发市场、零售服务业等，将货物供货给超市、小卖部等零售行业，也适合电动物流车配送。

3. 价值创造和核心能力

瑞康公司采取整车租赁的模式进行运营。其汽车租赁流程如下：①业务办理；②租车资料；③资料审核与合同签订；④生产与运输；⑤车辆交接；⑥使用培训；⑦租金收取；⑧事故处理；⑨车辆回收与结算等。

制约电动物流车辆使用的主要问题是车辆尚不成熟。车辆的制动、车辆的能量显示以及充电机等方面出现过一些质量问题。为了解决好这些问题，瑞康建立了一整套应急保障体系。从车辆质量水平的发展看，产品水平在不断提高，2015年之前部分车企产品主要按照政策补贴设计，加上第一轮开发电动汽车，并未充分考虑市场需求。2015年以后车辆与之前相比，产品质量方面有很大的提升。

如车辆出现故障，瑞康公司派人第一时间奔赴现场处理，对于短期无法处理车辆的情况，提供应急车辆供客户使用。在运营维护体系的建立上，企业建立了相应的人才队伍，并充分利用维护网点，做好维护服务。充分利用重庆现有的零部件以及新能源汽车零部件企业的供应服务能力。

做城市终端的运输体系，路径比较容易固定，因此运营企业也容易规划好应急人员和应急装备。

未来，瑞康希望能够给顾客更好的价值服务。企业希望在运输工具上拓展它的功能，能够实时了解快递员身上的物流信息，能够让物流企业实现更好的管理，将纯粹的运输工具转变为移动的终端操作平台。瑞康建立了物流车的监控平台，对车辆安全、违章、盗窃等风险进行管控。

4. 价值网络和企业合作

瑞康从东风小康处购买车辆，再租给用户。瑞康负责为用户办理车辆通行证、购置税、路桥费、上户等手续。瑞康公司在租赁服务方面尽量提供最优质的服务。租车使用期间如遇到车辆事故或者交通事故，第一时间与公司联系并报保险公司处理，若车辆不能正常行驶，可以立即前往公司签订换车协议，更换新车后继续使用。待到合同期满，承租人可以与瑞康公司协商车辆处置事宜。

瑞康根据客户需求为租赁客户提供充电桩安装服务，以方便客户使用为原则，将充电桩安装在驾驶员所在公司甚至驾驶员家周边，并指派专业人员进行定期巡检，确保用户充电安全。

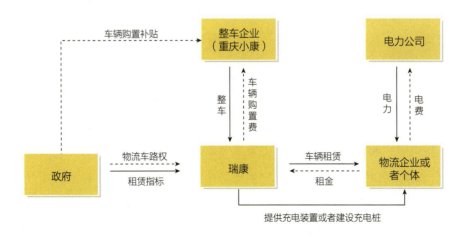

重庆瑞康电动物流车商业模式

5. 价值获取和企业盈利

2015 年底，瑞康的电动物流车租赁费用设为 1600～1700 元/月，传统燃油车的成本一般每月要达到 2000 元左右，成本要低于传统燃油车，用户具有较强的使用意愿。在政府补贴的情况下，瑞康在电动物流车上能够实现盈亏平衡。未来如果将电动物流车的保险费用进一步降低，会明显提高潜在消费者使用电动物流车的积极性。

五、广州中力

中力公司是重庆力帆和中汽研在重庆成立的合资公司。在 2015 年底，公司主要销售的电动物流车车辆自重 1.3t，总质量 1.8t，动力电池 31kW·h，续驶里程可以达到 200km。

1. 用户与市场推广情况

广州中力负责人认为，选择广州成立分公司，主要是因为广州是国内最大的电动物流车市场之一，广州约有 70 家批发市场、上百家物流园区、500 家农贸市场，有巨大的潜在客户。广州冬季气温较高，适合物流车运营。

公司在广州发展了汽车配件、批发商、餐饮企业、农贸市场以及户外安装公司等不同类型的客户，2015 年 8 月开始在广州销售物流车辆，仅用两个月时间月订单达到了 50 辆，批量客户订单达到七八辆。

相关用户采用电动物流车，主要是考虑物流车使用成本较低，相对较为便利，易被用户接受。电动车用户主要采用慢充，在家或者工作地点完成充电。在 2015 年，影响电动物流车推广的主要障碍在产品质量的可靠性和售后服务上。电动车是新的事物，售后服务最重要，需要厂家第一时间解决，但很多厂家并没有做好充分准备。

2. 经济性分析

如果从车辆价格看，以中力的车型比较，电动汽车用户需要实际支付 5.5 万元，相应燃油车价格 4 万元，燃油车要比电动车便宜近 30%。而且电动车的电池寿命在 5 年左右，燃油车寿命一般设定为 6 年。

车辆保险上，电动车一直没有明确的保险价格，中力的车型定价取在折中的水平，按 10 万元计算。在二手车残值上，电动车大概为原值 10% 左右。很长一段时间，电动物流车无法贷款购买，因为金融部门担心押金问题，万一断供，金融部门并不知道该如何处理电动车辆。

电动汽车的优势在使用成本上，普通物流车每公里的油耗为 0.5～0.6 元，电动车的成本仅为 0.1 元。而且，电动汽车维修保养费用较低。

电动物流车目前并非适合采用电动轻型货车，主要是因为轻型货车满载要 2.5t，带电量 60kW·h，使用成本提高，而且大型物流车主要用快充，需要支付服务费。电动汽车使用成本的优势并不能充分发挥。

3. 商业模式选择

广州中力更多采用销售方式，而不是租赁方式。主要是因为租赁模式下公司需要承担很多车辆交通违章、处罚等风险，用户很容易产生暴力用车。因此，公司主要采取销售模式，但一定会做好售后服务。与此同时，广州中力也考虑用金融租赁的方式来推广电动物流车。

在终端渠道上，公司主要采用"面广、店小"的方式扩大市场覆盖率，开展多品牌销售，以 1S 和 2S 方式为主。

六、成都雅俊

成都雅骏公司成立于 2014 年，与具有车辆公告资质（5 字头专用车资质）的厂商进行底盘或整车生产合作，再将车辆销售到既定的终端客户。在四川、重庆等地与成都重汽王牌、重庆盛时达、成都通途交通、重庆长安、广西玉柴专用汽车等多家汽车生产企业合作，目前推广的主力车型是通途汽车。从2016－2017年销售情况看，成都雅俊位居国内电动轻型货车领域销量前列。

目前客户包括蚂蚁搬家、老兵搬家、"三通一达"快递、红旗连锁、京东、唯品会等企业，另外还有个人挂靠企业的自有车辆也购置新能源物流车。车辆销售的行业集中度很低，客户分类比较离散，集团客户批量订单仅占20%。

雅俊的推广方案

方　案	
客户首付	6000元
分期年限	5年
车辆保障运营	每月不低于26天出勤天数，遇车辆故障出售方提供备用车辆
每月分期付款	3600元
分期付款涵盖	1. 五年期间的分期车款 2. 20万km能源费 3. 五年售后维保 4. 五年二级维护保养费用 5. 五年入城证办理费用（实际免费） 6. 首次交流充电桩安装建设费用（线长在20m以内）
交流充电桩产权及建设	交流充电桩所有权归购买方。在购买方指定地点安装，首次安装人工及材料成本（线长20m内）由雅骏承担
五年内车辆所有权归属	购买方，反抵押给出售方
五年后车辆所有权归属 （购买方可二选一）	1. 五年分期付款结束，权属归购买方，出售方解除抵押 2. 五年分期付款结束，出售方或出售方指定公司3万元回购
解除抵押后车辆 售后服务费	购买方可继续选择雅骏做售后服务，则雅骏每月收取售后服务费500元，更换零部件费用由购买方承担。售后服务内容见售后服务协议

（续）

方案	
解除抵押后车辆各项费用承担	各项费用由购买方自理
备注	根据近期业务发展，目前公司已经不再推广回购模式，原因是 NEV 车型经济性已经高于燃油车

雅骏考虑到物流公司都有停车场和货运仓库，因此在交付车辆时，雅骏已经完成了在客户货运仓库和停车场充电桩的建设。一般情况下，车辆会在晚上进行慢充，而白天每运行往返一次，采用直流电桩进行 10~20min 的快速补电就可以投入运行。充电桩有三种类型：第一种是建设驻点充电桩，将充电桩安放在用户物流园。第二种是建立城市分布式快充桩网络，会在物流配送的主干线分别建立快充桩满足物流车临时补电（20min）需求，主要还是用客户场地。第三种是移动快充桩，贴近货源建设。

雅骏通途 75kW·h 主推 4.2m 轻型货车，在拥有国补、地补的情况下：

基于补贴情况下雅骏通途产品成本测算　　（单位：元）

5 年内不同车型应用成本测算			
项目	4.2m 轻型货车	4.2m 轻型货车包电	同等传统车
总价格	180000	269800	120000
首付	45000	60000	0
汽车金融	162000	216000	0
月供	2700	3600	0
期限（月）	60	60	60
期限（年）	5	5	5
购置税	0	0	12000
进项抵扣	-25000	-35000	-17400
能耗	60000	0	180000
维保费	0	0	18000

(续)

5 年内不同车型应用成本测算			
项目	4.2m 轻型货车	4.2m 轻型货车包电	同等传统车
保险费	40000	40000	30000
进城费	0	0	50000
总成本	282000	281000	392600

测算说明:

1. 传统燃油车购置税在 10%。
2. 进项抵扣按照一般纳税人 17% 计算,客户可以在购车时选择"买车包电金融模式",一次性将电费打包计入购车费,提升了购车发票总价格,从而进行增值税抵扣。
3. NEV 车型 1kW·h 可行驶 3km,每日 100km,每月电费为 1000 元。
4. 传统燃油车辆计算 0.8 元/km。
5. NEV 车型提供 5 年质保,无维保费。
6. 传统车型每年按照 3600 元计算维保费。
7. 根据实际情况,NEV 车型保险费每年 8000、传统车型每年 6000。
8. 成都货车必须有入城证,新能源汽车不需要入城证,目前每年拍卖价格在 1 万元左右,传统车运营需要较高成本。
9. NEV 蓝牌车型的驾驶员成本每月较传统车低 1000 元,但是人工成本不在此表体现。
10. 传统货车受到入城证 10 万个/年的限制,无法充分满足物流需求,采用新能源汽车属于刚需。

在雅俊的案例中,整车销售模式上还应用了金融工具,由客户采取分期付款的支付模式,实现了销售方与购买方的双赢。

目前整车销售模式依然是电动物流车的主要商业模式之一,但是即使在整车销售模式下,相关整车企业还在很大程度上承担了相关车辆的售后维护。

七、未来对电动物流车的政策支持

新的商业模式的兴起是技术和市场变化共同的结果,同时受到政府政策的影响。从未来看,电动物流车的商业推广仍需要相关政策的支持。

一是要充分考虑财政补贴的局限性，重视非货币政策的影响，特别需要的是给予电动车通行权。在推广前期，需要允许电动物流车能够在市内通行。如果加大对燃油车的限制，也会一定程度上提高电动物流车的推广量。

二是一些车企会主要从政策补贴出发进行产品设计，在产品上通过多装电池，获得国家和地方补贴的方式实现价值。2016年年底，随着新的补贴政策的推出，按单位能量承载量作为物流车补贴的衡量标准，也促使企业开发真正符合市场需求的电动物流车辆。

三是虽然在经济性上电动车要优于燃油车，但电动车的使用是一个全新的事物，需要企业进行相应的保障，包括质量、产品安全、使用习惯等方面的问题。这也是影响未来电动车辆推广和商业运行的重要因素。

第七章 充电基础设施商业模式

一、国内充电基础设施建设情况

1. 充电基础设施建设情况

（1）截至 2017 年 5 月我国公共充电桩保有量累计突破 16 万个

电动汽车与充电设施被喻为鸡和蛋的关系，两者相互影响。从 2010 年到 2017 年 5 月累计建桩数量和电动汽车推广数量比例看，充电桩建设相对落后于电动汽车推广数量。截至 2017 年 5 月我国累计公共充电基础设施建设总量为 166946 个，而电动汽车推广数量已经超过 109 万辆，两者比例仅为 1∶6.57。充电基础设施不足已成为制约我国电动汽车推广的主要障碍之一。

2010—2017 年 5 月累计公共充电桩数量和电动汽车累计销量比较

数据来源：充电桩数据来源于中促盟，电动汽车销量数据来源于中汽协。

据中促盟统计,截至 2017 年 5 月,我国公共类充电桩总量为 166946 个,其中交流充电桩 59597 个,直流充电桩 41275 个,交直流一体桩 66074 个。

(2) 快充逐渐成为公共类充电桩的主要选择,大功率充电是发展方向

根据 IEA 统计,2016 年我国公共充电桩保有量 141254 个,其中公共慢充桩 52778 个、公共快充桩 88476 个。可以看出快充占比达到 63%,主导我国公共充电桩市场。快充类能够满足电动汽车快速能源补给的要求,而且目前国外正在积极布局 350kW 大功率充电站,我国也在积极研究大功率充电的可行性。现阶段国内乘用车用的直流快充桩充电功率为 40～60kW,充电时间也普遍大于 1h,即便是特斯拉的超级充电站也需要 30min,而加油只需要 10～20min,从能源补给的便利性来讲还不能与燃油车相比。而大功率充电(假设 350kW)几乎可以实现与加油相同的用户体验,有助于打消客户的充电顾虑,增加购买信心。此外,大功率充电还能提高充电基础设施运营商的盈利能力,加快电动汽车的推广普及。

(3) 分地区来看,我国公共充电设施发展不均衡,北上广领衔市场发展

截至 2017 年 5 月,我国充电基础设施建设数量排名前 10 位的省级行政单

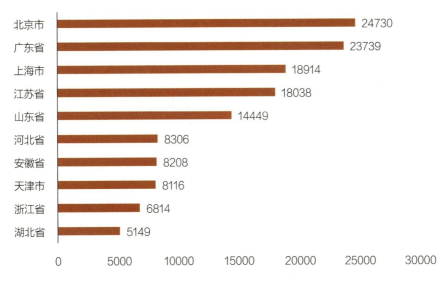

截至 2017 年 5 月我国省级行政单位公共类充电桩数量 Top10(单位:个)

位为：北京 24730 个、广东 23739 个、上海 18914 个、江苏 18038 个、山东 14449 个、河北 8306 个、安徽 8208 个、天津 8116 个、浙江 6814 个、湖北 5149 个①。

（4）分运营商来看，四大运营商占据 88% 的市场份额，行业集中度高

我国充电基础设施的建设和运营主体呈多元化发展。在国家电动汽车推广应用政策的引导和推动下，国家电网、南方电网、普天新能源等央企首批参与到充电基础设施的建设中，随着电动汽车市场占有率不断提升以及国网放开了充电设施的建设，各地方的大型央企、国企、民营企业等也陆续加入到充电基础设施的建设和运营阵营当中。在充电桩总量上，特来电、国网、万帮、普天四家建设、运营充电桩数量过万，这四家企业的充电桩数量之和占全国总量的 88.95% 以上，这也说明中国充电设施运营市场的集中度较高。

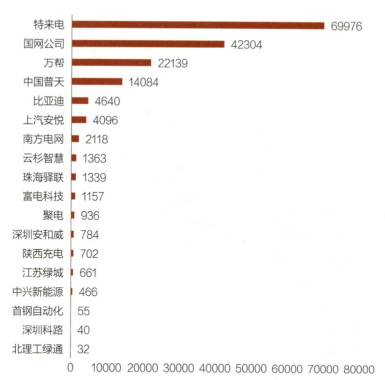

截至 2017 年 5 月我国各充电基础设施运营商充电桩总量（单位：个）

---

① 中国电动汽车充电基础设施促进联盟简报，2017 年第 5 期。

(5) 到 2020 年我国规划建设分散充电桩 480 万个，市场发展空间大

2015 年 11 月，由国家发改委、能源局、工信部、住建部联合印发的《电动汽车充电基础设施发展指南（2015—2020 年）》中指出，要求按适度超前原则明确充电基础设施建设目标。到 2020 年，新增集中式充换电站超过 1.2 万座，分散式充电桩超过 480 万个，以满足全国 500 万辆电动汽车充电需求。目前充电设施数量与规划目标还有很大的差距，未来三年我国充电基础设施还具有良好的发展前景。

发展指南提出，要优先建设公交、出租及环卫与物流等公共服务领域充电基础设施，新增超过 3850 座公交车充换电站、2500 座出租车充换电站、2450 座环卫物流等专用车充电站。

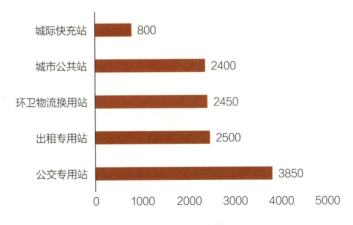

集中式充换电站规划建设目标（单位：座）

积极推进公务与私人乘用车用户结合居民区与单位停车位配建充电桩，新增超过 430 万个用户专用充电桩，以满足基本充电需求。鼓励有条件的设施对社会公众开放。

合理布局社会停车场所公共充电基础设施，按照适度超前原则，新增超过 2400 座城市公共充电站与 50 万个分散式公共充电桩，以满足临时补电需要。

○ 国家发改委、能源局、工信部、住建部，电动汽车充电基础设施发展指南（2015—2020 年），2015 年 11 月。

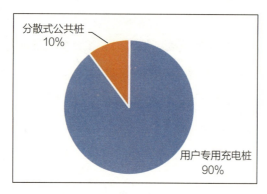

分散式充电桩（单位：万个）

结合骨干高速公路网，建设"四纵四横"的城际快充网络，新增超过800座城际快充站，以满足城际出行需要。

2. 充电基础设施建设发展缓慢的主要原因

当前充电基础设施正在成为制约电动汽车发展的重要因素。影响基础设施发展的因素主要包括：电动汽车推广数量相对较少，充电设施处于投入为主的阶段；充电设施建设面临建设用地和电力条件的约束；另外基础设施互联互通问题也影响到了充电设施的建设进度。

一是电动汽车推广数量相对较少，基础设施利用率并不高，面临盈利难题。

目前电动汽车推广整体数量还有限。以纯电动汽车数量最多的北京市为例，公共充电桩整体利用率仅在10%左右，在北京市如此大的区域进行布局，充电设施运营商基本都处于投入阶段，目前很难盈利。

二是受到土地、电力、物业等条件的约束，这需要产业发展进行顶层设计。

调研发现，电动汽车推广过程中充电桩建设的土地问题是充电基础设施建设中非常突出的问题[一]。充电桩的建设一般需要征地（占用绿地、停车位

[一] 中国电动汽车百人会. 电动汽车相关基础设施问题研究课题，2015。

等)、电力增容,由于城市土地资源的稀缺性使得充电桩建设的土地问题很难解决。特别是在大中型城市,建成区土地寸土寸金,充电基础设施建设的土地协调问题非常明显。电力问题也是充电桩建设场地面临的问题,很多场地离变电站较远,或者需要缴纳昂贵的电网增容费才能建桩。

三是充电设施处于标准升级中,还需要做到互联互通。

新的充电标准在 2015 年底才推出,已有充电桩面临升级,同时车辆与新旧充电桩间还存在兼容的问题,都会影响到充电桩建设运营的健康发展。另外,现有的运营商之间各自相对单独运营、单独结算,消费者很难用一套系统,或者一张支付卡在不同充电桩进行充电,充电难问题直接影响了电动汽车消费者购买电动汽车的热情。

在这些约束条件下,企业如何开展商业模式的创新,寻找生存发展的空间成为重要的研究课题。

二、 充电基础设施运营商商业模式案例分析

充电基础设施按照充电场所可分为私人、半公共和公共充电基础设施三类。从商业模式角度看,由于大多数私人充电桩或者为单位员工提供服务的半公共充电桩相对盈利动机不是非常强烈,因此本章的商业模式以公共充电基础设施为主展开。从服务充电车辆情况看,充电基础设施以私人乘用车为主要对象,部分涉及为公交、出租或者环卫等车辆提供服务的基础设施类型。

在公共充电设施领域,充电设施运营商是主体。

1. 国家电网

国家电网公司在总结上海世博会充电运营业务经验基础上,在杭州、上海、山东、北京等地试点电动汽车充电运营服务,最早明确了"换电为主、插充为辅、集中充电、统一配送"为基本商业模式。

该模式的先行者是以色列 Better Place 公司。该模式的特点：一是节省购车成本，电池由充电站提供，买车无须支付昂贵的电池成本。二是有利于谷电利用，并且新电池用旧后，可用到储电站上作为储能装置，有利于回收再用。

但实际上该模式受到电池标准化困难、投资高昂、车企不配合等原因的影响，充换电站设施建设缓慢，并且饱受"圈地"诟病。Better Place 在 2013 年宣布破产，宣告了换电模式的失败。

在这一阶段各界对电动汽车充电基础设施的重要性认识仍较低，充电运营商处于商业模式的探索中，对充电运营服务认知仍然有限。电网公司把电动汽车充电运营服务看作是供电业务侧业务的延伸，并没有将充电运营服务当作一项专业业务并丰富充电运营业务。经过五年的建设期，由两大电网主导的充电设施建设十分艰辛和缓慢。一座充电站建设动辄数百万甚至上亿元（充换电站），且成本回收遥遥无期。两大电网属于企业机制，国家和政府也会对其投资和业绩进行考核，因此两大电网也承受着非常大的压力。

2013 年 9 月，四部委联合发布《关于继续开展新能源汽车推广应用工作的通知》，通知指出"对示范城市充电设施建设给予财政奖励""中央财政将安排资金对示范城市给予综合奖励，奖励资金将主要用于充电设施建设等方面"。

与此同时，社会各界对充换电设施建设的呼声日益高涨。加之面临的投资压力，国家电网宣布充换电设施建设将向社会"全面放开"。全面放开被解释为两层含义：第一，谁来建设都可以；第二，国网也可以参与建设。

国家电网也开始转变运营模式，提出"主导快充、兼顾慢充、引导换电、经济实用"。意在对一般用于公共领域的快充设施实现"完全主导"，对私人领域的慢充设施完全放开。

根据统计，截至 2016 年底，国家电网已累计建成电动汽车充换电站 5526 座、充电桩 4.2 万个；建成京哈、京港澳、京沪、沪蓉、沪渝、环首都、环杭州湾等"六纵六横两环"高速公路快充网络，覆盖 13 个省、95 座城市、1.4 万 km 高速公路。

国家电网充电基础设施建设情况及规划目标①

  国家电网公司董事长舒印彪 2016 年底表示,为满足电动车迅猛发展的需求,国家电网将进一步加大电动汽车换电设施的投资力度,计划到 2020 年在全国建成充电站 10000 座、充电桩 12 万个,在北京、上海、杭州等城市形成半径不超过 1km 的公共快充网络。

  国家电网公司探讨"互联网+充电"服务,上线了车联平台,易充电 APP。用户可以通过手机客户端或者网站,查询充电设施位置,能够获得充电线路规划和站点导航式等全方位一体化服务。国家电网正在与普天、特来电等运营商探讨合作和互联互通方式。在技术创新上,国家电网正在研制低成本、宽电压范围、高效率的恒功率直流设备,开始研制大功率、高效率、低辐射的非接触式充电样机,探索无线充电的动态连接技术。

  同时,国家电网致力于建设车联网服务平台,该平台是由智能电网、桩联网和车联网构成的物联网系统。目的是实现有电可充、充电无忧、充绿色电,比加油更便捷。其使命是,在社会层面承担普遍服务责任,到 2020 年,充电网络覆盖国土面积 88%,全面构建形成"5-3-1"的充电网络;在国网公司层面承担发展战略性新兴业务的责任。到 2020 年国网经营区域内电动汽车保有量 440 万辆。积极推进"以电代油",将平台发展为国网公司新的效

---

① 国家电网公司. 国家电网公司 2016 社会责任报告. 2017。

益增长点；在能源层面承担实现能源可持续发展的责任，消纳清洁能源，实现发展电动汽车的初衷，平台充电量要达到200亿kW·h，年消纳清洁能源80亿kW·h。车联网平台的总体目标是开放、智能、高效、互动。

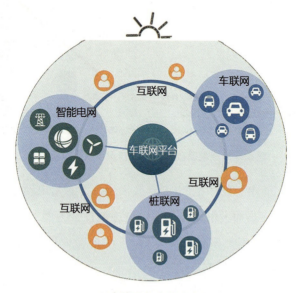

车联网平台构成

注：来自网络

目前国网电动汽车车联网平台已累计接入充电桩10.7万个，其中企业内4.4万个，社会运营商6.3万个。

国家电网公司车联网服务平台3.0示意图

注：来自网络

2. 中国普天

中国普天属于国资委所属中央企业，在进入电动汽车行业以前，主要从事通信业务。基于对电动汽车未来会融合车辆、电池和通信等各方面的判断，普天在国内较早进入电动汽车充电领域。

到 2016 年 8 月，中国普天已经在深圳、上海、北京、广州、合肥、盐城等全国多个城市成立了基础设施的运营公司，辐射城市超过 20 个。公共充电桩/站超过了 1 万个，其中直流充电桩在 50% 以上，充电量超过了 1 亿 kW·h。

（1）价值主张和用户定位

在服务用户上，普天在五年多时间内以公共领域用车充电服务为主。希望面向公交、出租、物流等车辆，建立起公共充电桩。当公共充电桩建设到一定规模，可以吸引私人购买电动汽车。

在用户和基础设施服务互动方面，中国普天吸取了其他运营商的教训，非常强调车网一体化。认为车辆销售和充电网络建设是电动汽车推广应用的两个主要环节，车辆售出之后如缺少配套基础设施网络支持将影响后续推广，充电设施网络铺设之后如缺少服务车辆，将造成网络闲置、资源浪费。普天分别从上述两方面解决问题，并建立两者之间连通的渠道。

针对私人市场方面，普天也在上海、北京等地开展探索。在上海，选择了具备条件的园区、高校展开电动汽车的集中推广。在车辆推广方面，以接受能力强的企业用户和高端个人用户为主要对象，通过与汽车租赁公司、汽车销售公司联合，在条件适合的重点园区做电动汽车的集中营销推广，为用户提供差异化的产品服务。

（2）价值创造和核心能力

普天的核心能力主要是来自企业在通信领域形成的能力积累，建立了自身的技术体系。经过一段时间的建设，普天在全国以重点城市为基点完成了一个网络、两个中心的搭建。

一个网络是普天建立了一个覆盖全国骨干城市，提供引导、充电、运维和结算等的充电网络。

两个中心的第一个是基于电动车在规模化发展之后,保证安全的监控中心。特别是建立了对车、电池、基础设施的全程全网的监控管理。对车辆的速度、位置和动力电池参数等能够实时掌控,能够保证电池的安全。

第二个是服务质量中心。通过搭建的智能管理平台,提高各种服务和增值服务。通过普天近些年的运营实践,特别是对运营数据的采集挖掘和分析,普天可以将运营当中发现的关于车辆、电池等问题,及时提供给电池和整车厂家,帮助整车和电池厂改进质量,提高了安全性。利用普天在大数据上的技术,不仅为用户提供了基于APP的便捷充电服务,还为用户提供基于移动互联网的各类增值服务。

(3) 价值网络和企业合作

中国普天在第一轮示范推广中,结合公交车充电需求和企业的情况,对公交公司采取了电池租赁的模式。该合作模式理清了商业推广中参与各方的权责及投入产出关系。普天将其表述为"裸车销售、电池租赁、充换兼容、智能管理、刷卡消费"的商业模式,核心是车辆融资租赁、电池充维结合。

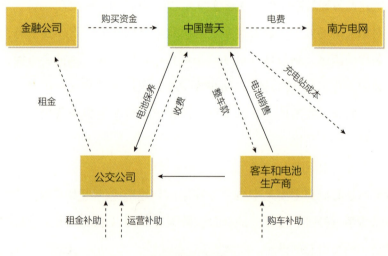

普天融资租赁模式

由公交公司购置裸车降低了公交公司的购置门槛，在裸车购置上采用了融资租赁的模式，来帮助公交用户实现规模化应用。为了消除公交公司对电池方面的顾虑，普天向公交公司提供电池租赁，同时负责电池的维护保养问题，用户不承担电池高昂的成本和电池维护难的问题。此外，针对当时对充换电还未形成统一的认识，普天提出充换兼容，在实践中来探索充电和换电的模式，为公交公司和车场提供车辆及电池的运行数据，为用户提供便捷、灵活、现代的支付手段。

在 2011 年大运会期间，中国普天根据市场与技术的变化，提出了"整车租赁、智能管理、刷卡消费"新的商业模式，主要特征是由电池租赁变为整车租赁，一方面为客户消除了车辆较高的购置成本，通过租车也有助于提高车辆的使用率；另一方面也尽可能降低用户在车辆运行期间能源补充成本的支出。

除了充电基础设施外，普天还在电动物流车辆技术、动力电池等方面有了一定的产业布局，实现车网一体化推进，并支持很多企业开展分时租赁业务。

在大客户方面，普天开展了民航机场车辆的电动化。在武汉、西安、长沙、昆明等机场做整体的规划，武汉机场已经开始使用国产的电动汽车，配建普天的充电设施，形成整体的解决方案。

在私人领域，2015 年 11 月 30 日，江淮汽车和普天新能源签订了战略合作协议。按照协议，普天新能源将为江淮纯电动汽车的用户提供专业的充电桩安装与售后服务，并将依托江淮遍布全国的销售服务店建立充电网，来解决消费者的里程焦虑和担忧。

在每个区域，普天非常重视与政府的合作。普天一般会为地方政府提供专业咨询及整体解决方案，投资建设电动汽车充电基础设施网络，并设立落地运营公司，负责网络的运营和维护。当地政府提供整体规划、土地和电力等资源配置、资金补贴等支持。普天目的是和政府部门合作统筹整体解决方案，负责搭建连接车企和用户的应用平台，通过车辆推广销售和配套充电设施网络建设的双重参与，实现整体布局、统筹规划、齐头并进的效果。在满足用户使用需求的情况下，实现车辆推广和基础充电设施网络建设积极开展的良性循环。

(4)价值获取和企业盈利

在深圳,普天与公交公司合作的商业模式,主要是按照合同能源管理方式,对公交公司收取"燃油对价"。这是指普天依据同类燃油公交车型的政府规制燃油成本,向公交公司收取充电费用,公交公司支付的充电费并没有较燃油车增加,保障了公交公司的成本,普天的收益也随之提高。到2014年底,普天公司在深圳已经实现了盈利。2016年,深圳的充电设施网络已经达到了100座充电站,7000个充电桩,覆盖到公交车、出租车、乘用车。在私人领域,普天主要依靠收取充电服务费的方式,基于目前私人领域市场刚刚启动,普天仍以投入为主。

今后普天规划继续推进互联网+桩联网,一方面可以通过增加规模来实现盈利,包括与国家电网、星星充电等开展互联互通,另一方面也增强用户使用体验。

3. 特来电

(1)基本情况

特来电是青岛特锐德电气股份有限公司下属子公司。特锐德成立于2004年3月,2009年10月成功上市为创业板第一股,是中国最大的箱式电力产品系统集成商,是国内箱式电力设备制造业的领军企业。

特来电主要从事电动汽车充电系统及设备研发、设计、安装、服务,以及电动汽车销售、租赁和维修服务。

截至2016年底,特来电已在北京、上海、天津、重庆、广州、深圳、成都、南京、杭州、大连、宁波、厦门等66个城市成立了合资或全资子公司,并与数十个城市达成合作意向,全面开展城市充电设施网络的投资建设,目前已在219个城市累计建设充电站11608个、充电桩154196个,其中5650个充电站、41743个充电桩已经上线运营[一]。

[一] 青岛特来电新能源有限公司官网,http://www.teld.cn/。

（2）价值主张和用户定位

特来电提出的主要价值主张是要以互联网思维做引导，依靠其汽车群智能充电技术和系统，致力于建设并运营全国最大的汽车充电网。通过大系统卖电、大平台卖车、大合作租车、大数据修车、大支付金融、大客户电商，建立"让客户满意、让政府放心"的中国最大汽车充电系统生态公司，打造充电网、车联网、互联网"三网融合"的新能源互联网。

车主在进行充电时，通过特来电 APP 扫码，即可进行充电、查询、预约、结算等。充电箱变可通过 APP 让用户选择充电方式：一是用户选择充电时段；二是引导用户使用谷电；三是智能充，即由系统调度充电时间（箱变可根据电网负荷自动调整，依据充电策略，可以保证车辆按约定时间充满电），充电服务价格与充电时间段进行关联，在用电高峰期收取的充电服务费高。

（3）价值创造和核心能力

特来电认为很多企业建立的是离散型充电桩，存在无序充电的问题，未来车辆增多后对电网的冲击较大。而电网若盲目增容，会导致峰谷差越来越大。为此，特来电在充电上提出了充电网建设及充电设施的群管群控技术。每个充电群一般有 10 个充电桩，采用"8 拖 2"，8 个慢充和 2 个快充。群充模式单独引入 10kV 箱变，申请大工业电价。群充模式预留接口，采取模块结构。群充模式在大电网情况下可以实现对电力负荷的微调度（可从智能电网的接口实时获得电力负荷信息，箱变据此制定智能充电策略）。

为了保证电池安全，特来电创造了柔性充电技术，主要考虑电池类型、电池容量、周围环境、电池温度、历史充电习惯、电网负荷等因素，利用大数据平台，自动生成一条曲线，提出最佳充电方式、充电时间、充电策略等，并在充电完成后实现智能断电以防止过充。采取传统充电技术，电池衰减 7% 左右，而采取柔性充电技术，电池衰减仅为 2% 左右。

相对一般的充电桩，特来电开发的产品具有无桩、不占地、不怕撞、安全、防水、群管群控、模块结构、无电插头等较为突出的技术特点。

针对目前电池 BMS 存在失效、过充、技术水平参差不齐等问题，特来电在 2015 年自主研发了 CMS 技术，经过第三方认证，可以将电池寿命提高 30% 以上。

（4）价值网络和企业合作

特来电较为重视与当地政府、汽车制造企业和电网的合作。目前特来电在 66 个城市，主要采用与当地企业成立合资公司的方式进入当地市场。选择对象主要考虑合作方在当地的资源，主要选择当地的交投、城投等，这些企业具有政府背景，在当地开展业务阻力小，且较为便利。

此外，特来电还与很多大型汽车企业建立合作关系，如宇通、北汽、金龙等。也与出租车公司、停车场管理公司等合作，但停车场因为有利益诉求，特来电认为与停车场的合作面临一定的困难。

（5）价值获取和企业盈利

特来电采取了互联网的思维方式，建立了一个全国的充电网络，通过充电网建立与车主的联系，发展新的增值业务实现企业盈利。其盈利主要包括以下四点：

一是大系统卖电。充电网是商业模式的基础。特来电期望利用自身在箱变系统上积累的技术优势，建设国内最大的充电网，通过充电卖电获得收益。（目前特来电并未获得售电牌照）。

二是车充并举。采用生态系统的理念，在实现充电卖电的模式下，以云平台为基础，推出大平台卖车和大合作租车业务。目前 O2O 平台已经上线运行，针对在平台上买车的客户，平台一方面进行优惠补贴，另一方面在特来电充电免收服务费。在平台上租车，提供汽油车 5~10 天免费使用权。

此外，采取建桩送车政策，凡是连续建设 10 个充电桩，在平台租车 5 年，月租金仅为 500~600 元。满 5 年后车辆免费送（车价 5 万元左右，租费仅为 3.6 万元）。

三是增值服务。包括大客户电商、大客户修车、大金融支付等。通过云平台积累大数据，研究如何利用大数据提供增值服务。例如，到 2020 年我国电动汽车累计产销达到 500 万辆，车主达到上千万，这些车主每天需要进行充电、费用支付，每天都能够产生大量的现金流，因此，云平台具备金融基础。

四是最终目标。通过不断采集存储的工业大数据和用户行为数据，通过充电运营、充电网络及设备管理，最终打造集卖车、租车、修车、电商、金融支付、政府监管、大数据分析、大数据应用等汽车工业数据平台。

4. 星星充电

（1）星星充电概况

星星充电是江苏万帮充电设备有限公司旗下的充电桩运营公司，主要为充电桩提供支付、交易、运营维护等方面的服务，目标是成为为顾客提供快捷搜索、线上预订、状态查询、车联网等服务的充电网络平台。

星星充电平台具有B2B2C互联网的特点，平台包括应用网站PC端、商户APP（Android和iOS）应用、用户端APP（Android和iOS）应用以及微信商城互动平台。PC端主要面向入网商户与合作运营商，APP端则主要面向消费者。

星星充电云服务平台

星星充电产品具有的主要特点：一是采用手机作为人机交互的界面，充电完成后，用户无须刷卡，可以通过支付宝、微信支付、银联支付等方式予以支付；二是用户在其充电桩网络运营平台上，通过平台的网站、手机APP、智能远程呼叫、微信等方式快速导航和寻找到该智能充电桩,实施包括预约充电、经济充电等方式在内的充电;三是适用车型广泛,几乎满足所有符合新国标的车型。

星星充电业务在江苏常州起步,2014 年在常州当地完成建设 1180 个充电桩。此后,星星充电不断创新商业模式,通过场地众筹、平台众筹和资本众筹,已在全国 84 个城市投资管理超过 3 万个智能充电桩。截至 2016 年 12 月,星星充电自主投资 2.3 万个充电桩,用户 20 万,日充电量超过 100 万 kW·h,日充电量及活跃用户数居全国第一。星星充电投资建设的桩群主要分布在上海(19.88%)、北京(14.53%)、广州(14.07%)、太原(11.68%)、常州(10.25%)五大城市,这五大城市之和占其总量的 70.41%。

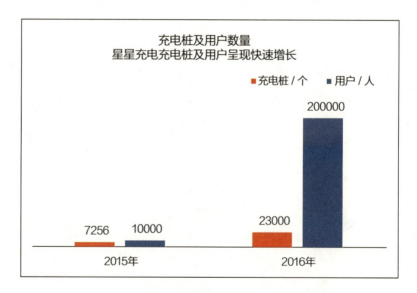

星星充电充电桩及用户数量情况(自主)

星星充电计划三年内,覆盖全国 100 个城市,自行建设 25 万个、管理 100 万个充电设施。星星充电计划未来将投入 45 亿元进行充电桩建设。

---

① 邵丹薇. 星星充电:从运营走向运营!:2017 国际电动汽车示范城市及产业发展论坛,北京,2017.

（2）星星充电的价值合作模式

如前所述，当前充电设施建设面临的主要难题包括两个方面：一是场地难，二是电力条件的约束。此外，对运营商而言盈利还有很大的不确定性。之前，很多运营商探索的做法是政府以划拨、出让、租赁或合作等方式提供场地，承建方去投资建设。这样做的弊端是场地供应极为有限，场地位置有时并不是电动汽车车主经过的地方，充电设施建设与车辆充电需求容易脱节。

为了解决这一问题，星星充电开始了众筹模式。星星充电众筹分为三个层次。

一是推出了一个类似于合伙的商业方案。星星充电主要选择公共场所，将电力容量的场地提供方作为合作伙伴，包括酒店、景区、商场、超市、健身中心、公园绿地、学校、医院等。充电场所主要是供应场地，进行场地的管理。充电桩的建设、运营和维护由星星充电来负责。场地方和星星充电进行充电服务费的收益分成。目前主要比例是三七分成，星星充电获得充电服务费70%的收益，场地方获得30%的收益。具体的流程包括：初步规划→汇集商户信息→筛选并确定场地→实施建设→纳入网络正式运营五个环节。

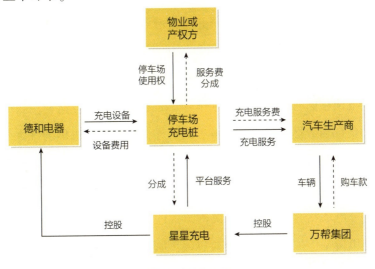

星星充电的商业模式

二是平台众筹。互联网引入到充电桩的管理，将分散的充电桩连接成网络信息平台，以便用户通过移动设备快速寻找到最近的充电桩，及时了解其使用情况。

三是投资众筹。许多参与场地众筹的业主方或者社会投资人提出成为充电设施的运营商，以实现平台更高层次的滚动发展。

（3）价值获取和盈利

星星充电直接的盈利来源是充电服务费。这部分收入由参与场地众筹的业主与星星充电共同分成。在支付基本电价后，星星充电会与场地众筹的业主方三七分，星星充电拿七成，业主方拿三成。

此外，星星充电会向上下游要效益。在产业的上下游产生不同阶段的效益。一是来自上游的设备，产销量的提升会大大摊薄充电设备的平均成本，使得充电桩在制造环节就能够产生上游端的盈利。目前星星充电充电设施规模实现了全国市场领先。

下游即市场流通环节。由于具有汽车销售4S店的网络资源，星星充电在进入某个城市的充电桩建设后，都会开通该城市的新能源汽车4S店，这是有别于其他新能源汽车经销商的一大特点，也就是从一个城市的基础设施上着手，以撬开市场。建桩和新能源汽车销售两者相互促进、并肩发展、资源共享，打通了一个价值链，所形成的市场空间是相当可观的。

除此之外，星星充电还在延伸产业链，比如建立星星安装、星星商学院，正在规划电池存储利用，以及二手车等。未来星星充电可以利用获得的新能源车主的信息和数据，做一些服务方面的导流，比如说车辆的维修保养，各种生活消费服务等。董事长邵丹薇认为，充电基础设施的核心是运营，针对目前行业充电设施运营的痛点，未来星星充电将逐步推进建设品牌充电站，通过大型充电场站的建设有效解决油车占位；在充电桩制造方面将不断优化和完善充电设备，扩大充电桩的兼容性；加大特约维修中心的建设，及时有效解决充电桩故障问题。

三、充电基础设施运营模式分析

1. 充电基础设施运营模式的类型

充电运营业务因电动汽车的发展而产生,与产业上下游各方及相关方共同构成了充电运营生态服务系统。在运营系统中起着重要作用的参与者包括电力公司、场地业主、运营商和电动汽车企业等。这些企业的不同合作方式和业务整合策略决定着不同的运营模式。

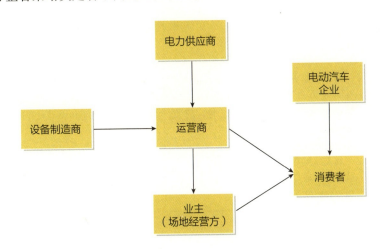

充电服务运营的价值链和利益相关者

充电设施的运营模式可以从不同角度进行划分。依据不同企业在行业发展中所处的地位和发挥的具体作用,可以划分为四类。一类是整车企业主导的模式。汽车企业为了快速扩大电动汽车市场规模,会采取与业主、充电设施合作的方式,深度参与到电动汽车充电设施的运营中,主要采取免费的商业模式,最典型的是特斯拉、日本充电服务公司等。第二类是整合型运营商占主导,是指从事充电桩投资、建设、运营,为车主提供网络服务和结算一体化的充电设施运营企业,如普天、特来电等。第三类是提供轻资产服务的运营商,这类企业一般并不直接投资建设充电桩,但可以为用户提供充电桩的网络服务,如美国库伦公司。第四类是停车场业主为自己或者客户提供服务的类型,典型的是小区和企事业单位。从未来发展看,几种类型还会长期并存。

充电基础设施运营模式分类

项目	整车企业主导运营	整合型运营商	网络服务运营商	业主独立管理
典型企业	特斯拉	国家电网、普天、星星充电等	美国库伦公司[一]、电桩、充电网	小区、企事业单位等
客户识别	特斯拉车主,高收入的环保人士	特定客户+普通电动汽车	业主和网络内签约电动汽车	自我服务、内部员工
核心产品和服务	目的地充电+超级充电站+自用充电桩,消除客户焦虑	一体化的服务,可同时提供Taxi模式+Bus模式	平台模式,提供个性化定制服务	业主为自己、企事业为内部员工提供服务
价值合作	目的地业主提供免费电力和场地,特斯拉提供免费安装	与业主和电动车主合作,或者自身租用土地,建立车队	客户负责土地和建安费用,只提供结算、网络管理和信息服务	自身负责投资、建设和运营等
价值获取	业主获取客户消费资源;通过车辆销售收回投资	充电服务费+增值服务	充电服务费分成为主、增值服务	免费、单位补贴

2. 充电基础设施运营的盈利来源

商业模式的中心是盈利模式,即如何赚钱。充电设施运营会带来不同的收入来源,具体包括:

(1) 充电服务费

目前国内国家电网、普天等运营商都收取一定的充电服务费,从每度电

[一] 美国库伦(Coulumb)公司致力于打造一个以公共充电为主的充电服务平台,为市政、商场、停车场和企业集团等提供全套充电服务的网络支持解决方案和云服务。库伦公司会与场地提供商进行分成,如在结算中扣除掉电费外,向合作方收取一定比例的充电服务费。还可以通过云服务获得大数据。

0.4元到0.8元不等。在美国的eVgo网络中，提供一个29.99美元到69.99美元的定购计划，使用者可以无须承担安装和运营维护充电桩的费用。

(2) 充电免费，从其他地方获益

这种情况在商业机构中出现较多。如美国加州一家大型零售商建设了33个充电桩，建设充电桩的目的不是为了赚钱，而是为了响应总公司的环保要求。根据33个充电桩的数据，显示大多数车主充电的时间在1h以内，每天充电桩充电的时间最长为8~10h。目前，在国内的汽车4S店一般也为该品牌汽车车主提供充电服务，很多是免费的或者只是缴纳基本电费。

(3) 增值服务

增值服务产生的收益将会在未来商业运营模式中占据重要地位。增值服务和基础充电设施有以下关系。首先，增值服务不能脱离充电服务基础而独立存在，两者之间存在伴生关系；其次，增值服务依托于基础充电服务的共有网络，以基础设施服务为基础网络，增值服务才能依托该网络传递给重点用户；最后，很多增值服务都是基于基础充电服务的数据积累基础上产生的，因此只有当基础充电服务规模化、数据化之后，增值服务才会不断丰富与创新。

运营商能够给用户提供查询、语音，优化线路，给用户提供数据报告、分析报告，包括状态告知，在紧急情况下，还有救援服务。充电站的扩展服务，如充电桩的安装与维护、电力峰谷错时收益、充电支付合约计划等；汽车扩展服务，如汽车销售与服务、汽车租赁与共享服务等；汽车驾驶员扩展服务，如数据聚合服务（合作方式）、车联网服务、智能交通系统，除此之外还可从电池服务、智能电网能源管理服务等获取收益。

在可以预测的未来，电动汽车充电设施网络与互联网、车联网、电网等基础网络相融合，真正实现网络应用的交融与互通，实现信息、金融资金、电能、交通、基础设施网络的高度融合与统一。

第八章 电动汽车合作生产模式①

一、汽车行业的合作生产现象

目前，电动汽车已经开始进入产业化阶段，除大量传统汽车企业外，一些互联网、核心零部件企业及投资机构也纷纷进入该产业。新的进入者为电动汽车产业带来了新思维和跨界技术，为电动汽车与移动互联网、信息化、智能化融合带来了机遇。在一些新进入者看来，燃油车的发动机、传动等核心技术在电动汽车上已经被电动技术替代，车身也面临轻量化材料的挑战，汽车行业并不熟悉的信息化、智能化正逐渐成为电动汽车差异化的核心，电动汽车很可能是继手机之后的另一个"移动智能终端"，电动汽车正在重构产业链和产业生态。

新进入者在重新定义电动汽车的同时，对电动汽车的生产组织模式也提出了挑战。他们希望采用类似手机等产品的生产组织模式，由自己负责技术创新、产品开发、生产质量监督和维护客户关系，代工企业按照产品技术要求组织生产、保障产品质量和快速的产品更新，零部件企业则高度专业化，提供核心零部件。新进入者希望通过这种代工模式，使自己成为一家专注创

---

① 此部分主要来自中国电动汽车百人会研究报告：张永伟，张成斌，张健，中国整车生产合作模式研究，2017。

新和用户关系的"轻资产"电动车品牌公司。

通过电动汽车轻资产代工模式，品牌企业、代工企业、零部件企业可以各展所长，把工作做精、做到极致。这可能是我国在电动车行业增强创新能力、强化品牌建设、增强产业链竞争力值得探索的一种模式。

然而汽车产业有很强的外部性，一直是政府监管的重点，为防止一哄而上，政府采取了刚性很强的准入制度，如果企业没有获得生产资质，则无法生产汽车产品。这种准入制度基本是在产能短缺、投资不足、依靠外来技术的时期确定的，一直延续至今。准入的导向，是关注生产能力、投资规模等硬实力指标，较少关注技术投入和品牌建设等软实力。这就引导企业把主要精力和资源投向生产设施，但技术能力、品牌建设却长期不能与之匹配。生产能力很快上来了，但产品缺乏竞争力、品牌不给力，且容易造成结构性产能过剩。

电动汽车真正要站住脚，关键是进一步突破技术瓶颈、掌握核心技术、增强产品开发能力、提升品牌影响力。如何突破产业政策规定的汽车企业必须采取"重资产"的生产组织方式，在电动汽车产业实现轻资产模式，对解决我国传统汽车产能过剩、提高电动汽车产能、提高产业链效率和专业化分工，以及信息化和智能化技术的应用都将有深远意义。实际上，汽车产品的代工已是一个普遍现象。

1. 传统汽车合作生产与代工模式

在国内外传统汽车行业，存在多种汽车代工模式，包括集团内不同品牌子公司之间的代工、跨集团代工和专业代工企业代工。

如奥迪和西雅特同属于德国大众汽车集团子公司的品牌。2011 年，奥迪 Q3 的销量大幅增长，西班牙巴塞罗那的马托雷尔工厂进行扩产，同时生产奥迪 Q3 和西雅特车型。

2008 年 3 月，标致雪铁龙集团与三菱汽车达成协议，将标致 4007 和雪铁龙 C-Crosser 这两款 SUV 转移至三菱在荷兰的工厂代工生产。为了节省开发成本和风险，标致 4007 和雪铁龙 C-Crosser 与三菱欧蓝德共用平台，底盘、智能四驱技术等关键部分均来自欧蓝德，只是外形经过重新设计，带有明显的标致家族特征，并搭载了标致的柴油发动机。

麦格纳是全球最大的汽车零部件制造商之一，自 20 世纪 70 年代，就为奔驰、宝马、克莱斯勒等公司代工生产汽车。麦格纳能够为上述跨国车企代工生产汽车的主要原因就是麦格纳是这些企业的核心供应商，其产品能力包括内饰系统、座椅系统、闭锁系统、金属车身与底盘系统、镜像系统、外饰系统、车顶系统、电子系统、动力总成系统的设计、工程开发、测试与制造以及整车设计与组装；服务范围涵盖了汽车行业内流程的全部范围，从开发到生产，从概念到成品汽车，同时还可提供替代驱动和能量存储系统、燃油系统、车门模块及车顶系统的产品与服务组合，服务都可得到在麦格纳的整车生产能力的支持。

在我国的汽车企业代工过程中，代工双方一般存在资产关系，或拥有相同的母公司。如 2015 年，由于长安铃木的产能过剩，而长安汽车的产能不足，2015 款新奔奔由长安铃木生产，在一定程度上缓解了长安汽车因销量的持续增长导致产能不足的问题。

2. 电动汽车合作生产与代工模式

在电动汽车领域，由于生产资质、产能不足等问题，不乏合作生产与代工模式的出现。

2012 年 3 月 30 日，比亚迪汽车有限公司和戴姆勒正式发布了其全新的汽车品牌——腾势，新合资公司将专注于电动汽车的研发。在技术方面，比亚迪提供电池、电机和电控方面的技术，戴姆勒则提供整车制造工艺、电动汽车结构及安全领域专有技术。从经营理念上，比亚迪提供在中国市场运营电动车的经验，而戴姆勒则提供汽车制造经验及质量管理体系。由于合资公司没有生产资质，研发的新能源车型腾势只能由比亚迪生产，腾势的公告、合格证都由比亚迪掌握。

2013年，吉利汽车控股有限公司旗下子公司上海华普国润与康迪车业合资，成立浙江康迪电动汽车有限公司，生产康迪电动车。

2015年，吉利集团与山东新大洋电动车有限公司成立合资公司，生产知豆车型。知豆是新大洋集团授权后生产的产品，本次吉利与新大洋签约后，新大洋知豆将挂吉利标识出售，但吉利仅是新大洋集团的代工厂。

国内电动汽车代工生产典型案例 ⊖

序号	典型案例	描述
1	比亚迪代工戴姆勒腾势	2010年，戴姆勒和比亚迪合资成比亚迪戴姆勒公司，由于合资公司没有生产资质，戴姆勒研发的新能源车型腾势只能由比亚迪生产，腾势的公告、合格证都由比亚迪掌握，在名义上腾势为比亚迪的产品
2	吉利为康迪代工	2013年，吉利汽车控股有限公司旗下子公司上海华普国润与康迪车业合资，成立浙江康迪电动汽车有限公司，生产康迪电动车。但由于2016年第一季度旗下合营公司净利润亏损，吉利汽车发布公告称，转让旗下康迪合资公司的股份
3	吉利为新大洋代工，生产知豆	2015年，吉利集团与山东新大洋电动车有限公司成立合资公司，生产知豆车型。知豆是新大洋集团授权后生产的产品，本次吉利与新大洋签约后，新大洋知豆将挂吉利标识出售，但吉利仅是新大洋集团的代工厂
4	蔚来汽车与江淮汽车合作	2016年4月，蔚来汽车与江淮汽车宣布从代工生产入手开展合作，初步计划年产5万辆

2016年4月，蔚来汽车与江淮汽车宣布将在电动汽车领域进行全面战略合作，整体合作规模将达到100亿元。5月19日，江淮汽车再次发布公告称，江淮汽车与蔚来汽车的合作将首先从代工生产入手，初步计划年产5万辆⊖。

这是电动汽车新创企业同传统车企的一次合作。根据江淮公布的年产量

⊖ 根据网络资料和调研整理。

⊖ 周到. 合作细节敲定，计划年产5万辆代工能否如蔚来和江淮所愿？中国汽车报网，2016年06月01日。

计划显示，双方合作的这款车，是一款具有年产5万辆左右的纯电动SUV。公告表述中称："双方同意合作从事电动汽车生产活动。在本协议明确的相关范围内，蔚来汽车将授权江淮汽车使用其商标和相关技术。"

根据蔚来汽车创始人李斌的说法，他认为，新创企业从头开始做汽车制造的效果不一定会比传统车企做得更好。而传统汽车产能过剩，选择与江淮共用产能可以提升投入效率，也可以解决公司目前还没有取得新能源乘用车生产资质的问题。

二、电动汽车合作生产的优势

1. 推动专业化生产

汽车产业正在从机械1.0时代和电子2.0时代，步入智能化3.0时代，互联网正在加速渗透汽车企业。在当前阶段，传统汽车企业与互联网企业对彼此都有一定的诉求。互联网企业正在积极切入"汽车解决方案供应商"的角色，不断推出各种软、硬件产品，而传统汽车企业也在积极布局车联网、自动驾驶和共享服务。

传统汽车企业在整车生产制造方面具有优势，尤其是在冲压、焊接、涂装、总装四大工艺方面，但是传统汽车企业的信息化、数据挖掘与客户关系处理一般比互联网企业弱。互联网企业一般比较注重客户的需求以及数据的挖掘，和对资源的整合，先进的营销思维和手段可以带来更强的品牌塑造能力，精准服务让用户获得品牌拥有感。加上目前汽车智能网联的趋势，互联网企业在云端服务、车与人和场景的互联互通方面也具有优势。

如果传统汽车企业能够与目前的高新技术企业（尤其是互联网企业）合作生产，充分发挥各自的优势，不仅能够提高汽车产品在客户中的形象，同时也能加快智能网联化的进程。

2. 提高产业链效率

传统汽车的设计周期一般较长，车型迭代慢，每一款汽车从研发到测试再到生产投放市场是一个很严谨且耗时较长的过程，新技术很难在第一时间应用到产品上。在"互联网+"的潮流下，汽车产业链原有的各项环节，涉及研发、采购、整车生产制造、物流、销售、后市场等全产业链都在变化。互联网行业最大的特点就是更新快、创新多，传统汽车行业与互联网思维的融合将会提高整个汽车产业的效率。

首先是车型定义及需求分析。互联网行业能为汽车行业建立消费者需求分析的数据库，然后转化为汽车设计的语言，提高汽车行业设计准确性，提高效率。

其次在生产制造方面。汽车企业生产制造的核心竞争力将不仅仅是产品质量控制，还要着重注意提升效率、提升柔性、缩短生产周期，而智能制造是重要的途径，互联网企业的加入，会加快汽车智能制造的进程。

再次在物流方面。订单驱动的采购和供应模式在"互联网+"时代会更具效率。大数据等互联网技术已经实现了对客户需求的有效预测，在客户下订单前对客户需求进行预判，能够有效地提升订单驱动的效率；基于信息技术平台的供应链运转体系，也能够加速信息流的流动效率；智慧物流的运用，可以减少零部件库存，有效降低生产成本，此外还可以实现供应客户的及时性。

最后在汽车后市场方面。汽车养护以"1元洗车"的互联网免费业务模式为切入点，拉动汽车业务发展。汽车租赁行业里，以滴滴等企业为首形成了多模式的汽车租赁模式，车联网数据在汽车维修检测中发挥了重大效用，互联网思维有效地提升了汽车应用、维修的效率。

3. 提高产能利用率

代工生产能够利用富裕的产能。我国自2014年开始，汽车销量增长率持续下滑，很多车企将面临严重的产能过剩问题。按照中国汽车工业协会《中国汽车行业产能调查报告》数据，截至 2015 年底，我国乘用车闲置产能 19%，约 490 万辆，商用车闲置产能 48%，约 252 万辆，我国汽车行业已经出现结构性产能过剩，汽车业未来很可能面临产能过剩的风险。如果富余的生产资源能够通过代工解决，既不需要重新建设生产线，同时也能够节约社会资源。代工生产可以解决品牌商与代工企业的产能问题。

三、产业政策问题

1. 准入管理

我国对汽车生产企业采用准入的管理方式。包括《汽车产业发展政策》(2009 年修订)、2011 年《乘用车准入管理规定》以及 2016 年《新能源汽车生产企业及产品准入管理规定（修订征求意见稿）》等，准入政策要求生产企业具备一定的规模，同时也要具备生产、设计研发、产品一致性保障、营销和售后等能力。

我国对汽车产品采用公告管理方式。我国现行公告管理允许摩托车代工生产。与摩托车准入管理制度相比，乘用车、商用车、专用汽车及挂车的准入管理规则中均未提及"委托加工"字样，但也并未明确禁止。根据现行公告管理制度，生产企业、生产地址与所生产车型应具有对应关系。在实际审批过程中，公告内企业申请增加生产地址（工厂），工信部要求新增工厂为该企业的分公司（即具有资产关系）。

也就是说，我国汽车"代工"生产的前提，是合作企业中至少有一家具备整车生产资质，且合作双方存在资产关系或拥有相同的母公司。比如长安汽车与长安铃木之间的合作以及吉利与新大洋、康迪之间的合作。如果互联网企业采用轻资产的方式，只负责产品设计与营销的轻资产模式不易实现。如果品牌商无法保持公司的独立性，有可能被代工厂彻底并购，而且发展方向也不能完全由自己决定，甚至可能迫于合资方的压力，降低产品的出厂质量标准。

我国汽车企业、产品管理制度

相关制度	主要相关内容
乘用车准入管理规定（2011）	①符合国家相关法律、法规、规章和国家产业政策、宏观调控政策 ②具备一定的规模和必要的生产能力和条件 ③具备必要的产品设计开发能力 ④所生产的产品符合有关国家标准及规定 ⑤具备保证产品生产一致性的能力 ⑥具有产品营销和售后服务能力
车辆生产企业及产品准入规则	申请车辆产品公告需提交生产企业信息 生产企业投资项目要符合《汽车产业发展政策》和国家有关投资管理规定的要求
车辆生产企业及产品生产一致性监督管理办法	生产一致性检查是要求核查车辆产品实际生产地址与《公告》地址的一致性
GB/T 21085—2007《机动车出厂合格证》	合格证应体现生产企业、生产单位名称及生产单位地址等信息

反观发达国家以汽车产品的合规性为管理重点，并未限制代工生产，且并未明确要求品牌商参与汽车生产。美国对汽车产品实施安全自我认证和环保形式认证，要求品牌商[一]对产品合规性和生产一致性负责，但并未明确要求品牌商直接参与车辆生产。欧盟对汽车产品实施形式认证制度，是我国汽车行业《公告》管理、CCC 认证的主要参考、借鉴对象。欧盟 2007/46/EC 指令规定：品牌商应在认证过程的所有方面向认证机构负责，并负责确保生产一致性，无论品牌商是否直接参与车辆、系统或独立技术单元制造过程的所有阶段，欧盟并没有要求品牌商直接参与生产环节。

2. 法律责任问题

在我国，主要是生产者[二]对缺陷产品承担主体责任。《中华人民共和国侵

[一] 说明：由于国外并未限制代工，本文所指品牌商即制造商，而实际生产者称为代工方。
[二] 《缺陷汽车产品召回管理条例》所称生产者，是指在中国境内依法设立的生产汽车产品并以其名义颁发产品合格证的企业。

权责任法》第四十一条规定："因产品存在缺陷造成他人损害的，生产者应当承担侵权责任。"《产品质量法》第二十六条规定："生产者应当对其生产的产品质量负责。"《缺陷汽车产品召回管理条例》第八条规定："对缺陷汽车产品，生产者应当依照本条例全部召回。"

在我国，一旦车辆出现质量问题，代工企业往往需要对其负责，会对代工企业品牌造成重创。比如长安福特马自达汽车有限公司代工生产沃尔沃S40，S40 由于油泵回油管存在安全隐患，2009 年，长安福特马自达召回部分国产沃尔沃 S40 轿车，对长安福特马自达公司造成了一定的损失。

生产者负责相关法律和条例

相关法律、条例	相关条款
中华人民共和国侵权责任法	第四十一条　因产品存在缺陷造成他人损害的，生产者应当承担侵权责任 第四十三条　因产品存在缺陷造成损害的，被侵权人可以向产品的生产者请求赔偿，也可以向产品的销售者请求赔偿 　产品缺陷由生产者造成的，销售者赔偿后，有权向生产者追偿
产品质量法	第二十六条　生产者应当对其生产的产品质量负责 第三条　本条例所称缺陷，是指由于设计、制造、标识等原因导致的在同一批次、型号或者类别的汽车产品中普遍存在的不符合保障人身、财产安全的国家标准、行业标准的情形或者其他危及人身、财产安全的不合理的危险 　本条例所称召回，是指汽车产品生产者对其已售出的汽车产品采取措施消除缺陷的活动
缺陷汽车产品召回管理条例	第八条　对缺陷汽车产品，生产者应当依照本条例全部召回；生产者未实施召回的，国务院产品质量监督部门应当依照本条例责令其召回 　本条例所称生产者，是指在中国境内依法设立的生产汽车产品并以其名义颁发产品合格证的企业

而在发达国家，汽车出现质量问题需要召回时，主要由品牌商承担召回的主体责任。

美国《国家交通及机动车安全法》等法律在汽车召回方面做出规定。凡是在美国本土生产的汽车产品,由美国本土的品牌商承担"召回"的主体责任;对于在美国国内市场销售的进口外国产品,则将进口商确定为责任主体。欧盟对于缺陷产品(包括汽车产品)建立有一套独特的信息系统,即RAPEX系统,成员国各生产商(即品牌商)和销售商、市场监管部门一旦发现产品存在安全风险,可以立即向欧盟委员会通报,如果DG ENTR发现某成员国的产品具有缺陷或安全、环境隐患,也是通过此系统向该生产商(即品牌商)或销售商和其成员国政府进行通报并建议其进行召回。比如,铃木汽车委托通用生产的Forenza与Reno汽车,出现了质量问题,最后由日本铃木汽车召回。

3. 产销分离限制

根据我国《汽车产业发展政策》要求,汽车生产企业自产乘用车均要实现品牌销售和服务,境内外汽车生产企业以自行投资或授权汽车经销商投资方式,进行品牌汽车的销售和售后服务活动。也就是说,我国汽车产业中生产和销售是不允许分离的,汽车生产企业往往对谁负责经销占有主导话语权,品牌公司只负责设计和销售的高利润环节,生产制造的低利润环节转移给代工企业的方式不易实现。

我国关于汽车销售的相关规定

政策名称	相关内容
汽车产业发展政策(2009年修订)	第三十四条 为保护汽车消费者的合法权益,使其在汽车购买和使用过程中得到良好的服务,国内外汽车生产企业凡在境内市场销售自产汽车产品的,必须尽快建立起自产汽车品牌销售和服务体系。该体系可由国内外汽车生产企业以自行投资或授权汽车经销商投资方式建立。境内外投资者在得到汽车生产企业授权并按照有关规定办理必要的手续后,均可在境内从事国产汽车或进口汽车的品牌销售和售后服务活动 第三十五条 2005年起,汽车生产企业自产乘用车均要实现品牌销售和服务;2006年起,所有自产汽车产品均要实现品牌销售和服务 第三十八条 汽车、摩托车和零部件销售商在经营活动中应遵守国家有关法律法规。对销售国家禁止或公告停止销售的车辆的,

(续)

政策名称	相关内容
汽车产业发展政策（2009年修订）	伪造或冒用他人厂名、厂址、合格证销售车辆的，未经汽车生产企业授权或已取消授权仍使用原品牌进行汽车、配件销售和维修服务的，以及经销假冒伪劣汽车配件并为客户提供修理服务的，有关部门要依法予以处罚 第三十九条　汽车生产企业要兼顾制造和销售服务环节的整体利益，提高综合经济效益。转让销售环节的权益给其他法人机构的，应视为原投资项目可行性研究报告重大变更，除按规定报商务部批准外，需报请原项目审批单位核准
汽车品牌销售管理实施办法[一]	第三条　本办法所称汽车品牌销售，是指汽车供应商或经其授权的汽车品牌经销商，使用统一的店铺名称、标识、商标等从事汽车经营活动的行为 汽车供应商是指为汽车品牌经销商提供汽车资源的企业，包括汽车生产企业、汽车总经销商 汽车品牌经销商是指经汽车供应商授权、按汽车品牌销售方式从事汽车销售和服务活动的企业 汽车总经销商是指经境内外汽车生产企业授权、在境内建立汽车品牌销售和服务网络，从事汽车分销活动的企业

4. 产品质量问题

汽车产品比较复杂，产品开发不是简单的设计问题，而是涉及技术体系、采购体系、质量体系和制造体系等全方位的系统工程。在品牌商和代工方差异很大的情况下，后者能为前者直接所用的资源其实很有限，因为企业管理、研发、采购、质量和制造等方面的能力都是基于自身品牌定位来建设和积累的。如果品牌商与代工企业的协调、零部件供应管理等问题解决不好，保证产品的一致性就变得很难。虽然汽车生产已经标准化和流程化了，但不同的

[一] 商务部最新的《汽车销售管理办法（征求意见稿）》正在公开征求意见。

工厂所造出来的产品，质量也会差别很大。比如，大众代工生产保时捷 Boxster，经过两年的代工，大众代工生产的 Boxster 在新车质量排行榜中排名大幅下降，美国 J. D. Power 公布的 2014 年新车质量排行榜中，保时捷由 2013 年的排名第 2 位大幅下降到 2014 年的第 9 位，新车发生故障的频率相比 2013 年增长了 30% 以上。

5. 利益矛盾问题

代工企业与品牌企业之间容易出现利益矛盾。在汽车的生产过程中，代工企业往往对品牌企业收取高额费用，品牌企业的前期投资虽然减少，但从全生命周期考虑，不如新建工厂。比如长安福特马自达为沃尔沃代工，生产一辆汽车需要收取净利润 2.5 万元；华晨为宝马代工，每生产一辆车，需要收取涂装费 4000 元。

比亚迪戴姆勒公司打造的电动车品牌腾势也是一个先例。由于合资公司比亚迪戴姆勒没有生产资质，他们研发的新能源车型腾势只能由比亚迪生产，腾势所有的公告、合格证都在比亚迪手中，导致其在名义上成了比亚迪的产品，最终销售带来的利润分配也显得不够公平。

6. 产能矛盾问题

代工过程中，代工企业一般还会生产自己品牌的产品，产能不富裕时，代工企业往往优先考虑自己品牌产品的生产，导致被代工企业配套、产能无法保障。比如，长安福特马自达生产线为沃尔沃代工，会优先生产长安福特马自达车型，产能富余时候才会生产沃尔沃车型，对沃尔沃车型市场供应不足。

同时，如果代工厂与被代工企业没有共同的月度、年度和生命周期规划，代工厂与被代工关系突然破裂，代工厂产能将有可能再度闲置，产能过剩问题并没有得到很好的解决。

四、完善合作生产的对策与建议

1. 由生产者负责向品牌负责转变

在发达国家,汽车出现质量问题需要召回时,主要由品牌商承担召回的主体责任。美国法律规定,凡是在美国本土生产的汽车产品,由美国本土的品牌商承担"召回"的主体责任。比如,铃木汽车委托通用生产的 Forenza 与 Reno 汽车,出现了质量问题,最后由日本铃木汽车召回。

而在我国,主要是生产者对缺陷产品承担主体责任。一旦车辆出现质量问题,代工企业(而不是品牌企业)往往需要对其负责,会对代工企业品牌造成重创。

允许一批具备研发、设计能力的公司进入汽车行业(尤其是新能源、智能网联汽车行业),允许其进行代工生产自己品牌汽车,但要求其对自己产品的合规性、生产一致性、维修服务等负责,一旦产品出现问题,通过事后监管的措施,对其进行处罚。高新科技公司(尤其是一些互联网公司)进入汽车行业,不仅能够解决目前的汽车产业产能过剩问题,对目前的电动汽车、智能网联汽车的推动也有积极作用。新生公司一般比较注重自己的品牌,由其对自己的品牌进行负责,能够让其更加重视汽车产品的质量和服务。

2. 由审核生产者一方向审核品牌和代工企业双方转变

我国现行的汽车生产企业准入政策,要求生产企业具备一定的规模,同时也要具备生产、设计研发、产品一致性保障、营销和售后等能力,也就是说一家企业只有具备了上述的所有能力才有可能获得汽车生产资质。在现行政策条件下,如果想要引入代工模式,解决产能过剩的问题,可以由审核生产者单方能力转变为审核品牌企业与代工企业共有的能力,只要品牌企业和代工企业双方具备上述能力,即可以批复代工生产。

比如，品牌企业具备一定的规模、产品设计开发能力、营销售后服务能力，代工企业具备一定的规模、生产能力、生产一致性能力，双方能力能够达到或超过现有准入条件，即可允许其代工生产。

3. 由重事前监管向事后监管转变

注重事中和事后的管理、管理程序公开透明和处罚措施严厉是美、德、日、韩汽车管理方式的重要特点。日本、韩国也只是在汽车产业发展初期出现过针对投资管理的相关法律，但在产业形成一定规模后即被淡化。

在发达国家，满足技术法规要求是允许汽车上市销售的唯一条件，这些条件涵盖了车辆安全、环保、节能等方面的强制性要求，并以此为依据对机动车辆产品实施严格的准入管理。美国和韩国实行的是自我认证制度，德国和日本实行的是形式认证制度。虽然实行的认证方式不同，但是各国都形成了完善的管理制度，且管理程序公开透明。对于不符合相关法律法规要求的行为进行严厉的处罚，从而保证认证工作的有效性。

我国目前对汽车生产企业主要采用准入的方式进行管理，如果品牌商委托第三方进行代工生产，代工企业需要具备汽车生产资质，汽车产品一旦出现质量问题，一般由代工企业（生产者）负责。事前的准入管理对车辆出现问题后，起到的作用有限，将事前监管转变为事后监管，加大对违规企业事后处理力度，往往会起到更好的效果。比如，美国汽车行业管理的一个非常值得借鉴的地方，是由企业自己及第三方机构对汽车的安全、环保性负责，政府颁布相应法规，不管准入，重在对企业产品上市后进行监管，一经发现有不达标或不合规的汽车，美国有一整套的、基于法律的处罚体系，让违规者（一般是品牌商）承担主体责任，在美国总有汽车企业会支付高达数十亿甚至过百亿美元的惩罚是不足为怪的，这些案例对业界的警示作用比我们国家要有效得多。

4. 企业合作生产试点示范

外部力量（尤其是互联网企业）进入汽车产业为汽车产业带来了创新力和竞争力，只有加快传统汽车产业与新兴产业的有效融合，我国汽车产业才能抓住新一轮产业升级的历史机遇。国家应该对跨界造车给予支持，进行试点示范，减少汽车产业的重复建设与重复投入，提升全行业的创新能力与效率。

汽车是一个充分竞争的产业，在"互联网+"时代应该欢迎新的进入者，应该调整现有的汽车生产资质的相关规定，允许汽车企业实现苹果式的或者小米化的生产，也就是他们自己没有工厂，却可以生产出全球著名的自己的产品。

应当适度地、有序地调整企业和产品准入制度。支持一批真正有实力、有能力的业外资本进入汽车产业，发展电动汽车，导入新的商业模式、管理理念，进而改变汽车产业的产业链和价值链。同时，强化市场事中、事后监管，严厉惩处无法确保产品一致性以及违规经营的企业。

设立支持电动汽车产业发展的专项引导基金。在国家新兴产业创业投资引导基金、中小企业发展基金中设立专项，为电动汽车领域的中小企业、创业公司提供支持与保护，鼓励它们充分利用全球市场和全球资源，研发世界一流的产品；通过10~15年的时间，培育一批初步具备全球竞争力的整车和零部件企业，打造民族品牌。

第九章 "互联网+汽车+交通"商业生态研究[一]

一、"互联网+汽车+交通"带来系统变革

电动汽车技术变革的同时,也是互联网与汽车、交通深度融合的时期,电动汽车商业模式伴随着"互联网+汽车+交通"的跨界融合。汽车与交通作为传统产业,"互联网+"或"+互联网"后,这两个领域自身发生重大变化,汽车与交通之间也会进一步融合。从商业生态上看,一些新的商业生态会如雨后春笋般地涌现,其中有的会茁壮成长为一个产业,甚至形成一个产业链和生态圈,有的则可能只是昙花一现,但这正是互联网时代创新的新常态。

商业生态创新的背后必然会带来体制、政策、法规的调整需求。实施新的产业政策,交通管理体制和行业政策、商业模式、行业分类标准等都会受到冲击。很多情况下,已经很难给创新的商业生态来定义其属于哪个行业,归哪个部门来管理。它既可介入汽车研发,又可介入信息管理;既有生产,又有服务;既有传统服务,又有金融创新;既可能是一种服务功能,又可能

[一] 本章主要摘自中国电动汽车百人会2015年课题报告《"互联网+汽车+交通"发展研究》,主要撰写人包括张永伟、何霞、杨景、王泉、李克强、戴一凡、王笑京、李斌、刘文峰、吴涛、张沫、赵琳、邱劲、刘小诗、秦玮、黄博、孙志斌、李博抒、张成斌、张思远、谷亚云等。

是集多种功能于一体的垂直服务商；既涉及人们的出行，又触及人们的娱乐和生活消费。一个什么都像、谁也说不清的商业生态或业态丛林，将是"互联网＋汽车＋交通"时代的另一种新常态，因此，基于传统分工体系和部分职责来进行管理的做法就必然遇到挑战，生产关系如何适应生产力发展，是"互联网＋"时代，对政府管理能力的新考验。

"互联网＋汽车＋交通"也会带来监管的全新配置，自然会带来利益格局大调整，不同利益主体之间的冲突与调和会成为另一种新常态。最近国内外都比较关注的互联网租车模式和传统出租车模式之间的商业生态冲突就是典型案例。一方是传统模式，有多年形成的利益格局和管理体系，尤其是出租车驾驶员已成为一个有较大社会影响力的职业群体；另一方是利用互联网优势能给消费者带来更多选择、更便利服务的新商业生态，缺少可适用的管理规则，又没有承担传统模式中的一些沉淀成本或运营责任。这也是汽车和交通"触网"后很快就遇到的监管问题。

从变化角度看，"互联网＋汽车＋交通"应是一个系统性变革，各种要素和功能彼此耦合和连接，整个系统会更协调、更有效率、更有活力。为了更清晰地描绘出这些变化，我们可从服务、汽车、交通等不同方面来分析变化的情况。

1. 社会真正进入汽车生活时代

围绕汽车生活的商业生态创新会大量涌现。如车载信息服务，通过对道路、交通、气象、停车场等交通信息和紧急事件信息的实时聚合能力，提供丰富的车载信息，包括基于导航的位置服务、基于互联网的信息娱乐服务、基于语音识别的通信服务和紧急救援等安保服务。汽车制造厂商、汽车电子厂商、网络设备提供商、IT解决方案提供商、终端设备开发商、信息处理和内容供应商和应用开发商之间会进一步融合。

2. 汽车和交通真正进入大数据时代

通过在大数据平台上建立车辆运行状态数据分析、驾驶行为分析和交通状态分析等开放服务能力和分析工具，可大幅提升交通指挥、道路运输监管、汽车性能监测和诊断以及商业运输车辆调度管理的能力，这会极大地降低交通管理和运行成本。建立基于车联网大数据服务平台，可很快形成面向汽车制造、汽车服务、交通管理、商业运输和金融保险等相关行业开发和提供车联网大数据信息服务的生态链和产业链。

3. 促进交通管理和服务模式变革

交通安全和环境服务模式就是通过人、车、路协同交互，实现交叉路口通行辅助、车辆行驶盲区预警、行人及非机动车碰撞预警、协同式队列控制等技术的应用，降低各类碰撞事故风险。通过道路危险远程预警与监控技术的应用，降低车辆侧翻、侧滑等行驶安全风险。通过交通地理信息数据，结合精确定位信息，对车辆前方的行驶阻力等状态进行预测，帮助驾驶员和车辆控制系统优化动力系统的工作效率，促进节能减排。通过电动汽车网联化实现充/换电优化调度，提升电动车前往充/换电站的交通效率，降低充/换电等待时间，并降低电动车对电网负荷波动的影响。

4. 汽车产品和汽车制造实现智能化

互联网技术的应用可以实现汽车产品的差异化及定制化设计、提升汽车供应链效率并有效提升汽车制造的智能化水平。运用互联网及大数据分析技术，形成消费者需求驱动的研发模式。通过对用户在不同环境和使用习惯下的产品状态数据进行分析，可对车载电子设备的固件和应用软件在线更新。运用车联网、业务管理和电子商务技术，通过车联网大数据的采集、分析与挖掘，可建立客户个性化需求与企业内部订单到货时间（OTD）高度集成的产业链协同商务平台，形成高效协同的汽车制造供应体系，全面提升汽车制造供应链整体效率。通过制造管理智能化、制造装备智能化和生产过程智能化等手段,形成具有感知、决策、执行、自适应组织的智能生产系统以及网络化、协同化的生产设施,满足大规模定制化的制造方式,实现生产制造的精准化和产品的全生命周期管理及服务,降低库存积压,缩短产品从设计到生产的周期。

5. 人类出行真正实现了及时管理和动态服务

交通出行管理和服务模式已悄然发生变化,借助互联网及电子信息技术对传统交通运输业务关键环节的改造,出行便利性和运行效率明显得到提高,例如以 ETC 和公交 IC 卡为代表的综合电子支付以及一体化通关运输等。电子导航地图的快速普及为后续各类基于位置服务的创新应用提供了可能。借助移动互联网、大数据以及云计算技术对传统交通运输业务管理与服务流程进行重构与创新,基于用户体验和需求导向的商业生态创新越来越多,例如打车软件、专车、拼车、分时租赁以及智慧物流等;再次,借助新能源和智能技术对交通运输领域载运工具动力方式、车体结构、控制方式以及感知与决策能力的突破,载运工具的安全、效能和使用便捷性也会发生重大变化,例如智能汽车、网联汽车、无人驾驶汽车等。与此相对应的是,道路基础设施会进入智能化阶段,例如智能公路、智能枢纽与停车场等,而这两部分的融合发展,很可能会推动交通运输体系向一体化、规则化、中心化和受控化方向演进。

二、"互联网 + 汽车 + 交通"带来的技术创新

1. 信息通信技术

在移动互联网高速发展的推动下,信息通信技术取得了巨大的进步,这为智能手持终端的迅速普及、用户体验的不断提升、应用内容的日益丰富和

产业的可持续发展打下了重要的基础。在"互联网+汽车+交通"新商业生态的发展中，由于用户的消费行为从信息消费向服务消费和产品消费扩展，移动终端从智能手持终端进一步发展到车载信息终端、车载计算平台和控制单元，汽车和交通的生态环境中有越来越多的利益相关者加入。这将导致服务的模式从信息提供和传播发展到与对车辆和交通的控制工程结合，服务的过程走向信息化、自动化和智能化，服务的价值结构从面向单一受益体变为支持价值多元化的多边契约平台，信息基础设施从通用化走向软件定义和任务化，计算的结构从垂直的功能体系向平台化和功能虚拟化发展。这些信息通信和控制技术的发展将直接推动信息物理系统和工业互联网的发展，将在产品和服务的开发和运营、供应链的结构和服务优化，以及实现面向客户的全生命周期服务上逐步突破，对进一步的汽车和交通产业的转型和升级奠定基础。

（1）推动移动互联网发展的技术

智能手持终端的普及迅速激起了消费者和开发者对丰富应用的需求，大幅度降低了信息消费应用的技术复杂性、开发成本和营销成本。移动互联网技术的应用与发展在"互联网+汽车"后服务和"互联网+出行服务"的信息消费市场上催生了众多的新商业生态，并且还在继续产生更多的新商业生态。这些移动互联网迅速发展的技术可分为硬件技术和软件技术两类。

推动移动互联网发展的技术

分类	内容
硬件	高清显示屏、传感器、闪存、高速处理器、图像处理器和电源等
软件	宽带移动通信、移动操作系统、APP、HTML5、云计算、大数据、语音识别、图像处理、位置服务和信息安全等

（2）智能交通中的信息通信技术

在"互联网+交通"面向汽车驾驶人和乘车人的出行者信息服务领域，需要开发和应用许多新的信息通信技术，以推动智能交通的进一步发展。这表现在高速和宽带的通信链路，对动态的地理、交通和气象信息的聚合、集成和分发，传感信息的融合，对环境的动态感知和辅助决策，基于交通路况的路由优化和端到端的导航算法，基于语音的人机交互和实现汽车中控、车载信息终端与手持移动终端的交互，汽车标准的车载信息终端设备等。目前，车路协同已成为智能交通发展的新方向，而新一代的通信技术则是车路协同的关键，它为智能交通提供车与路、车与车之间高速可靠的智能传输通道。

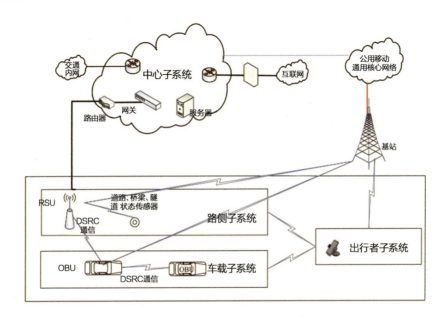

车与路、车与车之间高速可靠的无线传输通道○

智能交通关键信息通信技术

关键技术	概述
空口	空口是基站和移动电话之间的无线传输规范，定义每个无线信道的使用频率、带宽、接入时机、编码方法以及越区切换 影响空口时延的主要因素是数据传输时长、数据传输资源请求等待时间，以及数据处理导致的反馈延时。降低空口时延，可以提升移动通信系统的性能

○ 鲍东山. 新一代车－路、车－车无线通信系统. 中国电动汽车百人会高峰论坛，2015.8.1.

（续）

关键技术	概述
正交频分复用技术（OFDM）	采用一种不连续的多音调技术，将被称为载波的不同频率中的大量信号合并成单一的信号，从而完成信号传送具有在杂波干扰下传送信号的能力，对抗多径反射效应，降低接收端错误率，补偿通道传输的失真，有效提升宽带使用效率
支持时分的全双工和灵活双工	指两个设备之间发送和接收数据可同时传送操作。可使用完全相同的无线频谱资源在相同的时间内同时发送和接收数据，使移动通信系统容量翻番，降低系统延迟。典型的是TDD（时分双工）和FDD（频分双工）
软件定义网络（SDN）	软件定义网络的核心理念是将网络功能和业务处理功能与网络设备硬件解耦，变成抽象化的功能，再通过外置的控制器来控制这些抽象化对象。其核心技术是OpenFlow，通过将网络设备控制面与数据面分离开来，从而实现网络流量的灵活控制。因此SDN可为网络设计规划与管理提供极大的灵活性
软件定义无线电（SDR）	软件定义无线电是利用现代化软件来操纵、控制传统的"纯硬件电路"的无线通信技术。重要价值在于：传统的硬件无线电通信设备只是作为无线通信的基本平台，而许多的通信功能则由软件来实现，打破了有史以来设备的通信功能的实现仅仅依赖于硬件发展的格局，具有很强的灵活性和较强的开放性
多输入多输出技术（MIMO）	多输入多输出技术是指在发射端和接收端分别使用多个发射天线和接收天线，使信号通过发射端与接收端的多个天线传送和接收，在不增加频谱资源和天线发射功率的情况下，可以成倍地提高系统信道容量
自适应的时间域和频域二维导频处理	导频技术可以有效地提高不同载频之间切换的成功率，在收发双方都已知的信号上，可以按照一定的规则插入到OFDM的时间和。频率二维结构内，假设不考虑MIMO，只要在两个方向的导频密度满足二维Nyquist二维定理，就可精确估计信道的时变和衰落特性。该项技术能够在移动速度和传输效率之间取得平衡
基于融合信息的切换机制	融合多种信息进行切换决策，可以保证切换的高效率和高可靠性
Real Time ACK	确认字符（ACK）是指在数据通信中，接收站发给发送站的一种传输类控制字符，表示发来的数据已确认接收无误。实时的ACK技术能够通过降低传输时延，实现高效低成本的移动性支持
亚米级高精度定位	满足对包括车辆在内的动态精确定位需求

智能交通关键技术包括毫秒级空口、正交频分复用技术（OFDM）、支持时分的全双工和灵活双工、基于 SDN 和 SDR 的设计思想、多输入多输出技术（MIMO）、自适应的时间域和频域二维导频处理、基于融合信息的切换机制、Real Time ACK、亚米级高精度定位等。

（3）智能汽车中的信息通信技术

在"互联网＋汽车"领域，通过采集车辆、驾驶人和交通行为和状态信息，实现驾驶人、汽车整车厂及其 OEM 和供应链、汽车维修服务企业、商业运输、金融保险、道路管理、紧急救援、公安交通管理、商业运输管理等大量的包含了消费者、不同的商业机构和政府监管部门的多元价值，是目前技术发展十分迅速的领域。

智能汽车关键信息通信技术

关键技术	概述
支持大量数据上传的 LTE 技术	长期演进（Long Term Evolution，LTE）是由 3GPP 组织制定的 UMTS 技术标准的长期演进，其远期目标是简化和重新设计网络体系结构，使其成为 IP 化网络。具体的演进目标是实现高数据率、低延迟；减少每比特成本；增加业务种类，更好的用户体验和更低的成本；更加灵活地使用现有和新的频谱资源；简单的网络结构和开放的接口；更加合理地利用终端电量
云计算技术	云计算是 IT 领域最核心最重大的变化趋势，它是宽带互联网普及和并行计算、分布式计算等技术不断发展演进和商业模式创新等共同形成的产物。包括以下几个层次的服务：基础设施即服务（IaaS）、平台即服务（PaaS）和软件即服务（SaaS）
大数据技术	大数据（big data），或称巨量资料，其核心在于预测
基于机器学习和决策的智能控制技术	机器学习指的是计算机系统无须遵照显式的程序指令而只是依靠暴露在数据中来提升自身性能的能力；机器学习的一个主要目的就是把人类思考归纳经验的过程转化为计算机通过对数据的处理计算得出模型的过程。经过计算机得出的模型能够以近似于人的方式解决很多灵活复杂的问题
OBD-Ⅱ	车载诊断系统（OBD）是一种自动诊断汽车问题的程序。根据故障码的提示，维修人员能迅速准确地确定故障的性质和部位，有针对性地去检查有关部位、元件和线路，将故障排除。OBD-II 实质性能就是通过监测汽车的动力和排放控制系统来监控汽车的排放

(续)

关键技术	概述
CAN 总线接口技术	控制器局域网络（Controller Area Network，CAN）总线的数据通信具有突出的可靠性、实时性和灵活性，由于其良好的性能及独特的设计，汽车领域内最广泛地应用了 CAN 总线来实现汽车内部控制系统与各检测和执行机构间的数据通信
汽车电子控制单元网络控制技术	电子控制单元（ECU）是由集成电路组成的用于实现对数据的分析处理发送等一系列功能的控制装置。汽车上各 ECU 通过网络连接，构成车载网络控制系统，以实现汽车的网络化控制

（4）"互联网+汽车+交通"应用的信息通信技术

在"互联网+汽车+交通"领域，通过车与车、车与路、车与行人通信，以及对交通和车辆进行自动化控制，实现交通安全和能效的大幅提升，实现绿色出行，是融合全球汽车业智能汽车发展和交通业智能交通发展的重要举措，是全球正在发展中的重要的技术领域。

"互联网+汽车+交通"应用关键信息通信技术

关键技术	概述
综合传感技术	包括卫星定位、激光、毫米波雷达、超声波和图像的 3D 动态传感和融合，对道路、物体和各种对象的识别
人工智能技术	机器视觉/语音识别、图像分类、机器翻译、可穿戴设备、无人驾驶汽车等

上述各种推动"互联网+汽车+交通"不同应用领域的新商业生态的发展，可以映射到移动车载信息娱乐终端、车载计算平台、协同通信、车辆环境感知、移动通信和大数据云平台等主要的信息通信技术和产品领域中。

2. 汽车技术

汽车业当前面临五个问题：一是传统汽车业采用产品导向而非用户导向的治理结构，消费者被置于产业链的末端，这样的治理结构难以满足用户个性化、地域化需求，也无法满足汽车市场和交通市场不断变化和发展的需求。二是传统汽车从设计到投放市场平均周期需三年，难以快速应对市场的需求，也难以适应技术的日新月异。汽车一旦下线，其功能基本上不再改变。事实上机械系统和电子系统的更新周期差异极大，但是汽车中所有部件的更新周期被归到汽车整车的更新周期中，并被冻结在汽车整车产品的完成点上。三是约束传统汽车设计的一些条件是互斥的，例如性能、成本和安全。尽管电子辅助驾驶技术的采用已经体现了通过信息技术实现主动安全的潜力，但是由于这些主动安全功能不能避免其他车辆的碰撞，造成汽车制造成本的升高。四是尽管汽车中已经包含诸多智能控制的部件，可以根据工况自动进行配置和调节，但是由于汽车在使用过程中遇到的场景数量和复杂度远远高于汽车产品设计的考虑，汽车性能、效能和排放的优化水平难以提高。五是汽车业长期以来一直在开发"自感知"的基于规则的智能民用无人驾驶汽车技术，试图摆脱人工操纵机器的局面，但是这种产品既没有明确的交通市场定位，也没有为从有人驾驶到无人驾驶的过渡过程建立新的人机交互模式，使得开发先进的传感和控制技术难以实用。实现"互联网+汽车+交通"融合以后，能够很大程度上解决上述问题。互联网为汽车技术带来的创新主要表现在两个方面，分别是汽车智能制造技术和协同式智能化控制技术。

（1）汽车智能制造技术

互联网技术的应用可以实现汽车产品的差异化定制化设计，提升汽车供应链效率并有效提升汽车制造的智能化水平。运用互联网及大数据分析技术，形成消费者需求驱动的研发模式，通过构建具备开放式架构的整车电子电器控制软件平台，实现汽车主要控制单元（ECU）的软硬件分离，可以保证汽车电子产品的差异化定制化开发与快速远程升级。

运用互联网、业务管理和电子商务技术，通过车联网大数据的采集、分析与挖掘，建立客户个性化需求与企业内部订单到货时间（OTD）高度集成的产业链协同商务平台，形成高效协同的汽车制造供应体系，可全面提升汽车制造供应链整体效率。依托互联网大数据分析与先进制造、人工智能等技术的集成融合，通过制造管理智能化、制造装备智能化和生产过程智能化等手段，形成具有感知、决策、执行、自适应组织的智能化生产系统以及网络化、协同化的生产设施，满足大规模定制化的制造方式并提高制造效率。

宝马铁西工厂的智能化生产

注：图片来源于网络。

（2）协同式智能化控制技术

"互联网+汽车+交通"的深度融合将使汽车的功能更加多元与先进，依托复杂环境感知、智能化决策、自动化控制等汽车智能化技术以及现代通信与网络技术，可以使车辆与车、路、人等外部节点间实现信息共享与控制协同，实现安全、高效、节能行驶。协同式智能化控制技术根据联网后智能汽车的不同功能也可分为三类。

1）汽车信息服务技术。车载信息系统的功能范围呈现逐渐扩大的趋势。早期的信息系统主要用来为乘员提供娱乐活动，如收音机、CD播放器等。随着微电子技术的发展，模拟音频系统被数字系统替代，如可通过物理端口（USB或AUX）、蓝牙连接存储器或者播放设备。如今的车载信息系统除了娱乐活动外，还能够提供卫星导航以提高定位精度（GPS/GLONASS/北斗）；可外接手机用于打电话、发短信；可接入互联网成为移动终端；抬头显示技术的发展，将信息投射到前风窗玻璃上，方便驾驶人查看。

长安 InCall 车载智能系统

注：图片来源于网络。

2）行驶安全技术。通过"人、车、路"协同交互，可实现诸多汽车行驶安全方面的技术。具体有以下几个方面。

行驶安全技术

关键技术	概述
交叉路口通行辅助控制	依托于机器视觉技术与图像处理技术，实现对交通信号灯和路口行人的检测与识别，完成环境信息获取，为驾驶人交叉路口行车提供辅助及预警，提高车辆的行驶安全性
车辆行驶盲区预警	通过车载探测感应装置，对车辆两侧盲区实时监测，当有车辆进入盲区时给出警示，或者车辆需要转向或者变道时，提示驾驶人以减少刮擦、侧撞和翻车等事故
行人及非机动车碰撞预警	依托于机器视觉技术与图像处理技术，对突然出现在机动车道上的行人、自行车等非机动车进行检测，并警示驾驶人
前撞预警	实时监测前方车辆减速或制动，并警示驾驶人采取规避措施
紧急制动控制	紧急制动控制通过测距模块测出与前车或障碍物的距离并与报警距离、安全距离做比较，小于报警距离则警示驾驶人，若小于安全距离则车辆自动制动，以保护行车安全
紧急车辆主动避让	紧急车辆主动避让技术通过将获取的外界信息传递给驾驶人，并结合汽车的状态辨别目标运动状态、相对运动速度、相对运动方向，确定当前数据所适用的模型，再根据天气、路面状况确定危急程度、预测事故发生的可能性。在紧急情况下，由车载微处理器发出控制命令，自动采取控制措施，使汽车避开危险，保证车辆安全

(续)

关键技术	概述
协同式汽车列队行驶控制	队列控制让一列线性车队以较小间距沿相同路径行驶,提高道路车辆密度、简化交通控制复杂程度,在缓解交通压力的同时还可以降低油耗、节约能源
自适应巡航系统	自适应巡航系统控制单元可以通过与制动防抱死系统、发动机控制系统协调动作,使车轮适当制动,并使发动机的输出功率下降,以使车辆与前方车辆始终保持安全距离,可减轻驾驶人的疲劳,并使车辆的编队行驶更加轻松
车道偏离预警	主要由抬头显示器、摄像头、控制器以及传感器组成。摄像头(一般安置在车身侧面或后视镜位置)会实时采集行驶车道的标识线,通过图像处理获得汽车在当前车道中的位置参数,当检测到汽车偏离车道时,传感器会及时收集车辆数据和驾驶人的操作状态,由控制器发出警报信号
道路危险远程预警与监控技术	实时获取前方道路危险状态,结合车辆行驶速度等车辆参数,对车辆在行驶前方可能出现的危险提前判断并进行主动控制,从而全面提升交通系统安全性

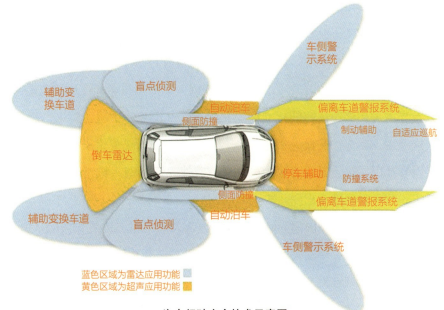

汽车行驶安全技术示意图

注:图片来源于腾讯汽车。

3）节能减排技术。利用通信网络获取的交通、地理和气象信息数据，结合精确定位信息，对车辆前方的行驶阻力等状态进行预测，实时优化汽车动力系统控制策略，提高工作效率。通过汽车与交通信号灯等路侧设施之间的控制协同与动态交通诱导，保障交通系统通行效率最优，降低整体能耗与排放，将使汽车的使用者享受到更为便捷、舒适的交通出行服务。

例如车用微电子机械系统（MEMS）元件对于节能减排有明显的助益，通过传感器来测量发动机的压力和油料流动状况，以减少碳排放量。发动机怠速熄火系统（Stop/Start）需要压力感测和其他非 MEMS 元件提供汽车发动机熄火时的关键信息。此外，气体传感器可控制车体内部的空气质量，而红外线热电堆传感器则可进一步监控温度。

三、"互联网＋汽车＋交通"带来的商业生态丛林

智能手机的出现，不仅改变了人使用手机的目的和方式，还改变了人与人之间的社交形式，以及人类社会传播信息的方式。与此类似，"互联网＋汽车＋交通"，不仅将改变人用车的方式，还将改变人与车的关系，改变人出行的方式，改变人类社会的交通设计。"互联网＋"对于汽车和交通的改造与融合，首先体现在汽车从智能化向网联化发展，汽车成为手机之后又一个重要的智能终端，甚至被调侃为"四个轮子＋手机"或"四个轮子＋电子屏幕"。车联网和地图导航逐渐成为标配，从而为其他"互联网＋汽车＋交通"的应用提供了技术和硬件基础。其次，"互联网＋汽车"体现在现有汽车服务业流程的信息化改造，典型应用为降低供需双方沟通成本和交易成本的O2O服务，即各类以网上订单、移动服务为核心的商业生态迅速涌现。第三，"互联网＋汽车＋交通"体现在对于现有基础设施的信息化改造，典型应用为智能停车场、智能公路、智能物流等，即基础设施更为智能化。第四，"互联网＋汽车＋交通"深刻影响现有制造业和服务业的商业生态及组织形态，典型应用为汽

车共享、金融保险和汽车制造业的深度变化。最后，以上技术和商业创新又会反作用于汽车制造业，带来汽车智能化变革。

一般来说，商业生态的演进逻辑总是从简单到复杂，从目前已经呈现出的雏形来看，可大致分为以下几类：智能生产、汽车交易、共享经济、汽车后市场服务及基础设施。

"互联网＋汽车＋交通"带来的业态丛林表

序号	分类	所属商业生态
1	智能生产	• 汽车设计模式的改变 • 汽车制造模式的改变 • 传统汽车制造企业的转型升级 • 汽车部件的智能化 • 汽车控制决策的自主化发展
2	汽车交易	• 商品流通环节的改造与融合 • 二手车流通环节，多种商业形态并存
3	共享经济	• 打车软件创造了新的出行方式 • 互联网＋汽车共享助推分时租赁 • 闲置私家车共享新模式的出现 • 定制巴士解决多人一站式出行
4	汽车后市场服务	• 互联网车险衍生差异化服务 • 互联网金融引发贷款业务的变革 • 汽车维修保养O2O市场重新划分 • 从导航升级到全覆盖车联网方案 • 大数据提升实物流
5	基础设施	• 智能交通2.0时代 • 互联网重新定义的交通管理 • 以能源供给为核心的生态圈体系 • 互联网技术增强公共服务水平

1. 新商业生态一：汽车设计模式的改变

通过互联网大数据，汽车制造商可以更加准确地了解消费者需求，从而针对愈加旺盛的个性化需求来生产车辆；同时，利用大数据分析，精确预测未来市场变化，进而制定企业战略。互联网最早被当作一个辅助手段、工具手段，发展到今天俨然成为一个高度融合的整体。这种融合和变革体现在研发环节便是改变了传统的汽车设计模式。

案例1：消费偏好调查

根据零点研究2014年网络调查显示，智能、科技及环保是当今用户最关注的购车因素，其中，年轻群体对车辆智能化的需求趋势更为明显。

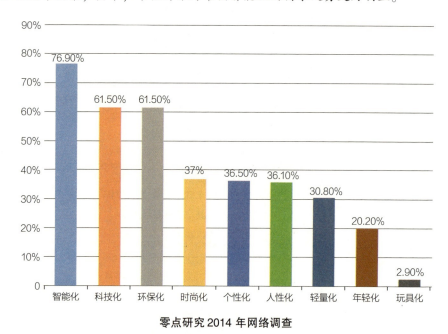

零点研究2014年网络调查

随着汽车产业的发展，市场规模不断扩大，各汽车品牌之间的竞争也愈加激烈，准确地把握消费者的用车需求已经成为汽车制造商制胜的关键。通过对消费者偏好进行调查，可以研究消费者的关注点及敏感点，进而将其反映在汽车产品上。通过将传统的调查及分析方法在线化、智能化，从而更快速地反映当下消费者的偏好。

案例2：开源汽车 Tabby EVO

Tabby EVO 是一款开源汽车的框架部件，能让你打造自己的专属汽车。

Tabby EVO 全套汽车部件在自家约 1h 就能组装完成。此车搭载了 80V/15kW 的电力动力传动系统,能够承载 2~4 名乘客,配备 93in(1in = 0.0254m) 的轴距,最高车速可达 128km/h。电动汽车升级了车架和悬架,在欧洲和美国街头行驶已合法化。可以在 OSVehicle 官网下载所有的设计和图样,还可以帮助改善车辆的设计。同时,也可以在 OSV 论坛上传设计,分享个人设计灵感及想法。

Tabby EVO 示意图

案例3:SR 协同制造平台

德国 SR(Streetscooter Research)公司开发出的协同智能制造平台改变了传统汽车设计研发和生产模式,让汽车的设计和制造过程在供应商的支撑下完全扁平化。通过"互联网 +"将符合设计规则的供应商集中于 SR 平台上协同工作,从而将新车的平均研发周期降到传统方式的一半,将研发成本降到传统方式的十分之一。例如,2014 年 SR 公司展出的代号为 C16 的电动汽车,它的一半零部件均来自 3D 打印,重量只有 450kg,单次充电行驶里程达到了 100km,最高时速为 100km/h,售价仅为 5000 欧元(约 3.6 万人民币)。通过该模式制造的电动汽车在安全与稳定性方面也不输于传统制造模式,已经通过了德国最严格的 TUV 质量认证。

目前，SR 公司基于 PTC Windchill 研发平台已经聚集了上百家中小企业及大学研究机构，同时，已经开始布局中国市场，将提供电动汽车整车委托研发、重要零部件的优化方案、电动汽车生产车间架构、电动汽车生产平台的搭建等业务。

随着此种模式的发展，电动汽车相关领域的合作伙伴会逐渐增多，能否有效地整合资源，创造 SR 公司在业界的影响力成为模式成功的关键。

2. 新商业生态二：汽车制造模式的改变

互联网引领的产业变革，推动制造业向智能化及网络化发展，智能工厂的出现就是其中的一环。从汽车层面来看，电动车被认为是智能化的最佳平台，电动车也将进一步实现智能化和网联化。

案例：西门子数字工厂

在德国政府、企业及大学等科研机构的联合推动下，基于互联网的智能工厂出现在德国。西门子智能工厂内的产品可以完全实现自动化生产，装配线上的半成品会向设备提供制造需求，然后，按照需求进行自动组装。通过网络控制，工厂内 1000 余个制造单元可在无人操作的情况下对零部件进行挑选和组装。工厂占地面积 9290m^2，主要生产工业自动化设备。包括汽车制造设备。目前，西门子在安贝格的自动化工厂主要致力于为巴斯夫、戴姆勒及宝马等公司生产自动化机器设备。目前该工厂的自动化程度已经达到 75%。

智能工厂的出现从一定程度上缓解了劳动力不足，同时相对降低劳动力成本。劳动力仅参与提交样品订单、计算机操作及生产流程监控环节，生产力得到解放的同时大幅度提高了生产效率，从根本上满足了现代化装备制造发展的需求。

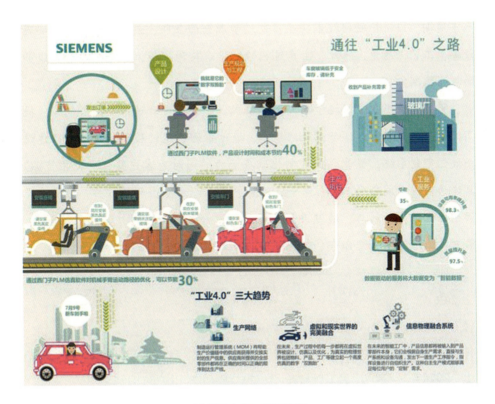

西门子未来工厂示意图

3. 新商业生态三：传统汽车制造企业的转型升级

促进传统制造业加快转型升级，是坚持走新型工业化道路的必然选择，也是加快发展汽车产业的根本举措。围绕这一目标，各汽车制造商分别调整发展战略，从生产源头助推转型升级的进程，积极适应科学发展的新阶段，力争在日益激烈的市场环境中立于不败之地。

案例：长安汽车的转型探路

长安汽车公司的智能制造以推进数字化为核心，建设数字化工厂，应用物联网技术，通过大数据分析构建新的生产方式。其中，数字化工厂已实现三维工艺规划与仿真，通过虚拟验证，提前发现制造问题，从而缩短新产品上市周期。应用物联网技术将生产制造资源全面互联,最终,通过系统实现设备、工艺、质量、能源、生产过程的数据采集和分析,并建立基于云服务的智能控制中心。

长安的智能制造依托于七大核心技术,使企业生产过程全面智能化,提高效率,降低成本。结合互联网技术,通过推进制造过程和模式创新来建设个性化定制系统,提升企业定制化服务能力的同时为客户提供个性化产品。具体的实现方式分为三步:第一,以用户需求驱动整个制造过程,为用户提供个性化服务。第二,通过互联网连接线上和线下,为用户提供便捷服务。第三,通过打造超级 BOM,实现灵活的产品编码,支撑生产多样化产品。

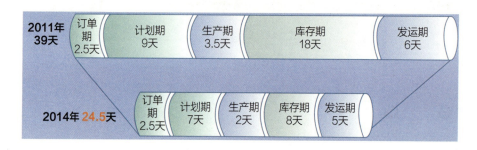

长安 OTD 缩短时间表

长安通过互联网建立的新生产方式,已成功将准时交货率(OTD)效率提升 37%,缩短交货时间 14.5 天,有效降低成本 14 亿元人民币。

4. 新商业生态四:汽车部件的智能化

汽车部件的智能化体现在多个方面,如汽车电子比重增加、供应链形态的变化、固件在线升级(OTA)等。

随着信息技术的发展,汽车电子在整车中的比重逐渐增加。Autonomou-Stuff 公司基于互联网搭建汽车自动驾驶的电子设备供应链平台、第三方开发平台和集成平台;基于网络的、开放的、扁平化的平台重新塑造智能汽车电子系统制造的供应链已经开始。同时,Automotive Automation 公司已经开始提供自动驾驶后装升级服务,通过增加雷达、超声和图像传感器及新的智能控制单元,已经可以为 2012 年以后的奥迪某些车型提供自动驾驶升级服务。

固件在线升级方面,随着数据连接越来越普遍,云计算服务处理能力也更加强大,一辆汽车能够产生 GB 级的数据,而传输和储存这些数据的成本相当高。采用传统的物理连接方式升级汽车电子控制软件需要消费者到经销商的店面完成,这样不仅消费者体验差,还存在效率低下和版本碎片化的问题。市场研究公司 IHS 的研究表明,由于保修和召回的减少,今年空中升级将为汽车厂商节省 27 亿美元(约合人民币 172 亿元)。目前特斯拉、通用和标致雪铁龙等企业都采用了固件在线升级技术。

汽车半导体的主要 IC 元器件分布 ⊖

案例:特斯拉的固件在线升级

特斯拉 Model S 内部通过一块触屏处理车辆所有问题,如空调和天窗的开关、车灯亮度调整等。采用车联网技术使得云计算中心与车辆数据实时交互,从而实现车辆故障远程诊断和控制等功能,为固件在线升级提供技术保障。2015 年 10 月,特斯拉通过在线升级将系统更新到 7.0,部分实现了自动驾驶

⊖ 数据来源:IHS。

功能,如自动车道保持、自动变道和自动泊车功能,在高速行驶时减轻了驾驶人负担,并帮助用户更简单方便地泊车;另外升级了侧撞预警系统,扩大了安全检测范围。

2017年4月,特斯拉开启最新8.1系统版本的升级。升级功能包括针对第二代全自动驾驶硬件车型自动辅助驾驶系统和召唤功能的升级,以及针对Model X车型的禁用便利进出功能、鹰翼门高度调整和头枕调整这三方面功能的更新。

自动车道保持和自动变道功能

注:图片来源于网络。

5. 新商业生态五:汽车控制决策的自主化发展

"电动化、智能化和网联化"成为汽车行业重要的发展方向。传感及定位技术、通信技术、决策与控制技术是汽车智能化的关键技术。根据技术路线的不同,大致分为军用和民用两个领域。以谷歌为代表的IT公司采用军用领域技术,核心是机器学习,目标是车辆能够适用各种非结构性道路,因而成本较高。而汽车企业采用的是民用领域技术,以车载传感器、V2X协同为核心，目标是车辆能够适应结构性道路，因而成本较低。

根据技术发展阶段的不同，大致可以将智能汽车技术分为以驾驶人为中心技术阶段、以网络为中心技术阶段和以车辆为中心技术阶段。其中，以驾驶人为中心技术即目前的主动安全辅助系统，而以网络为中心的技术即网联汽车，它是智能汽车发展的重要组成部分，最后，以车辆为中心的技术即自动驾驶技术。

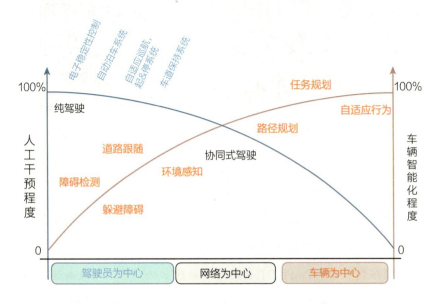

智能汽车技术发展阶段与智能化程度分级

案例1：谷歌

谷歌无人驾驶汽车是谷歌公司 GoogleX 实验室研发的全自动驾驶汽车，主要通过摄像机、激光测距仪、雷达传感器等来获取周围的环境数据，然后将这些数据输入计算机，相关软件会以极高的速度处理这些数据，从而使系统可以迅速地做出判断，计算机通过自学习从而变得更聪明，更加个人化。

○ 数据来源：欧阳明高《"互联网+汽车+交通"高峰论坛》。

据报道，到 2016 年 10 月，谷歌的自动驾驶项目再创纪录，其行驶总里程突破 320 万 km。随着监管日渐宽松，Google 自动驾驶汽车的奔跑速度越来越快。谷歌已经完成城市高速公路等简单路况的测试，目前正在加大对更复杂路况的测试。

 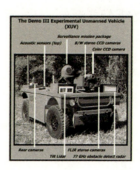

谷歌无人驾驶汽车与军用无人汽车均采用激光雷达

案例2：日产

日产汽车公司一直致力于自动驾驶汽车的研发，早在 2013 年 9 月日产研发的自动驾驶汽车已经获得了牌照，可以在日本上路行驶。2017 年初，日产 Serena 已经搭载了日产 ProPILOT 自动驾驶辅助系统，可以完成高速公路情况下的单车道自动驾驶。其完成自动变道的 ProPILOT 2.0 系统计划于 2018 年推向市场。预计到 2020 年，可以应对城市/高速复杂路况的 ProPILOT 3.0 系统也将推出，日产将推出多款搭载自动驾驶技术的车型。

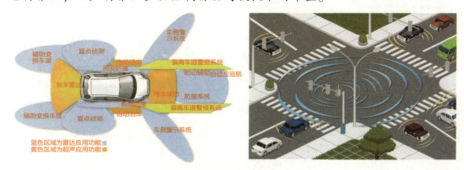

车载传感器与 V2V、V2I

注：图片来源于网络。

6. 新商业生态六：新车销售电商化

互联网对于商品流通环节的改造与融合，在家电、图书、服装等行业已进行多年，其核心是供应侧和需求侧的信息匹配，减少中间环节，降低流通成本。具体的实现形式是网上交易平台+供应商+客户+金融等纵向服务。

案例1：神州买买车[①]

神州买买车2016年5月正式上线，打造并行于4S店之外的汽车电商平台。2016年双11当日，神州买买车科鲁兹单品订单金额近3.6亿元，总订单金额突破8亿元。神州买买车利用神州优车集团协同效应，凭借集团与主机厂的强议价能力，与国内主流整车厂商、4S店、进口商建立合作，并以包销和代销的形式，通过全国线下门店网络销售给线上导流的终端消费者。全面覆盖从车源、供应链、门店、消费者、汽车后市场服务及旧车处置的全用车周期。与传统渠道及其他汽车电商平台相比，神州买买车在汽车金融方面创造性地推出了"先享后买""0首付"等全新汽车消费模式。到2017年8月，神州买买车共有超过3000名员工。未来公司希望通过线上线下相结合的O2O模式，构建中国最大的汽车电商平台，提高流通效率、改善客户体验，迎接汽车流通领域新变革。

案例2：易车

易车公司成立于2000年，于2010年在纽交所正式挂牌上市。是中国汽车互联网最早的开拓者之一。易车致力于打造成为中国消费者首选购车平台，定位为用户选车、看车、买车、用车、换车的一站式便捷服务，与此同时为

[①] 全国工商联汽车经销商商会，北方工业大学，易观国际.中国汽车电子商务发展报告.北京：社科文献出版社，2017。

厂商和经销商提供整合解决方案。围绕汽车行业整个生命周期，易车已布局形成大生态体系，媒体服务平台与交易服务平台两大平台作为支柱，大数据作为贯穿两大服务平台的核心驱动力。

易车生态系统

易车旗下易鑫集团已经发展成为国内规模领先的汽车互联网交易平台。2016年，易鑫平台的交易量超过26万辆，总交易规模超过270亿元。现在易鑫平台的线上用户单月购车需求逾600亿元，业务范围遍及全国300多个城市。易鑫集团于2017年6月正式推出了淘车品牌，为消费者提供涵盖新车、二手车交易及汽车增值服务在内的一站式汽车交易体验。

7. 新商业生态七：二手车电商平台高速发展㊀

根据中国流通协会公布的数据，2016年中国二手车总体交易量达到1039万辆，同比2015年全年增长10.3%。二手车行业增长速度高于新车增长速度。

㊀ 全国工商联汽车经销商商会，北方工业大学，易观国际.中国汽车电子商务发展报告.北京：社科文献出版社，2017．

2017年1—6月全国二手车共交易583.7万辆，同比2016年上半年增长21.5%。

二手车电商交易平台在最近三年，有了爆发式增长，二手车电商借助互联网，广泛与金融服务公司、新车经销商、数据服务公司合作，甚至开始线下布局、自建物流体系，提高了用户体验。

案例1：优信二手车

2011年，戴琨从易车网离职创立了优信拍。经过多年的探索和实践，优信拍形成了从线上拍卖到线下交付以及增值服务的拍卖业务体系，为新车和二手车商、租车企业等提供二手车交易服务。2014年7月，企业决定开拓新业务，做面向个人消费者的B2C业务优信二手车。之后两大业务线并行发展，优信集团成立。到2017年初，优信宣布交易二手车100万辆。

优信拍通过提供车辆检测、在线拍卖、车辆交付、手续流转、增值服务等一站式服务，聚拢海量买家与卖家，帮助二手车经销商建立货源采购市场，同时提供跨地区的物流服务。截至2016年底，在全国七个中心城市建设总面积超过30万m^2的线下交易中心，拥有合作车商已超过10万家。

优信二手车主要面向C端客户，而作为二手车的零售平台，优信二手车在全国铺设近3000人的线下业务团队，通过采集各地商家的车辆，经过专业检测后，将车辆信息发布到优信二手车平台上。个人买家对平台上的二手车有兴趣，就可以打电话或者在线预约看车，优信工作人员会带买家去车商那里看车。优信向买家担保无重大事故、无火烧、无泡水，如果车源不符合承诺，可向优信二手车平台申请退车。优信的金融产品"付一半"，加速了优信二手车的发展。

案例2：瓜子二手车

瓜子二手车前身是赶集好车，是赶集网内部孵化的项目，于2015年9月15日正式更名为"瓜子二手车直卖网"。

瓜子二手车从2015年起就开始在全国铺设线下团队提供检测、交易服务，从4S店、二手车市场等招专业评估师，对平台上的车源进行上门检测。2016年该平台共检测大约200万辆二手车，通过大数据的积累及人工智能算法的加持，以评估二手车的价值。通过二手车检测服务帮助买家了解车况和残值，撮合了二手车交易，并提供陪同过户的服务。此外，为了消除用户买到问题车的顾虑，瓜子二手车承诺重大事故车14天可退。除了专业的服务外，瓜子二手车使得个人之间的交易没有中间商赚差价，省去了以往4S店、黄牛等二手车中介加价的环节，让利给个人买家和卖家。瓜子二手车只收取4%的服务交易佣金，除此外不收取其他费用。而更多的盈利空间是在汽车后服务市场，透过交易，汽车金融、保险以及其他汽车后市场服务将会成为瓜子二手车的主要盈利业务。截至2017年6月，瓜子二手车实时在售个人车源量超过15万辆。

8. 新商业生态八：互联出行方式

共享经济正在改变人的出行方式。在"互联网+"等新技术出现之前，私家车的共享在技术和消费习惯上都难以大规模实现，因而乘用车的使用仍然以个人或家庭拥有、独立使用为主要的形态，在满足个人便利的同时，也存在车辆使用效率过低的问题。当前，新技术的出现使得新的出行方式成为可能，这种新的出行方式是通过技术和经济手段来改变人们的出行模式及人与车的所有权关系。

打车软件改变过去Call Center的叫车模式，社会车辆衍生而来的专车和拼车服务丰富了大众的出行方式。而这些新的出行方式的出现，反过来又对汽车的销售、设计以及行业监管带来了新的挑战和要求。其中，专车的出现在一定程度上打破了营运车辆和非营运车辆的原有边界，不仅对传统出租行业带来重大冲击，也给已有的法律规定和监管方式带来挑战。例如，乘客因给驾驶人差评而被打，这就要求在平台的安全和监管方面更需引入新的服务标准，以互联网的思维转变政府的职能，更好地促进新生商业生态的健康发展。

案例1：滴滴专车

滴滴专车在 2014 年 8 月正式上线，专车服务定位于中高端用户市场，为用户提供高端、舒适的优质出行服务。很快滴滴专车覆盖北京、上海、广州、深圳、杭州等多个城市。滴滴专车分为舒适型、经济型、豪华型、商务型等不同的级别，专车的价格更高，但服务受到好评。滴滴专车的核心竞争力就是通过大数据的深入挖掘与应用，整合各类城市交通资源，通过共享经济的模式以及智慧的算法，智能匹配出行的供给和需求，消除信息不对称，从而提高总体效率，降低社会成本，让出行变得更加高效。随着 2016 年网约车新政的推出，滴滴出行对其组织架构也进行了调整，形成了包括快车、出租车、优步业务在内的出行事业群；包括专车、代驾、企业级服务在内的品质事业群；包含小巴、公交在内的智慧交通 FT 团队；包括全球化业务的国际业务事业部等。专车业务成为滴滴出行的核心业务之一。

案例2：嘀嗒拼车

除打车软件和专车服务以外，拼车服务也是另一新生市场。目前，在国内的拼车市场中，嘀嗒拼车占据了大量的市场份额。根据专业数据分析机构 QuestMobile 发布的《移动互联网 2017 年 Q2 夏季报告》数据显示：嘀嗒拼车以 506 万的月活跃人数，超越优步、易到等一众网约车客户端，成为仅次于滴滴出行的第二大独立用车服务 APP，并大幅领先于首汽约车、易到、神州专车等出行类 APP。

嘀嗒拼车专注于上下班拼车，其拼车模式有拼座版和专车版。安全方面，当使

嘀嗒拼车手机 APP 界面

用者开始拼车时，可输入好友的手机号，拼车软件将记录本次拼车旅程，并免费发送短信至好友手机，以确保拼车者的安全。与其他拼车模式相比，嘀嗒拼车不仅具有一对一模式，还兼具1+1模式，即一个车主可以接受1张以上的订单，车主在提高收益的同时乘客享受更多的价格优惠。同时，嘀嗒拼车还推出了"城际拼车"模式。

9. 新商业生态九：分时租赁模式

分时租赁是汽车租赁行业为迎合市场需求衍生出来的一种新型租车模式。它是指以小时或天计算提供汽车的随取即用租赁服务，消费者可以按个人用车需求和用车时间预订租车的小时数，其收费将按小时来计算。传统的租车模式不支持按小时计费，即使用户只使用几个小时，也要按1天计费。分时租赁模式是整个租车行业在业务领域的一个有效补充，可以覆盖更细分的市场，提升出租率，比如自驾接送机、商务接送等。

分时租车的诞生依托于具有高效、低成本以及拥有良好用户体验的O2O商业模式。用户打开手机APP，就可定位并搜索附近提车点，在软件中可根据需要选择车型，确定租赁时长以及在线支付，降低运营成本。

分时租赁还提高了车位的使用效率。现在，车在一个车位上要停2~3h，甚至更长时间，它只解决了一个人的出行问题。如果采用分时租赁模式，一个车位基本上20min换一辆车，这样车位效率就成倍提高。对于上海、北京这样的大城市，车位十分稀缺，该模式就显得非常重要。另外，分时租赁避免了车辆空驶率，提高了车辆的出行效率。

案例：Car2Go

由戴姆勒集团于2009年推出的交通出行解决方案——Car2Go，在表现形式上与国内现有的分时租赁模式类似，但不同之处在于Car2Go项目由车企经营，而不是汽车租赁公司。Car2Go现已在美国华盛顿、德国柏林、加拿大多伦多以及中国重庆等 8 个国家的 29 个城市开展运营，效果良好。Car2Go 一律选用戴姆勒集团自家紧凑型车型 Smart。采用"单程、自由流动"的模式，打破了传统租车企业按天计费和在门店租车、还车的运营传统，类似目前国内许多城市设立的公共自行车租赁项目，无固定门店、无须在指定地点租车与还车、用车时间按照使用时长计费。会员通过手机 APP 即可发现并预约共享车辆，直接开启或结束行程。

图 85　Car2Go 汽车共享

在欧美市场，这种创新的用车服务方式已逐渐被市场认可。在德国乌尔姆，超过一半的市民成了 Car2Go 会员，享用这项服务，这种创新模式获得了较高的用户满意度。在柏林，Car2Go 的覆盖面积已达到 $275km^2$，拥有 1200 辆 Car2Go 汽车，已成为柏林目前最大的汽车共享服务商。根据戴姆勒方面的数据统计，全球汽车用户平均每天驾驶汽车的时间不超过 2h，一辆车便足以满足 15 位市民一天的交通需求，即可以让用车效率提高 15 倍。

10. 新商业生态十：闲置私家车共享新模式

由于私家车的普及、驾车成本的上升以及人们消费习惯的变化等多方面原因，造成社会闲置车辆逐年增加，对闲置车辆的再利用成为实现共享经济的重要途径和表现形式。对此类车辆的再利用既可以解决人们的出行难题，又可以提升资源的利用效率，促进能源、车辆及环境的协调发展。但同时运营风险和监管问题也随之凸显，需要在发展的同时兼顾公平。

案例：PP租车

PP租车成立于2012年10月，作为亚洲以及中国P2P租车行业的试水者，PP租车积极借鉴国际成熟市场的P2P租车模式，结合亚洲以及中国客户的消费习惯，为消费者提供安全、经济、便捷、个性化的P2P租车服务，并尝试完善保险机制、私家车车辆管理系统、道路救援等配套服务。2013年10月10日，PP租车在中国正式上线运营。到2017年6月，PP租车在全国29个城市，拥有超过60万辆车和数百万用户。

基于汽车共享理念，PP租车创造私家车出租模式，结合私家车的闲置时间与用户的使用需求，提高车辆的使用效率，同时，利用互联网技术掌控车辆情况，保证车主对车辆信息的知情权。在保险方面，PP租车与DirectAsia保险公司签订协议，为所有车主及租客提供达250万元赔付额度的保险保障，通过完善保险机制来为用户提供具有安全保障的租车服务。

2017年3月，PP租车更名为START，目标是从租车工具型定位向丰富车型体验的共享有车生活方式蜕变。未来START将着力盘活社会闲置资源，使车辆得到更高效的利用。还将主推个性化的用车体验，使驾驶乐趣有不同偏好的人也可以通过START平台找到如保时捷、特斯拉、奔驰等车型。

11. 新商业生态十一：定制巴士解决多人一站式出行

定制巴士有别于传统公交车，具有"定制路线和专座直达"特点，线路上两点一线，途中不停靠任何站点，缩减了用户的时间成本，相比出租车及专车出行，其费用低廉，节约了出行成本。定制巴士如果可以在公交车专用车道上行驶，还能够有效缓解出行高峰期带来的交通拥堵问题。

案例：嗒嗒巴士

嗒嗒巴士是深圳市嗒嗒科技有限公司推出的巴士出行定制软件，2015年

3月上线，它利用移动互联网技术，提供上下班出行用车服务。用户通过嗒嗒巴士官方微信号或APP预定车票或发起新路线。截至2015年底，嗒嗒巴士已开通2000多条线路。注册用户已达150万，服务地区涵盖北京、上海、深圳、南京、武汉、西安、湛江、从化、清远、厦门、珠海和汕头等城市。

嗒嗒巴士

12. 新商业生态十二：互联网车险衍生差异化服务

在"互联网+汽车"之前，保险公司主要通过驾驶人的事故频次和违法违规状况进行车险的差异化定价。随着"互联网+汽车"为车险公司提供更多风险定价手段，各类以差异化定价为实质的互联网车险开始涌现。在"互联网+汽车"之前，汽车金融的风险控制更多基于贷款者的收入、不动产和户口等信息；随着"互联网+汽车"为汽车金融公司提供更多跟踪汽车和识别客户的手段，以汽车作为抵押品或消费品的汽车金融供应大量增加。

互联网车险的发展经历了从车险代理到UBI（User Behavior Insurance，基于驾驶行为而定保费的保险）。在车险环节，新的商业形态首先出现在车险代理环节，即通过互联网降低车险这一产品的销售费用，众多互联网公司均将车险代理作为其变现客户关系和客户数据的一个重要手段，成为车险新的销售渠道。

而更为深层次的变革则来自于车险公司与其客户通过互联网能够实现更多的信息交流,车险公司可以更好地识别每个客户的驾驶习惯和承保成本,进而有针对性地推出差异化的车险产品。UBI 已经在欧美国家成为合法的车险产品。在最简单的车险代理和更为复杂的 UBI 之间,互联网公司通过对客户驾车习惯的分析,往往还能开发出很多类保险的服务项目。

基于 UBI 的互联网汽车保险功能构架

案例:平安互联网车险"保骉"

2015 年 11 月,平安和众安保险联合推出国内首个 O2O 合作共保模式的互联网车险品牌——保骉车险。交强险由平安产险承保,商业车险由众安保险和平安产险共同承保。众安负责线上营销,平安负责线下服务。平安承诺为保骉车险客户提供无差别的理赔及相关服务,确保优质的客户体验。目前仅在首批车险费用改革城市推广,通过为车险用户免费提供 OBD 车载硬件设备的使用权来实现车险的定价,经过用户授权后车载设备将记录用户的驾驶行为数据,包括用车习惯、用车频次等,整合线上线下数据,为车险的多维度定价和服务推送提供参考,实现个性化定制车险。

13. 新商业生态十三:互联网金融引发贷款业务的变革

借助互联网和大数据进一步挖掘客户的消费需求,已成为当今汽车金融的发展趋势,通过提供更加智能、更加便捷的汽车金融服务来吸引消费者,促进消费者潜力的释放,推动汽车金融发展的同时也形成了新的服务商业生态。

汽车金融通过"互联网+"有效降低风控成本。在汽车金融领域，中国汽车金融的渗透率仍远远落后于欧美成熟市场。而互联网金融的出现，让汽车金融与互联网金融之间出现了多个交集。与不动产按揭贷款相比，汽车金融相对较低的单笔贷款额和相对更高的风控成本一度成为制约国内银行开展汽车金融业务的主要障碍。随着"互联网+"的出现，汽车金融公司可以更为便捷地了解车辆的真实交易状况和行驶状况，有效降低了其风控成本，从而推动了汽车金融的发展。

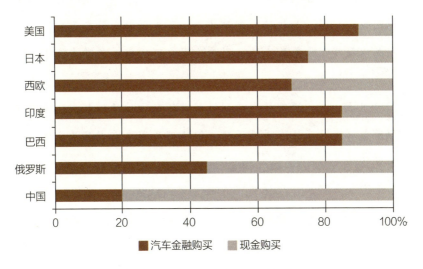

中国汽车金融渗透率和其他国家比较

案例：广发易车联名信用卡

在"互联网+"背景下，易车公司与广发银行共同推出面向车主的联名信用卡，为车主提供定制化、增值化的"汽车+互联网+金融"服务。该信用卡除具有普通信用卡功能外，还涉及车险、车主人身意外险、道路救援、加油、二手车、养护服务等增值服务。

14. 新商业生态十四：汽车维修保养 O2O 市场

互联网与维修保养结合产生了新的商业模式，出现一大批互联网创业企业，O2O 模式蓬勃发展，对维修保养市场产生了重大影响。

案例 1：养车无忧网

养车无忧网于 2012 年 9 月上线，商业模式属于垂直电商 + 到店养护模式，线上预订汽车保养用品线下由维修保养店完成。线上选择保养套餐，可选择保养用的零配件，如机油、制动片等，下单付款后养车无忧网通过快递将保养用品以及线下服务券寄送给用户。用户可凭借服务券去线下合作维修保养店进行汽车保养。

2017 年 8 月，养车无忧从战略到模式进行全方位的调整，认为汽配电商化一定程度上解决了产品透明度问题，但从满足用户需求品质出发，行业需要全新的发展模式。

养车无忧未来将结合配件超市连锁（供应链体系）、连锁联盟品牌管理（服务体系）、金融中介（金融体系）和无忧云信息系统（系统体系）梳理并打造更完善的 S2B2C 模式。在该模式中，养车无忧作为 S 为 B 端汽配超市、汽服连锁门店提供多重支撑，通过信息技术实现整个过程的线上化、透明化，来更好地服务 C 端客户。而在这个过程中将实现产业链效率的提升。全国所有合作主体都将通过养车无忧平台在系统、收银、数据开放等多个环节实现统一管理，涉及资金结算将通过新的金融方式解决。未来还将二手车、新能源车、车险乃至车生活服务类项目直接接入养车无忧体系中。

案例 2：卡拉丁

卡拉丁于 2013 年 8 月起正式运营，属于纯上门服务维保模式，用户可通过官网、微信、电话预约上门养车服务。用户可以直接选择汽车的品牌、系列、型号，车辆信息确认后提供四种上门服务：小保养、大保养、PM2.5滤芯更换以及蓄电池更换。所有业务的收费方式均为"配件费用+服务费"，其中配件可以自备，卡拉丁只提供服务收取服务费。服务结束后，用户可以选择支付现金或刷卡。

2015年底，卡拉丁服务城市已覆盖包括北上广深一线城市在内的11个城市，可提供2000多种车型（覆盖90%以上的常见车型）的保养服务，用户重复购买率超过70%，是上门汽车保养服务领域的领先者。

15. 新商业生态十五：从导航升级到全覆盖车联网方案

导航地图的出现优化了公众的出行方式，给出行者带来高效、便捷的出行体验，从其生命周期而言，目前导航地图产业已相当成熟，未来将成为庞大的基于位置的增值服务市场以及分时共享、无人驾驶汽车等全新业务市场的关键性基础设施环境。

从全球角度看，西欧、北美、日本三个地区的导航地图正走向成熟期，排名前三的导航企业是NAVTEQ、Tele Atlas和Zenrin，其中NAVTEQ和Tele Atlas主要市场在欧美，Zenrin主要市场在日本。国内目前取得甲级测绘资质的有四维图新、高德、百度、易图通、灵图等九家企业，其中四维图新和高德占据着我国的绝大部分市场，形成双寡头垄断的竞争局面。

案例：百度CarLife

CarLife是一个全覆盖的车联网解决方案。首先在手机端，该产品支持安卓和iOS系统；其次在车机端，几乎覆盖了市面上所有的车机解决方案。百度CarLife是一个平台级的产品，汇集了主要的车主用车场景。百度有百度导航、百度音乐、百度糯米、百度外卖等各种各样的产品，这些产品都能通过CarLife实现将客户从手机的用户体验转移到车辆的用户体验上。百度车联网打造的是一个面向开发者、车企、主机厂家的汽车私有化云平台。百度 CarLife 已经开放平台 SDK，只要集成一个小于 100KB 的 SDK，就可以将产品很方便地接入到 CarLife 平台。

16. 新商业生态十六：大数据提升实物流

智慧物流利用集成智能化技术，使物流系统能模仿人的智能，具有思维、感知、学习、推理判断和自行解决物流中某些问题的能力。即在流通过程中获取信息并分析信息做出决策，使商品从源头开始被实时跟踪与管理，实现信息流快于实物流。智慧物流集多种服务功能于一体，体现了现代经济运作特点的需求，即强调信息流与实物流快速、高效、通畅地运转，从而降低社会成本，提高生产效率，整合社会资源。

目前国内电商物流主要有自营和整合平台两种模式，前者以京东物流为代表，后者则是以海尔日日顺物流为代表。

案例1：京东物流和菜鸟物流

2012 年京东商城制定了名为"亚洲一号"的大物流运营策略，在全国建立完善的物流配送体系。"亚洲一号"物流项目在上海、北京、武汉、沈阳、广州等地建立若干个大型物流运营中心，通过该物流中心来提升业务周转能力。到 2017 年初，京东中小件物流网络覆盖 110 个城市、大件覆盖 446 个地级市和县市、冷链覆盖 69 个城市，京东实现在 15 个核心城市保证 211（当日达或次日达）运营时效。

菜鸟物流则是通过线上运用大数据、云计算、物联网、供应链管理技术优化配置快递资源，线下建设世界一流的智能仓储设施网络和末端配送网络，同时整合各类社会仓储资源，与广大快递物流企业进行战略合作、共同发展，提高物流配送效率。到 2016 年底菜鸟当日达服务做到了 12 个城市，次日达 90 个城市。

案例2：海尔日日顺物流平台

日日顺物流自动化仓储设施

日日顺物流由海尔物流转化而来，定位于打造国内大件物流配送平台。

日日顺以互联网思维为基础，采用轻资产、自创业战略。在物流最后1km服务方面推出了车小微信息交互平台，实施"自进入、自抢单、自交互、自优化"策略，积极吸引社会车辆加入成为车小微。目前车小微拥有9万辆物流车、18万服务人员。平台上的所有车辆均为加盟方自有。截至2015年底，平台拥有18000辆国内可调配的车辆资源，500万 m^2 仓储面积，3300多条物流干线，15个物流基地，42个一级配送中心，56个二级配送中心，2000个HUB库。

日日顺物流平台已经推出了手机APP，车小微车主可以在平台上进行抢单、收益结算等，客户可以在平台上进行服务评价。订单会由平台进行整合形成标准包，订单价格按重量和距离计算。线上订单配送包括按约定时间送、24~48h送达以及门对门快速送达三种方式。目前物流信息平台拥有员工60人，其中七八个人专注于手机APP项目。物流平台年营业额60亿~70亿元，日订单在10万单以上。在车小微方面，车主可以通过微信平台申请加入，目前对车辆的要求主要包括所有权及缴纳保险等证明，要求服务水平达标。同时，日日顺为了更好地服务于车小微车主，推出了购车平台。车小微车主购置的车辆价格一般为3~5万元。

从日日顺物流平台上的车辆情况看，从网点到用户"最后1km"，车小微采用2.8m厢式物流车，日均行驶里程低于100km。从目前来看，车辆价格和产品可靠性是能否在日日顺物流推广电动物流车辆的关键因素。

17. 新商业生态十七：智能交通2.0时代

"互联网+汽车+交通"的改造与融合，还体现在现有基础设施的智能化与网联化，如停车场、公路、加油站，乃至收费系统等为汽车正常运行必备的基础设施，也将在这一轮"互联网+"的融合中实现升级，并产生新的增值服务功能。

智能网联汽车和智能手机的推广，使得车主、汽车与停车场、公路之间有了更多信息沟通的可能性，从而可以实现更优化地规划停车位置、行使路线。

案例1：智能公路

在智能交通中离不开人、车、路三大因素，道路技术的发展对人和车的影响十分重要，近年来，随着科技的发展，新型道路技术有力推动着智能交通的发展。智能公路可通过交通资讯信息的收集和传递，实现对车流在时间和空间上的引导、分流，避免公路堵塞，加强公路用户的安全，以减少交通事故的发生，并改善了高速公路交通运输环境，使车辆和驾乘人员在高速公路上安全、快速、畅通、舒适地运行。这种公路体系一旦实现，可以把城市中的交通阻塞减少一半，据测算，智能公路系统可以减少事故31%~85%。

日前，瑞典开通了最智能的一段公路——欧洲E4公路，处于瑞典北部城市Pite和Lule之间的路段。这一智能公路安装了太阳能传感器，可以对行驶车辆做出路面结冰、事故拥堵和其他危险情况的预警。荷兰从2013年起建造智能高速公路，电动汽车在公路上行驶的同时充电，公路两旁安装的节能灯在车辆经过时灯逐渐变亮，提供足够的亮度防止发生交通事故，车辆驶离后灯会自动熄灭。智能公路要比普通公路更安全、更具有可持续性。在高速公路的收费管理中，德国使用了以全球定位系统和移动无线通信技术为基础的全自动高速公路交费系统，该系统在2005年1月1日投入运营，可实现全自动高速公路自动缴费功能。

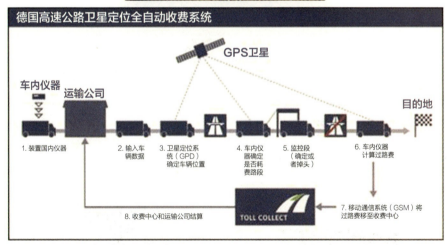

德国全自动高速公路自动收费系统

高速公路智能化建设情况反映着一个国家和地区的交通发达程度乃至经济发展的整体水平。与发达国家相比，我国高速公路智能交通系统起步较晚。根据中国智能交通协会的研究，发达国家的智能交通系统投入占高速公路建设总投资的7%~10%,而我国高速公路智能交通投资占整个基建工程投资额的1%~3%。由此可见,我国智能公路领域的发展潜力巨大。此外,我国高速公路已经进入集中升级改造的阶段,每年需要升级改造的道路里程将不断增加。按照新建系统造价的30%计算,每年仅升级改造方面的市场需求就将超过30亿元,考虑到通胀及对智能交通系统建设的重视程度不断提高,未来几年高速公路对智能交通系统的建设存在巨大的需求。

案例2:电子不停车收费系统(ETC)

随着互联网技术的发展,电子商务逐步引领着市场浪潮,电子支付作为新兴的便捷高效支付手段也随之发展起来。在道路运输缴费领域,ETC是目前世界上最先进的路桥收费方式。通过安装在车辆风窗玻璃上的车载电子标签与安装在收费站ETC车道上的微波天线之间的微波专用短程通信,利用计算机联网技术与银行进行后台结算处理,达到车辆通过路桥收费站不需停车就能缴纳路桥费的目的,从而提升收费站车辆通行速度,缓解交通拥堵。

美国最著名的ETC系统是E-Z Pass,这套系统与国内ETC系统一样,用于缴纳路桥费用。此外,E-Z Pass在多年前就开始尝试多领域合作,更是与麦当劳合作建立试点项目,让开车购买食物的用户不用熄火就能完成购买和支付。麦当劳已将这样的试点餐厅扩展到五个。E-Z Pass执行董事PJ Wilkins表示,这种支付方案未来也可能用于各种免下车的餐厅或其他免下车应用。

ETC电子标签及速通卡支付停车费

截至 2013 年底，我国的 ETC 用户数量已经超过 600 万。根据 2014 年 3 月交通部发布的《交通运输部关于开展全国高速公路电子不停车收费联网工作的通知》的内容，到 2015 年底，全国 ETC 联网，建成较为完善的 ETC 基础设施网络，主线收费站 ETC 覆盖率达到 100%；建立多元化的用户发展模式，全国 ETC 用户数量达到 2000 万。

案例 3：阿里交通云

阿里云一直致力于交通云的建设。人工智能加上人类智慧管理城市，这个数据量非常庞大，当传感器成本降低甚至于接近免费时，车辆、人及整个环境中包括路灯、地面很多的交通设施上都会有大量的传感器，这些数据将产生一个数据的洪流。传统的互联网有很多的数据，但数据和数据之间有非常大的鸿沟，数据之间统一格式、快速流动的成本很高，所以必须建立一个公共的交通云。

数据在统一平台上才能实时流通，数据的快速对接能够迅速把供需双方对接在一起。

18. 新商业生态十八：互联网重新定义的交通管理

基于互联网技术的延伸，市场应用呈现多样性。利用互联网的概念和技术来统一疏导交通及管理停车已成为现实，不仅提高了资源的使用效率，也大幅度提升了城市的公共服务水平。

智能停车旨在解决停车难问题。随着私家车保有量日益增多，停车难是许多商场、写字楼等公共场所亟须解决的难题之一，满足用户停车需求也成为商场刺激消费，抓住顾客重点比拼的服务之一。

案例 1：万达飞凡智能停车

电商飞凡 O2O 平台抓住了用户停车难、找车位难的需求痛点，推出智慧停车服务。消费者将万达飞凡 APP 和车牌绑定，在出发之前通过 APP 实时查看停车场的车位情况，并根据自己的行程安排，预约并选择适合的停车位。车辆到达万达停车场闸机前，触发地感线圈，部署在闸机前的摄像头会识别车牌并拍照，闸机自动抬杆放行。

和传统的车牌识别闸机系统不同，万达电商智能停车系统的背后，有一整套完整的云计算平台作为支撑，车辆的驶入时间、停车时长、离场时间等信息，都会被记录，并同步到万达飞凡APP，入场后，根据停车场里的电子引导屏上的指示，驾驶人可以直达自己的停车位。而当用户要离开的时候，只要打开万达飞凡APP，就可以反向找到自己的爱车。

除此之外，智能停车系统的支付方式也相当灵活，当用户选择将要离场时，系统会自动计算出停车费金额，用户可以用账户余额、抵扣积分或优惠券等多种方式完成线上支付。

未来智能停车场一定不只提供停车服务，也不只是通过收取停车费盈利。未来的智能停车场将被打造成综合性汽车服务平台，在停车的同时可提供电动汽车充电服务、洗车服务、维修保养服务，甚至更多的人性化服务，例如宠物寄存，洗衣服务、个性化促销信息推送等。未来，在人们购物休闲的同时，智能停车场将为车主解决一些耗时费神的琐碎小事。

案例2：事故e处理

2015年11月20日交通事故快速处理手机APP"事故e处理"正式推广使用。该应用程序通过提示拍照、上传、确认和签名来快速处理交通事故，通过电子版的事故责任协议书，金额在5000元内的保险公司可当场赔付到账。

该应用程序在向用户提供便利的同时也对车主行为进行了相应约束。例如，现场照片上传同时经审核通过后，手机APP会收到"照片审核通过"及"挪车"提示。如果拍照上传后不主动挪车的，交管局可依据相关法规进行现场或非现场处罚。另外，该应用程序也明确了适用范围，避免了违法用户的侥幸心理。

手机 APP 界面

19. 新商业生态十九：以能源供给为核心的生态圈体系

传统的能源企业主要为汽车提供成品油，但随着汽车平均油耗的下降和新能源汽车的推广，传统的能源企业需要在能源之外开拓更多的汽车服务业务。从国内来看，中石化率先开始推动能源服务触网。

案例1：中石化汽车生态圈

2014年2月19日，中国石油化工股份有限公司发布公告，将油品销售业务引入社会和民营资本，其后25家投资者向中国石化的子公司中石化销售公司缴纳增资价款共1050.44亿元人民币。此举开启了中国最大的国有油品经销商从单一国有体制向混合所有制转型、从低毛利的油品业务的盈利模式向高毛利的便利店＋油品的盈利模式转型、由单一的加油站销售服务到以互联网+金融为推动力的人民满意的综合服务商转型的序幕。

2015年，中石化的非油业务正在加速发展，围绕中石化的销售网络来推动线上线下的融合经营模式。例如，中石化北京石油先后与招商银行、中青旅、搜狐汽车频道、携程网等20余家伙伴合作，为中石化北京石油会员提供20余项增值服务，涵盖汽车保险、养护、维修、救援等内容，同时拓展到银行卡充值、旅游、订餐、电影票、租车等领域。此外，中石化还围绕"车生活"推出了一系列的服务。

中石化销售公司正在打造线上线下一体化整合车联网平台。销售公司将继续拓展基础汽车服务，并计划凭借广泛的加油站网络，发展包括汽车保险、代客汽车维修及汽车租赁等轻资产服务，收取佣金。初级阶段主要提供汽车清洗、美容、换胎、保养和汽车配件销售等基础汽车服务。

在汽车金融服务上，销售公司目前已与中国太平保险开展保险销售方面的合作。计划今后凭借完善的网络布局和广泛的客户群优势，与更多保险公司合作或以自营的方式提供保险产品销售服务。

中石化目前已经积累了汽车后市场O2O服务的经验，计划与4S店、原厂授权经销商、汽服维修商合作，向进站客户提供代客汽车维修服务，并收取佣金。计划首先在一线城市试点，并根据试点情况，逐步向其他经济发达地区推广。长期来看，各类O2O的汽车服务势必存在一个整合的趋势，作为每一个汽车消费者都熟知的品牌，能源供应商有望通过触网实现在汽车服务领域的拓展。

案例2：力帆能源站

能源站由充电架、电池箱和换电机器人等部分组成，其主要工作流程是发电厂的电力提供给电网，电网再经过高压远距离传输到城市变电站，变电站将高压电转换成10kV电进入能源站，进而将10kV变成0.4kV交流电依次进入分箱充电机，最终将交流电变成直流电充入充电架中。通过构建电力交易机制中的用电需求,提升电力资源的利用效率,利用上下游的互联互通,避免发生风光电等资源的浪费。其商业模式的特点在于打通了电力的配售环节。上游方面,为电网提供储能和调相功能,可获得电网调费收入;通过谷电储能获得低价电,白天给电动汽车充电,赚取峰谷电差价;租赁电动汽车并采用换电模式则能够在不改变用车习惯的情况下,获得租金收入。在我国现行电力体制下,过网费决定了能源站是否具有经济可持续性。

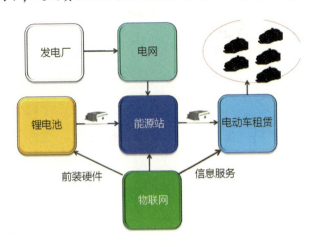

力帆能源站示意图

案例3：普天充电基础设施智能管理平台

普天智能管理平台包括充电和增值运营服务,通过互联网进一步融合智慧城市服务,形成以车辆、客户为中心的应用创新平台。通过智能平台实现数据采集、汇总和分析,将分析提炼的数据提供给电池与整车厂家,改进电池与整车的质量。

互联互通将在解决电动汽车充电难问题中起决定作用。即实现三方面的标准化。一是充电接口的标准化,满足充电接口的兼容性,从而解决车与桩有效连接的问题。二是上传数据的标准化,提高安全性的同时解决运营商和用户之间信息共享的问题。三是结算体系的标准化,提高结算效率,解决不同运营商之间存在的结算问题。

普天新能源充电运营服务示意图

20. 新商业生态二十：互联网技术增强公共服务水平

随着"互联网+"在交通领域的深度融合，更多传统的交通管理模式也在发生深刻变革，这是原有模式亟待变革的需求，也是新技术、新环境发展的产物。通过先进的信息技术，减少等待时间，提高车辆运输效率，从而大幅度提升城市的公共服务水平。

案例：北京实时公交

北京市交通信息中心在 2013 年 11 月 14 日发布了基于 iOS 和安卓系统的实时公交智能软件，提供公交到站的实时查询服务，用户可以实时了解公交车与自己的距离。乘客可以根据软件提示的距离来安排等车时间，或调整出行计划。

北京实时公交是通过车载 GPS 设备来定位公交车辆的。公交车装有 GPS 设备，北京交通信息中心通过每辆车的唯一编号和每个车站的唯一编号，结合 GPS 定位进行实时到站查询。所以软件对车辆的到站距离的识别非常精准。

该智能软件还可以直接在地图上显示车辆位置。这样用户就能更加明了地看到公交车到哪站了。

北京实时公交查询软件截图

四、"互联网+汽车+交通" 商业生态的前景展望

1. "互联网+"是汽车产业转型的一次战略机遇

车联网技术的研发及产业化应用，将推动汽车技术和信息技术的结合，可以带动汽车综合信息服务水平及汽车安全与经济性能的提升，帮助更快实现自动驾驶，并全面提升城市交通智能化水平和社会经济发展水平，对汽车消费市场形态，甚至对人类生活方式及行为方式都将产生深远的影响。

我国拥有全球最大的汽车消费市场，自主汽车产业经过20余年发展，在传统汽车领域，已经初步形成了较为完整的研发与产业化体系。同时我国在通信、互联网等行业领域有一批具有世界影响力的企业，掌握了国际先进技术以及标准的发言权，为车联网产业的发展奠定了良好基础。从国家战略层面，车联网的发展与我国北斗卫星定位、LTE/5G、智能制造等国家战略密切贴合，是实现工业4.0的最佳载体与理想切入点。可以说，车联网的发展为我国汽车领域相关企业转型升级创造了前所未有的战略机遇。

(1) 发展"互联网+汽车"具有体制优势与后发优势

"互联网+"的背后需要有高效有力的部门协调。这方面相对于欧美等国我们有优势,如果认识统一和决策到位,我们就可以从国家层面协调汽车、电子、通信、互联网等产业发展以及各部委管理职能,协同推进车联网产业发展。还可通过政府引导,鼓励汽车、信息通信和交通运输等行业之间加强合作,开展智能汽车体系架构研究与总体设计,共同参与研发、试验和应用推广,构建协同创新的生态环境。

我国车联网与智能汽车发展起步较晚,欧、美、日等发达国家和地区已经有较多的可参考经验,可充分吸收国外发展的经验与教训,制定适合我国的车联网发展方向,少走弯路。同时,发达国家的车联网系统是各汽车企业独立投入大量时间和经费开发出来的,谁都不愿意放弃自己的产品重新开始合作新系统,因而联网车数量少,难以获得有效服务。中国车企可在顶层设计的基础上协同开发大容量联网系统,发挥出车联网的真正功能。

(2) 互联网企业给传统汽车企业带来挑战和冲击

在智能化与网联化技术飞速发展的时代,谷歌、苹果等世界互联网巨头以及国内百度、阿里等互联网企业纷纷通过与汽车企业战略合作等多种方式开始介入智能汽车与车联网行业。谷歌无人驾驶汽车已经在美国多地开展了长时间的道路测试,国内百度等企业也在加快研发自己的无人驾驶平台。互联网企业大规模进入汽车行业,给传统汽车企业的发展带来了巨大的挑战。

汽车的根本属性是满足人类的移动需求,从这一意义上,汽车产业本身不会被颠覆。但是在智能化、网联化技术快速发展的今天,不积极吸收新技术、转型缓慢的汽车企业很可能被取代,或沦为"代工厂"。

(3) 利益协调和融合决定"互联网+汽车"能走多远

相比之下,国内汽车企业缺乏主动引领车联网技术发展的热情,多是被动跟随。IT企业关注点侧重通信及信息服务,对车辆安全和节能方面的需求了解不够,在车载终端开发时与整车企业的联系不密切。交通运输企业虽然在信息服务、交通安全和节能上有需求，但是看不到车联网明显的效果，对应用可靠性和服务费用存在疑虑。汽车用户对终端更新频率和服务需求的日益多样化，加深了其对后装市场的依赖，还对服务费用存在疑虑。

我国汽车产业智能化布局的时间越来越少。欧、美、日等发达国家和地区经过近10年的国家项目支持，已基本完成了V2X通信及控制的大规模道路测试评价，现已进入产业化及市场部署阶段，而无人驾驶技术的研究与测试也已经大规模展开。整体来讲，我国智能汽车与车联网自主研发与国外发达国家和地区相比实际上处于很滞后的状态。欧、美、日等发达国家和地区在发展的时间节点上已趋于一致，并通过各类组织形成联盟和利益共同体关系，已经形成了技术与标准壁垒。

随着智能汽车技术开发和实用化进程的加快，汽车电动化、智能化、网联化会呈现逐步融合的趋势，国际上智能汽车技术标准和法规也会随之升级和完善。我国如不加速智能汽车的研发投入和产业发展，将又一次面临被国外企业全面占领市场的困局。因此，我国迫切需要研究制定智能汽车产业和技术的国家发展战略，在全国范围内形成合力，充分利用我国的政府体制优势和技术后发优势，共同推进。

2. "互联网+汽车+交通"服务业态丛林成为新的经济增长点

（1）互联网+对于汽车和交通的改造与融合将形成一个业态丛林，成为新的经济增长点

任何一个商业生态，在中国都会找到相应的市场，都会形成规模化发展，这是由我国的汽车生产和消费大国的地位决定的。中国已经是全球最大的新车销售市场，未来也将成为全球最大的二手车市场，如此大的市场容量必将在汽车流通环节诞生世界级的汽车电商企业。例如滴滴（北京小桔科技），2012年成立，2014年用户数超过1亿，驾驶人数超过100万，日均单达到521.83万单，2015年5月估值已达150亿美元。又如在线地图行业，2002年成立的四维图新，已经崛起成为全球第四大、中国最大的数字地图提供商，A

股总市值达290亿元人民币。

(2)"互联网+汽车+交通"会成为创新与创业的聚集点

互联网带来汽车服务业商业形态的变化，已经成为大众创新与创业的一个热潮。根据TalkingData移动数据研究中心的统计，我国移动互联网用户规模达11.3亿，移动O2O用户规模达6.8亿，移动汽车服务用户达1.9亿（移动端用户规模指移动端累计活跃设备总数，数据截至2015年3月）。根据汽车后市场微信平台"AC汽车"2015年"汽车后市场+互联网"创新创业不完全统计结果，2014年以来，汽车后市场投资急剧升温，后市场发生160多个投资案例，大约有10%不乏巨大的投资。其中用车养车类多达51个案例，二手车交易类有17个案例，服务对接类有15个案例。这还只是初级阶段，整个汽车维修养护、汽车生活类投资将来会有快速的增加。

从商业生态中的从业人员看，"互联网+汽车"为不同人提供了发挥自身优势、创新创业的天然平台。如原来做管理的，可利用业余时间开专车；原来洗车的则开展了移动服务；搞工厂和数据分析的，在"互联网+汽车"中更可一展身手。

(3)传统行业的短板和痛点为商业生态创新提供了可能

原有的汽车服务业远远跟不上快速提升的需求，O2O等新型服务模式解决了汽车后市场服务业的诸多"痛点"。例如以滴滴、神州、易到为代表的出行服务运营商有利于解决大城市交通拥堵、对汽车限行限购等问题。

同时，信息技术的后发优势，尤其是电子商务的快速普及，使得我国消费者更乐于接受与互联网相融合的新技术、新商业生态。例如在宝马近期一项针对1000名德国消费者和1000名中国消费者的调查结果显示，将近90%的中国消费者表达了有可能或者非常有可能购买具有自动驾驶功能的车辆，而这一数据在德国消费者中只占到50%。

(4)要重视破坏式创新带来的挑战

快速迭代的新型互联网服务一方面迅速颠覆了传统的汽车服务行业，例如，滴滴的出现很快改变了出租车的运营模式，然而不久优步、1号快车等专车/快车模式又很快成为城市客运市场的新探索。另一方面，这种快速颠覆也导致原有行业人员难以适应新的竞争环境，这些新商业生态虽然创造了新的职位，也消灭了旧的就业，这一过程还引发了冲突。据央视报道，全国各地已经有多个城市发生了不同程度的抵制专车事件，有的地方出租车驾驶人围堵了专车公司的办事处，有的地方出租车用停运的方式来声讨专车。这同时对政府如何有效进行监管，保护创新创业，提升社会治理水平提出了更高要求。

3. "互联网+汽车+交通"引发交通运输业深刻变革

（1）有力地促进一体化出行的综合运输体系的形成

"互联网+汽车+交通"已经在交通运输领域发生了"化学效应"，以信息和位置服务为支撑，极大地促进航空、铁路、水运、轨道交通、出租车、商务租车、商务专车、分时租赁和公共交通为一体的综合化运输体系的形成，开启了智能交通出行的新时代。

网上购买火车票、飞机票、长途客运车票等相关电子服务应用的迅速发展，使得公众出行的便利性得到了显著提升；导航电子地图可以实时地为使用者提供基于位置的各类智能出行信息服务，如交通拥堵、交通时间、交通预测、停车预约等，使用者通过综合对比各种交通方式、实时路况等信息选用最适宜的出行方式，真正实现交通运输多方式配合的一体化出行模式；专车、拼车、分时租赁等全新的出行服务商业生态有效地满足了城市居民个性化出行需求的问题，减少了乘客出行的时间成本，提高了出行的效率；汽车共享理念和服务的兴起与发展，对未来我国机动车的保有方式产生很深远的影响，当租车服务与车辆共享服务完善到与私人拥有车辆的方便程度相近时，车辆所有结构与私家车出行模式也将相应地产生重大的结构优化与调整，进而对城市交通拥堵现状有很大程度的缓解。

但是，随着这些新应用、新商业生态、新服务的兴起，必将对传统的交通运输组织方式、业务流程、监管法规以及利益分配产生巨大的冲击，如何在鼓励创新的同时平衡好各方诉求，将面临巨大的挑战。

（2）改变交通运输基础设施的传统形态

在"互联网＋汽车＋交通"的融合发展模式下，面对汽车与移动终端智能化发展的进程及对于道路基础设施的需求，作为其载体的交通基础设施，也需要从规划、设计、施工、养护、管理等各个阶段适应全新的车路协同模式，以智能化为核心思路对现有的道路基础设施网络进行重新审视和改造，例如智能公路、智慧停车场等。

借助"互联网＋汽车＋交通"融合发展的契机，交通运输行业将有可能充分利用多种无线通信方式，构建一个全国性的、多模式的、全新的地面交通系统，其道路基础设施环境将在已成网的土木基础设施之上无缝覆盖一个由全新的无线通信设备与网联化智能传感设备构成的信息基础设施，形成一个车辆、道路基础设施、人员或货物之间相互连接，甚至可进行互操作与主动控制的新一代交通运输环境，以最大限度地保障交通运输的安全性、灵活性和对环境的友好性，进而形成与社会发展需求相协调的新一代交通运输体系。

新一代交通运输体系的投入无疑是巨大的，此外，在很长的时间进程中，我们还将面对不同智能化、自动化水平的交通工具在同一交通运输环境下运行，如何设计、规范、监管如此复杂的道路运输体系将是一项艰巨的挑战。

（3）推动交通运行数据的价值开发与利用

"互联网＋汽车＋交通"的核心是大数据及基于这些大数据产生的应用。在"互联网＋汽车＋交通"融合发展的模式下，各种新商业生态、新技术的产生与应用都需要在互联网，特别是移动互联网的环境下完成，而在每一个环节的运行过程中，互联网终端均可记录下各参与单元的详细信息，如每辆车的数据、车的位置信息、驾驶人的信息、基础设施信息等，通过对大数据的采集可以对城市基础设施供给状态、道路实时运行状态、居民出行特征、交通事故时空分布、交通排放信息等进行监控与管理，而这些数据不但是交通智能化的财富，更是未来城市交通规划、设计与科研探索及产业孵化的基石，为打造更好的智能交通系统提供有效地手段与支撑。

同时，如此庞大而多源的数据资源，能否被有效地管理，其数据安全是否能得到充分的保护，数据分析能否为交通运输体系的完善提供有效的反馈都将是我们要面临的重大挑战。

4. 信息通信行业机遇与挑战并存

(1) 电信运营商是做管道还是产业链服务商和整合者

"互联网+汽车+交通"的融合市场对电信运营商具有巨大机遇，电信运营商可凭借移动终端优势、先进的网络、云计算平台以及产业整合能力在车联网产业发展中发挥重要作用。运营商在"互联网+汽车+交通"的融合发展中将经历几个主要阶段：一是管道阶段，将为各个碎片化的车联网服务提供通信基础管道；二是单一垂直车联网产业链的平台提供商及基础网络能力的提供，为各个分割的垂直市场提供平台；三是电信运营商作为多产业链聚合的平台提供商及基础网络能力的提供商。当前，电信运营商正处于一个通过平台应用来满足各个不同主体的各类需求的发展阶段，业务丰富、用户迅速增长。未来，电信运营商将有可能成为产业链的整合者，实现细分的垂直优化。

电信运营商在机遇面前也充满着挑战。一是体制挑战。现有的国有体制难以适应融合市场的差异化发展与创新的需求。二是技术储备。长期以来电信运营商的重点工作是用户的电信业务服务，技术开发主要由电信设备运营商提供，而"互联网+汽车+交通"的融合创新需要电信运营商强化融合技术创新与跨界平台运营，这需要电信运营商重新构建产业链，以推动基于"互联网+汽车+交通"技术和应用创新。三是"互联网+汽车+交通"将改变长期以来以电信运营商为中心的产业链，转而向与汽车和交通融合创新与开放协同的产业链转型，这对电信运营商而言也是一个重大挑战。

(2) 互联网企业的服务颠覆与技术黑洞

"互联网+汽车+交通"开创了一个崭新的空间，互联网企业可凭借互联网、大数据与云计算技术，将业务发展延伸到交通、汽车行业，形成新的商业生态和新的市场。我们看到，BAT三巨头已经全部在"互联网+汽车+交通"领域展开布局。例如，滴滴打车和专车就是移动互联网技术向交通领域的延伸，对传统的交通市场形成挑战；又如，驾驶人对车厂提供的车载导航的一致评价是难看又难用，而百度地图、腾讯地图，将定位服务、轨迹服务、路况服务、电子狗服务等多项服务融为一体，使消费者最终改用手机APP导航。除了应用渗透，BAT还出手"互联网+汽车+交通"的硬件市场，如百度发布了名为Carlife的车联网系统，并获得奥迪、现代、上海通用三家汽车厂商的支持，阿里巴巴与上汽集团签署互联网汽车的合作协议，腾讯发布了趣驾WeDrive，并推出车联网产品"路宝盒子"。未来，互联网企业将从前装、4S店、硬件到应用市场形成开放协同的产业链条，将汽车打造成为最大的移动终端和移动信息消费场所，并进入公共交通市场，满足消费者对车载设备娱乐性和互动性提出的更高的要求，打造新的市场和新生态。

互联网企业也同样面临挑战。相对于汽车企业，面对汽车生产如此高技术密集和高复杂生产的专业技术，互联网公司缺乏技术能力和生产经验。技术对很多互联网公司而言，就是个黑洞，看不清，也找不到切入点。之前已有的案例，也多是与已有生产和技术企业合作才实现的，因此，互联网企业既要发挥用户资源和平台优势，又必须快速嫁接汽车与交通领域的能力和经验，构建基于"互联网+汽车+交通"的开放协同平台，建立新的伙伴关系，打造新技术和生产方式。

（3）"互联网+汽车+交通"为IT企业创造了新蓝海

随着大数据、云计算技术的推动，以及"互联网+汽车+交通"的融合发展，IT设备企业与汽车、交通、互联网企业的结合更加紧密，渗透不断加剧。IT企业深谙其道，积极占位，希望建立新的信息交流方式，用软件和数据把汽车、交通、信息市场高度交联，实现共同的"对话"。如高通展示了它的骁龙自动驾驶解决方案，该方案包括基于3G/4GLTE和Wi-Fidea网络支持提供一整套的车载娱乐系统；爱立信推出基于云端车联网的安全预警系统；而联发科开始同国内车厂合作，推出车用4G数据芯片。可以看到，IT企业所具备的云计算和大数据处理能力显然在"互联网+汽车+交通"的融合市场中独享数据和软件优势，也充满发展机遇。但必须看到，汽车厂商和交通行业握有硬件和服务两大法宝，IT产品的应用须与汽车厂商、交通行业相互借力，要各取所需，取长补短，合作共赢。

第十章 电动汽车商业模式总结与展望

一、电动汽车技术变革与商业模式创新的关系

1. 电动汽车技术发展推动商业模式创新

技术变革往往伴随着商业模式创新。电动汽车新的商业模式也主要是在新技术和新产品创新的基础上设计出来。例如电动汽车分时租赁商业模式就是电动汽车技术进步与互联网、通信等技术进步的产物。电动汽车分时租赁系统和商业模式就是同时依托电动汽车技术和ICT相关技术的发展开发出来的。其分时租赁系统能够为用户和运营企业提供自助预定、在线交易、自助取车、电量油量检测、续驶里程检测、智能费用结算等功能。

随着技术的发展,商业模式会不断地演化和创新。在电动汽车发展初期,存在着充电和换电为代表的两类不同的能源补充模式。曾经在一段时间内,由于电池续驶里程较短,充电时间较长,换电被视作一种更有前景的商业模式。后来随着电池能量密度和充电效率的不断提高,能源补充的商业模式仍将以充电模式为主,换电模式为辅。从未来看,无线充电技术正在走向商业应用,能否取代现有的充电模式最终依赖于未来无线充电技术的发展以及与商业模式的结合。

2. 商业模式创新也对技术创新产生影响

商业模式也会对技术创新和技术发展产生影响。电动汽车技术在公交车辆应用的时候，最初主要是混合动力汽车，后来纯电动汽车才有了更大的规模。不同企业针对电动公交车开展不同的技术，初期以慢充方式和换电方式为主。随着汽车企业与公交公司在应用上的探索，部分企业对公交车的商业模式有了更好的理解，并在此基础上探索了快充、浅充浅放、移动充电、在线充电等新的车辆技术和产品。技术创新和商业模式创新的协同逐步使得电动车能够更好地服务于各个细分市场和客户需求。

二、政策对商业模式的影响

1. 政策补贴丰富了商业模式的创新

在目前技术水平和规模下，电动汽车的成本要远远高于传统汽车，要创新商业模式，需要政府的参与，给予电动汽车补贴等政策支持。在此方面，当前较为成功的商业模式，在一定程度上仍然需要政策的支持。

例如特斯拉在2009年产品研发非常困难的时期，获得了美国能源部4.65亿美元的低息贷款，贷款来自小布什政府在2007年推出的先进技术车辆生产贷款计划（ATVM）。其Model S车型可获得最多7500美元的联邦所得税抵税额。联邦政府还设立了CAFE积分约18000美元和联邦环保署的温室气体积分15000美元。在加州，除了联邦抵税额，加州政府还为Model S车主提供2500美元的现金返还，在住宅安装充电桩，可以获得最多500美元的现金返还。此外，加州零排放汽车碳积分交易政策，特斯拉车辆可以获得4个积分，约20000美元。这也意味着，每卖出一辆特斯拉，特斯拉公司会获得53000~63500美元的补贴。这也是特斯拉商业模式成功的重要基础。

电动汽车分时租赁商业模式开展较早、发展最好的是Autolib项目。这家公司在巴黎开展分时租赁业务得到巴黎市政府的支持。巴黎市政府联合周围46个市镇设立了该项目，采用"公共服务委托合同"形式，经公开招标后由波洛莱集团中标受托经营。在项目投资上，巴黎市和45个周边市镇负责投资租车点建造，每个站投资额约为5万欧元，总计投入3500万欧元。政府为分时商业模式解决重要的基础设施和规模化问题，提供了大力支持。

当前在中国，无论在乘用车、公交车、物流车、出租车、租赁用车等都享受到不同的财政购车补贴，很多享有免停车费、运营补贴、建桩补贴，以及不限行、免摇号、路权等非财政补贴方式，这些方式在很大程度上支持了电动汽车各类商业模式的探索和创新。

2. 不科学的政策设计也会"扭曲"商业模式

电动汽车是新兴事物，政府在参与中也是一个认识、学习和实践的过程，在此过程中，也有一些参与行为并不有利于创新商业模式的开展。

在2013—2015年的39个城市（群）88个电动汽车示范城市中，大多数城市出台了推广办法和补贴细则，但很多城市或明或暗地存在地方保护行为，外地车企很难进入市场。采购车辆主要来自本地企业，对外地企业要求在本地设厂或者采购本地零部件。

地方保护出现的主要根源在于我国现行的分税制财政管理体制，因为汽车的消费税、购置税等均为国税，地方没有收益。地方从汽车产业能够获得的税收只能从当地制造企业中获得。虽然，在国务院颁布的电动汽车推广意见等多个政策法规中，都明确要求不得有地方保护，外地车辆规模不能低于30%等要求，但在实践中很难得到贯彻。

政府来决定"谁可以参与""哪种商业模式更有希望"。在电动汽车上，还存在着严格的管制和限制，这在某种程度上限制了新创企业的商业模式选择。另外，在电动汽车发展上，不同的企业对纯电动、插电式混合动力、燃料电池的未来有不同的预测，推出了不同路线和设计方案的产品。但有的地方，明确表示不支持插电式混合动力汽车。此外，2016年一整年政策补贴几乎未发放等，均影响到了企业、产品和商业模式的公平竞争，并不利于电动汽车的健康发展。

三、 出行将成为电动汽车商业模式创新的重要领域之一

电动汽车在交通领域的推广应用，使得出行成为商业模式创新较为活跃的重要领域之一。如分时租赁模式的兴起；随着技术的发展，无人驾驶+汽车共享商业模式的出现。汽车共享商业模式也会引发汽车产品、生产方式的再定义，整车企业商业模式的变化，以及汽车销售模式、维修保养模式和保险商业模式的变化。

1. 技术创新驱动出行智能化

互联网、云计算、大数据、物联网等先进技术的发展及在交通出行领域的应用，将会促进人、交通工具、交通设施间的进一步融合，从而驱动城市出行更加智能化，并最终形成以无人驾驶为主导的新一代出行方式。

未来的出行将是智能化的，基于大数据和人工智能的智能交通，将会进一步满足居民的出行需求，做出最优出行方案，实现智能的交通管理。无人驾驶汽车是交通工具智能化的直接体现，通过人、车、路的高度协同，可以减少交通事故、缓解交通拥堵、提高出行效率。比如，据麦肯锡预计，无人驾驶汽车将减少美国90%的汽车事故[一]。伊诺交通中心预测，如果美国公路上90%的汽车实现自动化，每年发生的交通事故将从600万起降至130万起，死亡人数从3.3万人降至1.13万人[二]。

无人驾驶未来将在公交、物流及私人等多个领域得到应用，由于公交、

[一] 当无人驾驶汽车跑在路上的那一刻，这24个行业会被颠覆. http://www.sohu.com/a/162800052_114778。

[二] 无人驾驶汽车带来8大好处，http://tech.qq.com/a/20151213/006426.htm。

运输（比如物流车）等具有简单的驾驶路线和环境，或许将成为率先实现无人驾驶的领域，而在环境复杂的私人市场普及可能会稍晚一些。

无人驾驶汽车的发展，将促进新型出行模式的普及，比如托尼·西巴预测2021年开始，基于电动化、无人驾驶汽车的共享出行方式将会逐步被普及。当然，这也将受到法律法规的开放、配套基础设施的发展及技术突破的快慢影响，但总的来说，无人驾驶及衍生的出行模式是未来的一个发展趋势。

2. 安全高效低成本出行需求促进出行智能共享一体化变革

随着经济的发展及消费水平的提高，居民对出行的要求越来越高，已经从简单的能够到达目的地向更安全、高效的出行转变，对出行服务提出了新的要求。

而目前，交通安全事故频发、出行效率不高成为城市出行的通病，已经制约了居民的出行需求。在出行安全方面，根据交通部交管局统计，2016年汽车责任道路交通事故高达16.5万起，造成5.18万人死亡、16.8万人受伤①。美国2015年度报告统计②，2015年美国约3.5万人死于车祸，比2014年上升7.2%。在出行效率方面，2016年全国1/3的城市通勤受拥堵威胁，交通拥堵增加了居民出行时间和成本。

为了提高出行安全及出行效率，需要更加智能化的出行方式及人、车、路的互联互通来解决。有研究预计③，智慧交通的应用能使高峰时期拥堵路段的通行能力、交通运输能力翻几番，交通事故率也可降低80%。

目前以共享为主导的新一代出行方式受到了消费者的认可。随着近些年信息技术的迅速发展，特别是移动互联网、全球移动定位、支付等技术的迅

---

① 2016年全国道路交通事故数据统计，http://www.peichang.cn/detail/id18666.html。
② 2015年美国车祸死亡人数大幅上升，http://world.huanqiu.com/hot/2016-08/9377481.html。
③ 刘小洋，伍民友．车联网：物联网在城市交通网络中的应用．计算机应用，2012。

速普及，汽车共享技术成本大幅下降，市场上出现了如专车、拼车、顺风车、分时租赁等共享汽车及共享单车新的出行形式。

汽车共享能够提高出行资源的利用效率，缓解一定的出行供需矛盾。当前，居民对共享汽车的认知越来越深，比如麦肯锡《2016 中国汽车消费者报告》○显示，调查中 37% 的消费者认为，由于现在有各种移动出行选择，是否拥有私家车并不那么重要了。

中国共享汽车市场规模及预测○

3. 电动汽车将重塑未来出行商业模式和出行体系

随着能源互联网技术、通信技术、支付技术、信息技术、控制技术、计算机技术以及高度/完全无人驾驶汽车的发展，基于无人驾驶＋共享的商业模式，未来城市交通出行体系也将被重构，涉及交通出行体系、出行服务体系、交通能源体系、智能基础设施体系四部分。

○ 麦肯锡：2016 中国汽车消费者报告，http://www.199it.com/archives/465363.html。
○ 2017 中国共享汽车市场研究：增长 90%，2020 年市场规模超 90 亿，http://news.pedaily.cn/201705/20170526414157.shtml。

未来城市出行体系

1）交通出行体系。未来的出行方式是多样化的，具有不同的特点，适用情况不同，但又相互补充；未来交通出行体系将整合目前的各种出行方式、做到无缝连接，使居民可以时刻掌握各种出行方式的动态信息，合理规划出行时间以及出行工具之间的换乘方案，让出行更加便捷、高效。

2）出行服务体系。未来将由出行服务商和信息服务商来提供出行服务。出行服务商是指专门从事提供出行服务的商家，比如滴滴、摩拜、恒天易开、城市公交公司、出租公司和地铁运营商等。出行信息服务商是指在出行过程中提供信息服务的商家，比如高精度地图提供商（百度、高德）、新闻资讯提供商（今日头条）等商家。

3）交通能源体系。为适应未来交通出行的发展，需要建设智能电网。未来将形成完善的电动汽车充放电配套基础设施网，满足电动汽车行业的发展需要，以适应用户需求，实现电动汽车与电网的高效互动；大量的清洁电力被电动汽车使用。

4）基础设施体系。未来智能化的基础设施包括云端服务器、智能道路设施和智能充电站。

4. 汽车共享模式将重新定义汽车产品

随着共享经济的发展，顺应消费者需求的分时租赁汽车迅速发展起来，作为未来大规模自动驾驶共享汽车的原型，分时租赁共享汽车目前还存在着一些问题。一是由于现在电动汽车市场在整车市场中比重较小，现有的电动汽车基本是在传统燃油车的结构基础上改动而来的，少有正向设计的电动汽车，导致部分汽车零部件（如轮胎）未针对电动汽车做全新适配，乘坐体验较传统燃油车差。二是目前用于分时租赁的汽车，其配置与实际需要匹配程度不足。如用户需求300km以上的续驶里程，而很多用于分时租赁的电动汽车续驶里程仅有150km左右；分时租赁运营企业需要车辆具备快充功能，而现有电动汽车主要以慢充为主。三是安全性，由于共享汽车使用频次高、里程长，使用者驾驶水平参差不齐，事故率相对私家车也会高出很多。

透过现有分时租赁共享汽车的痛点和问题，可以描绘出未来共享出行汽车的理想状况：首先是出行服务商利用用户使用汽车产生的数据和意见反馈，为未来共享汽车提供反向设计参考，结合不同地区环境和使用场景，定制化打造为营运而生的共享汽车产品，汽车设计由供给侧主导设计转变为需求侧主导设计。结合电池技术、快充技术快速发展带来的长续驶加快充，使电动共享汽车的乘坐舒适性超越传统燃油车。而随着无人驾驶技术的逐渐成熟和应用，安全性也将不再是困扰共享汽车发展的因素。与此同时，无人驾驶共享汽车还彻底解放了乘车人的双手，让乘车人不必浪费时间去驾车，可以把空余时间用到工作、学习、休闲和睡眠上。而出行服务商在运营过程中将对消费者出行服务习惯进行深度发掘，为满足消费者的个性化需求对汽车进行定制化改造，让共享自动驾驶汽车成为消费者在出行时的一个"私人空间"，使消费者在出行过程中享受到在固定场所才能享受到的服务（如电动按摩、私人影院和办公会议室等），在提高消费者出行体验的同时拓展出行服务的业务范围，而此时汽车作为多种服务的载体，由传统简单的出行交通工具最终转变为智能运输终端。

汽车新定义——智能运输终端

5. 出行模式和出行体系的变化会改变汽车生产方式

亨利·福特在1913年将流水线生产引入到汽车产业，推动了汽车作为大众消费品的趋势。然而在这种模式下，汽车制造商追求的是单一车型的规模效应，不断扩大产能，降低成本，而忽视了消费者的个性化要求以及交通环境多样化带来的适应性需求。未来出行体系中，出行服务商为满足消费者的个性化出行需求，必然要提供个性化的出行方式，比如车身颜色、内饰风格等，在客户提出后，汽车销售商可以将需求反馈到车厂，车厂再安排相应的物料供应进入生产线，完成定制化产品制造；从营运的角度也要定制适应不同城市、不同类型人群出行习惯的产品，比如干旱多风沙的城市与多雨潮热的城市对车辆的要求就不同，再比如在居民日均出行距离较短的城市，就没有必要提供长续驶里程、高成本的车辆。因此汽车生产方式随之也要发生变化，从流水线生产追求规模效应，向智能制造多品种、小批量转变。为适应这种变化，智能制造必然要打开原本封闭的价值链，让研发和销售进入到制造环节，从而实现从研发到销售的完整闭环控制，满足多品种、小批量的需求。

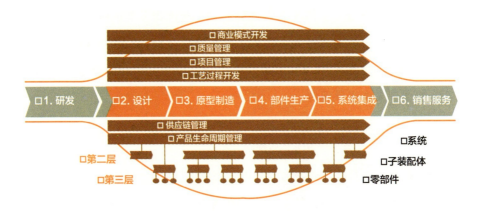

开放的智能制造价值链

注：来自网络

以西门子在德国安贝格工厂为例，1150 名员工主要从事计算机操作和生产流程监控，75% 的生产过程为自动化生产，可以生产 1000 个产品，产品合格率达 99.99988%，每年服务全球 6 万个客户，每天采集数据超 5000 万个。

6. 出行变革引发整车生产企业的商业模式出现分化

区别于现有私家车为主的乘用车市场，未来出行体系中会有更多的具有自动驾驶功能的乘用车被用于共享汽车，而此时汽车买家由个人车主变为出行服务商。出行服务商可以在提供服务的同时收集大量的消费者数据从而掌握消费者群体的需求，掌握汽车的发展路线。在这种情况下，整车企业可能出现两极分化。一类会固守在传统核心领域，继续强化设计、核心零部件、生产等环节，打造品牌。另一类向服务转型，互联网、移动互联网和物联网的发展，将推动整车企业"制造+服务"新商业模式的产生，并与网约车等纯服务公司在出行服务方面展开竞争。这其中的大型整车企业会借机利用现有资源进行投资和收购，甚至有些车企会采取较为激进的方式，不计回报地进行投入，以确保自己在入围出行服务商时抢得先机，提前抢占用户，在自动驾驶出行服务产业成型前布局整合出行服务业务，转型成为汽车制造－出行服务运营商－出行服务平台一体的企业，参与到汽车产业价值链的每个组成部分。此外，还有部分传统的以规模驱动、渐进式发展的整车企业就有可能因为不能精确掌握消费者需求而失去汽车设计主动权，在汽车的供需关系中成为弱势方，并逐步沦为前两类公司的代工厂，生产利润被进一步压缩，在汽车产业中失去主导地位。

7. 出行变革重塑传统汽车服务模式

无人驾驶＋汽车共享商业模式的出现和普及，将大量减少私家车的购买，汽车销售对象也由个人用户转向了出行服务运营商等企业用户，届时面向个人终端的大量4S店将消失，整车企业通过线上销售或者设立少数直营体验店的方式即可满足销售需求，因此在未来出行的影响下，汽车4S店销售体系将会重塑。同时，由于无人驾驶电动汽车结构相对简单，零部件数量相对传统燃油车大减，其维修次数会减少，保养周期将增长，未来电动汽车的维修保养商业模式也会发生显著变化。此外，无人驾驶技术通过车载传感系统感知道路环境，并通过精准计算来提高驾驶安全系数，可大幅减少因人员驾驶操作疏忽造成的事故，降低汽车事故率。相关统计数据显示，全世界每年有120万人死于汽车或与交通相关的事故，其中有93%是因人为失误造成[一]。根据麦肯锡预计，无人驾驶汽车将减少美国90%的汽车事故[二]。伊诺交通中心预测，如果美国公路上90%的汽车实现自动化，每年发生的交通事故将从600万起降至130万起，死亡人数从3.3万人降至1.13万人[三]。如果没有事故，未来就不需要再支付因交通事故所造成的额外修车费用，汽车保险也将成为

[一] 无人驾驶能使交通事故率降低90%，http://auto.qq.com/a/20150504/022485.htm。

[二] 当无人驾驶汽车跑在路上的那一刻，这24个行业会被颠覆，http://www.sohu.com/a/162800052_114778。

[三] 无人驾驶汽车带来8大好处，http://tech.qq.com/a/20151213/006426.htm。

鸡肋,这会对传统的车险业务造成影响,根据福布斯的预测,无人驾驶汽车将导致汽车责任险保费下降75%[①]。因此,可预见的是,未来无人驾驶对汽车保险的商业模式会产生重大冲击,围绕无人驾驶汽车的保险费率、险种等需要重新创新。

四、电动汽车商业模式的演变与展望

1. 电动汽车商业模式创新受多重动力推动

汽车产业正在经历电动化、互联网化带来的双重变革,这为电动汽车商业模式创新带来了创新动力和工具。一方面,电动化产品需要新的商业模式的支持,以便快速推广到市场上;另一方面,互联网引发的思维模式变化和商业理念变化也逐步影响到汽车行业。

在这一双重变革带来的巨大产业机遇面前,政府作为重要的参与方,看到电动汽车带来的经济转型和社会发展机遇,愿意为电动汽车行业发展提供政策支持。另一方面,希望能够提供政策支持推动行业转型和社会发展。金融产业也看好这一行业的未来投资机会和发展前景,积极参与进来。

2. 具有可持续前景的商业模式正在显现

电动汽车产业尚处于商业化初期,不同参与者也在不断尝试,各种商业模式也在不断探索和发展。在政策补贴环境下,有的汽车企业和运营商获得了一定的盈利,有的商业模式也在持续扩展中。

特斯拉成功开拓了一条新创企业的商业模式,比亚迪汽车在乘用车和出租车市场上也占据了国内企业领导地位,比亚迪2015年电动汽车业务的营业

[①] 保险业无法忽视的未来:无人驾驶汽车对保险业的影响,https://baijiahao.baidu.com/s?id=1575408468035005&wfr=spider&for=pc。

收入和利润都超过了传统汽车业务。在分时租赁领域，巴黎的 Autolib 运营收入已经能够覆盖运营投入，国内相关企业的运营情况也初步验证分时租赁行业具有盈利前景。公交车企业在探讨充电和换电、慢充和快充、纯电动和插电混合动力等不同的技术路线，并为其构建相对应的商业模式，一些模式可以在借助政策补贴，甚至不补贴的情况下具有可持续性。

3. 商业模式呈现本地化、情景化的特点

如分时租赁模式，国外的 Autolib、Car2go 等模式相对出现较早，国内企业开始模仿和借鉴这些模式，希望通过分时共享的互联网方式来推动电动汽车发展，但在实现过程中，不同地区、不同企业在经营主体、用户定位、服务定价、车型选择、网点建设以及系统构建上都有不同的特点。

在充电设施商业模式上，越来越多的充电运营企业选择进入城市公共领域，与场地提供方合作，采用众筹的方式建立充电设施。但不同城市电动汽车推广数量、土地资源紧张程度、停车费用、充电桩支持政策有所不同，导致了不同城市的商业模式在具体落地上有所不同。这也意味着在商业模式初期，很难有一种模式能够一统天下，也很难有一家企业能够迅速胜出。

4. 跨界企业进入推动着商业模式创新

在电动汽车行业，从乘用车到商用车，从零部件到产品销售，从充电设施建设到运营服务都涌入了很多汽车行业外的企业，这些企业渗透到电动汽车产业链的各个环节，有的还采取了垂直整合的模式，覆盖了比传统汽车企业更长的价值链。这些企业的进入一方面说明电动汽车行业的巨大机会，另一方面也显示新进入企业有信心在这个行业中提供更好的产品、技术，也包括商业模式的创新。

如乘用车领域的特斯拉、乐视、蔚来等，商用车领域的沃特玛、微宏，充电设施领域的中国普天、星星充电、特来电、充电网，车辆运营领域的博雷洛、微租车、斑马快跑等，这些企业都是跨界企业，他们的创新也给传统

汽车企业、零部件企业以及运营企业带来了新的思路。

5. 主导商业模式建立尚待时日

在未来相当长的一段时间内多种模式将会并存，并不断发展，而且随着价值链的不断整合和重构，未来还可能出现一些新的商业模式。在这个过程中，能够胜出的成为主导的商业模式，首先需要有较为成熟的产品，这就要求产品技术仍需不断完善，使得电动汽车整体体验要不低于甚至超出传统汽车的产品体验。主导商业模式的建立将是一个不断进化、不断演变的过程。

从公交车辆看，不同示范城市几乎都在大力推广电动公交车，目前相互间也存在多种技术路线，不同合作伙伴间的参与模式和合作模式也有明显不同。在发展过程中，有的公交技术和运行模式，综合经济性、安全性、环保性和社会性将具有更好的优势，匹配的产品和商业模式将成为这一领域的主导模式。

从政策上看，需要政府和相关部门针对目前出现的"骗补""地方保护"等问题和现象，能够尽快应对，跟随技术进步和行业发展，不断创新，为企业设计和实施可持续的商业模式提供一个可预期的、相对稳定的政策环境。

致　谢

　　国家信息中心李伟利、殷丹、吴相伯等完成电动出租车商业模式研究，中国电动汽车百人会张成斌、高国强、张健、张思远等参与了相关章节的数据与案例整理工作。北方工业大学研究生咸文文、张思敏等参与分时租赁商业模式一章的资料收集汇总工作。

受访企业致谢名单

(拼音排序)

宝马中国汽车贸易有限公司
北京恒誉新能源汽车有限公司
北京兴亦兴区域电动小客车出租有限公司
北京一度用车信息科技有限公司
北汽集团有限责任公司
比亚迪股份有限公司
重庆长安新能源汽车公司
重庆恒通客车有限公司
重庆瑞康新能源汽车有限公司
重庆移峰能源有限公司
电巴新能源科技有限公司
国家电网青岛供电公司薛家岛充换电站
杭州伯坦科技有限责任公司
杭州西湖新能源汽车运营公司
力帆实业股份有限公司
民富沃能新能源汽车有限公司
上海国际汽车城有限公司
上海挚达科技发展有限公司
深圳鹏程电动汽车有限责任公司
时空电动
特来电(青岛)新能源科技有限公司
万帮新能源投资集团有限公司
蔚来汽车
微宏动力系统有限公司
易微行北京科技有限公司
浙江左中右电动汽车服务有限公司
中兴新能源汽车有限责任公司